甲骨四堂論文選集

朱歧祥 編

臺灣學生書局 印行

甲骨四堂論文選集

目　次

序：甲骨學九十年的回顧與前瞻　　　　　　　　朱歧祥

～ 序 ～

甲骨學九十年的回顧與前瞻

朱歧祥

（國立中正大學中文研究所講稿。一九九〇年三月六日
、三月十三日）

今天非常榮幸能在這裡與各位討論一些甲骨學史的問題，這些問題過去是一直在思考的，可是感覺上仍未十分成熟。事實上這個題目由我來報告並不是太恰當，因為甲骨學到現在至少發展了九十年，對我來說，我踏進這門學問圈子裡也不過是十幾年的事。所以以十幾年來看九十年的發展，而且又要在兩、三個鐘點中向諸位報告完畢，自然是一次不太客觀的探討。因此，在這幾個鐘點裡面我只準備重點的與諸位談一些人和事，這些人和事都是對整體甲骨學史有較深遠的意義。報告很粗略，希望在座諸位能多賜教。

我早在中學的時候曾閱讀了一些王國維先生的文章，正式接觸甲骨學則是自我在台灣大學唸書的時候，那時開授甲骨學的是　金祥恒先生，我深受　金先生治學的態度所感動，很自然的便跟隨他寫了些文章。當年的董作賓先生和金先生都有一個共同的願望，就是把甲骨學這門學問加以普及推廣。今天我亦希望能用簡單的語言把一些糾纏的問題解釋清楚，向諸位交代九十年間這門學問的發展重點。首先我們來看看什麼叫甲骨文。

第一節　甲骨文的名稱

　　過去研究甲骨文字的學者對於它的名稱是並不統一的。最開始的時候，一般人並不知甲骨為何物，只稱它作龍骨。當然這名稱是非常不適合。所謂龍骨是古代動物的化石，在中醫來說是具有補腎的功用，但與我們所說的甲骨顯然不是同一樣東西，後來亦沒有人再用此名。也有學者稱這些材料為甲文、龜甲文，但事實上甲骨文不僅刻在龜甲上，殷墟出土的甲骨文有刻在牛、羊、豬、鹿、虎、象，甚至人的頭骨上面，因此單稱之為龜甲文顯然並不是太理想。若干學者以它們刻於龜甲上而稱之為契文，但事實上甲骨文除了以契刻為主外，亦有用毛筆寫上去的，故契文這名稱並不能全面涵蓋這些材料。有學者認為它們的內容是有關貞卜事情的，故稱之為卜辭，可是甲骨文亦有記事的刻辭，所以卜辭的稱呼也不理想。有學者認為這些都是殷商的文字，故直稱為殷文，但由周原等地已發現周代的甲骨文，殷文自然並不是理想的名稱。有學者認為它們是殷墟出土的，所以便稱之為殷墟文字。可是目前所見的是甲骨文很多都是在殷墟以外的地方出土的。而且殷墟出土的文字，也不單只是甲骨文，尚有許多刻在陶器、銅器、玉器、石器上的文字。因此殷墟文字這名稱與甲骨文並不相稱。

　　最後我們要說一個比較恰當的名稱－甲骨文。所謂甲骨文，是泛指刻寫在龜甲獸骨上的文字。這名稱基本上已足以涵蓋我們所需要研究的對象。今日的甲骨學者大致亦認同了這個名稱。

第二節　甲骨的發現

　　甲骨文最早是出現於清光緒年間。傳說在光緒廿五年（１８９８年）秋，北京城的一位金石學家，亦是當時國子監祭酒（相當於現在

的國立大學校長）王懿榮因患病，遂延請太醫診治，太醫診脈後便開了一張藥方，王懿榮隨即派下人往藥店購藥。那藥店根據記載是北京宣武門外菜市口的達仁堂。藥買回來後，他是個好學的人，因為藥是吃進肚子裡的，當然是要看看是些什麼東西。無意間他發現其中有一味特別的藥，叫做龍骨。一時好奇，遂拿起一看，竟然看見龍骨上刻有些類似篆文但又不認識的文字，他大為吃驚，於是便馬上派人把達仁堂的龍骨全數購回。果然在其中又發現了好些刻有文字的骨片，於是這便成為發現甲骨文字最早的紀錄。一般的甲骨書籍都是以此年（１８９８年）作為研究甲骨的起點。但事實上這故事聽起來卻有點兒可疑。前人提出可疑的地方共有三點：

一、北京菜市口由光緒年間迄今根本就沒有達仁堂這個中藥店。我曾託友人走訪宣武門外及菜市口一帶，附近只有二間中藥店，一間是宣外騾馬市大街８４號叫"鶴鳴堂"；另一間是在宣外菜市口廠內大街７號叫"西鶴年堂"，這個鶴年堂是個老字號，店內的牌匾是明朝嚴松的書法。

友人復來函見告，解放初期，北京前門外大柵欄內有一"達仁堂"，現在是鞋店。據一些中藥店的老人說："達仁堂"和"同仁堂"都是岳家經營的，最初的撐櫃的是岳達仁，起名"達仁堂"藥店。"同仁堂"只在北京有，而"達仁堂"則在北京以南一些大城市都有分號經營。由此看來，這間達仁堂的開業年間亦不能早到清代末年。

二、中藥店在配藥時的習慣，往往是先將這味龍骨搗碎成粉末後才混入藥包中出售的。那麼當時的王懿榮是不可能看見一塊塊的龍骨片，自然無從由龍骨粉末中發現它上面是否刻有文字。

三、根據羅振玉等早期描述殷墟的書籍，可見當年有字的甲骨是

　　無人收購的，農民需要將甲骨上的字跡刮去才能賣掉。如此
，王懿榮是不太可能在他的藥包中發現甲骨文字的。
根據以上三點，由買藥而發現甲骨文的美麗傳說是不可靠的。但事實
上，王懿榮是近代較早接觸、收購和鑒定甲骨的人大體是不錯的。而
甲骨的發現應以河南安陽西北郊小屯材的農民居首功。

第三節　　甲骨四堂

　　王懿榮是第一位研究甲骨的學者，他在１８９８年首先大批收購
甲骨文字，但可惜在第二年（１９００年）八國聯軍攻入北京，王懿
榮自殺，因此並沒有對甲骨作任何研究，其後王家家道中落，王懿榮
的兒子王翰甫出售家中古物，王懿榮的友人劉鶚悉盡購入王氏所藏千
餘片甲骨，又絡續向北京古董商收購，約得五千餘片。其時，劉鶚的
家庭教師羅振玉有機會目睹這些殷墟寶物，乃力勸劉鶚選其精要拓印
傳世。１９０３年乃編成《鐵雲藏龜》，是第一部著錄甲骨文的書籍
，但可惜劉鶚因罪被判充軍新疆至死，故亦沒有機會對甲骨作進一步
的研究。

　　將甲骨和甲骨文字建立為顯學的，是甲骨四堂。

　　談起四堂，對於我的研究工作實有一種策勵的意義。事實上，當
今研究甲骨的是以四堂的後人為主，此外的重要學者幾乎都受到四堂
直接或間接的影響，所以甲骨四堂在甲骨學史上是有啓先之功。由目
前來看四堂的研究成果，自然覺得有不周全的地方，然而「但開風氣
」，四堂在甲骨史上是肯定佔有極重要的位置。他們能就同樣的材料
而「看人所不能看」，「說人所不能說」，這已是我們後輩所需要學
習的地方。

(一)　羅振玉　號雪堂。（1866~1940）浙江上虞人。

　　羅振玉為清末遺老，觀念保守。唯學問為天下公器，自不能因人而廢言。他對於甲骨學的貢獻可以歸納為以下五點：

(a)　甲骨文的搜集和流傳。

　　研究古文字最重要的首務是一手材料的整理，而羅振玉對於甲骨的最大貢獻亦在此。他以辦報的財力積極的搜羅以萬計的甲骨，並親自選拓督印成書，即其著名的貞松堂本：

　　《殷虛書契前編》　　　　　1913年
　　《殷虛書契菁華》　　　　　1914年
　　《鐵雲藏龜之餘》　　　　　1915年
　　《殷虛書契後編》　　　　　1916年

這些材料拓制精細，而且都是真品。後來郭沫若對這些書的評價非常高，認為是研究甲骨必備的書。沒有羅氏這些書的材料，當時根本談不上任何的甲骨研究。

(b)　對甲骨出土地望和年代的確定。

　　在羅振玉以前，大家只猜想甲骨是上古三代之物，但確實的時限卻無人能識。早在劉鶚的時候，對於甲骨出土的地方，亦受商人欺騙，以為甲骨是出土於河南的湯陰。當時的國外學者也同樣被騙，日人林泰輔的《龜甲獸骨文字》是國外的第一部甲骨著錄，他在序中也稱甲骨出土於湯陰。及至羅振玉一再加以利誘，商人才說出龍骨的正確出土地點為安陽。羅氏隨而根據《史記》考證出安陽為殷代後期建都的所在地。

　　《史記》＜殷本紀＞索隱：“契封于商，其後盤庚遷殷。”正義
　　　　引《括地志》：“相州安陽，本盤庚所都，即北冢殷虛

。"

《史記》<項羽本紀>:"項羽乃與期洹水殷虛上。"傅瓚注:

"洹水,在今安陽縣北。"

羅氏遂推斷這些甲骨文字是殷代貞卜的文字。他隨即派遣其弟羅振常和妻弟范兆昌前往安陽,直接搜購甲骨。1916年,他更親赴安陽作實地調查。

至於甲骨的年代,1910年羅振玉在《殷虛貞卜文字考》的序文中已提出是商代晚年武乙時期的遺物,及至1914年他寫《殷虛書契考釋》的時候,更進一步指出安陽小屯的甲骨是商王武乙直至帝辛滅亡間的占卜文字。這和我們目前認為殷虛甲骨年代是由盤庚以迄帝辛的結論相距不遠的。

(c) 運用甲骨文考釋殷帝王名號,並糾正古書的訛誤。

羅氏已體察由地下材料印證古書的重要性,他在《殷虛書契考釋》中歸納自成湯至帝辛間帝王諡名見於卜辭的共有17人,其中的15人與《史記》相合;並認為《史記》的天乙即卜辭的大乙之訛;武乙之子,《史記》書作大丁,而《竹書》則作文丁,與卜辭所言的文丁、文武丁相合,是知《史記》誤而《竹書》正確。

(d) 考釋甲骨文字

羅氏針對甲骨文的形、音、義分別加以考釋。《殷虛書契考釋》為羅氏研究甲骨文字集大成之作,由1914年的初版考釋出485字增加至1927年增訂版的571字,主要包括一般的干支、數目、象形等常見字例。至今我們所認識的甲骨文字也不過是一千字上下,所以羅氏在考釋文字方面貢獻甚大。

(e) 提出研究甲骨的方法

　　羅氏在《殷虛書契考釋》中歸納研究甲骨學的困難有三：(i) 文獻少、(ii)卜辭詞句過于簡單、(iii) 古文字形體的不規則、不固定。他強調考索文字重在由下往上推的方法："由許書以溯金文，由金文以窺書契"。這種推的方法的確能夠幫助吾人認識若干字的本義，尤其是圖畫意味濃厚的象形文字。但是甲骨文並非是中國最原始的文字，它已經是一種非常成熟的字體，基本上兼備六書的用法，所以單憑文字形體的比附，我們不能通讀甲骨文。譬如一個 字，象魚群在水中游動，是一個圖畫文字，可是它在殷代的用法如何，它在上下文之間是如何講的呢？這需要利用其他的方法來認識它的用義。可是當時羅氏能充份利用金文、說文來作為研究甲骨文的橋樑，已是一個非常重要的創見。

　　以上五點貢獻，基本上以第一項對於甲骨的流傳功勞最大。羅氏竭力收集拓印甲骨，使後人能有可靠可用的研究材料，這是羅氏了不起的地方。而他更了不起的是能夠知人善用—對於王國維的賞識和提拔。

　　(二)　王國維　號觀堂。（１８７８～１９２７）浙江海寧人。

　　四堂中對於甲骨學的貢獻以王國維居首功。他早期是學古文，走科舉為官的路，繼而興趣轉向西方哲學，接著又熱衷於文學，研究紅樓夢，最後因羅振玉的關係而進入中國古代史、古文字學的範圍。王國維當時只是一個年青小伙子，但羅振玉已預見他將來在學術上的成就，把家中大量藏書與古物盡量借與王國維閱讀，後來更攜同王國維東渡日本，讓他能充份利用所藏甲骨。王國維能成就他顯赫的學術地位，自應拜羅氏所賜。王國維對於甲骨學方面的貢獻，歸納為以下六點：

(a) 考釋文字

過去羅振玉考釋文字多達數百，但是以易識的常用字為主。王國維精通文字、音韻、訓詁之學，而且充份利用比較文例、文獻的方法，他所釋的雖只十餘字，但均為通讀卜辭的關鍵字，篇篇皆有獨特的見解，能發前人之所未發。如＜釋旬＞、＜釋西＞、＜釋史＞、＜釋禮＞、＜釋天＞、＜釋物＞等論文，具收入他親編的《觀堂集林》中。此書為研讀甲骨必備之書。

(b) 提出二重證據法

王氏在清華研究院開授古代史的課，後結集成《古史新證》一書。書前的總論提出考證古代史必須充份利用遺留下來的可信古籍，如《詩》、《書》、《易》、《禮》、《春秋》、《左傳》、《國語》、《世本》、《竹書紀年》、《戰國策》、周秦諸子和《史記》等和地下發掘的甲骨、金文相互印證。王氏的治學方法遠比當日仍盛行的乾嘉戴段二王以來「以經注經」的方法更能客觀的「看人所不能看」，收獲自然倍勝於前人。

(c) 利用甲骨探討商周歷史和典章制度

王國維自１９１５年開始寫了一系列的文章，都是集中討論上古史。例如：

＜殷虛卜辭所見地名考＞　　　１９１５年

＜三代地理小記＞　　　　　　１９１５年

＜鬼方昆夷玁狁考＞　　　　　１９１５年

＜殷周徵文＞　　　　　　　　１９１６年

＜殷周制度論＞　　　　　　　１９１７年

＜古史新證＞　　　　　　　　１９２５年

由此可見王國維攻治古器物、古文字並非玩物喪志，他是以研究文字為手段，藉以考究文字背後的地理、方國、社會狀態和典章制度，從而反映歷史的真面目。

(d) 先公先王考以證古書的可靠。

　　1917年王國維先後寫畢＜殷卜辭中所見先公先王考＞、＜續考＞兩篇文章，已足以奠定其在甲骨四堂的位置。因為這兩篇文章的出現，使我們了解到《史記》的真實無訛。這對於當日由崔述、康有為以至顧頡剛的疑古學派和中國文化西來說無疑是強而有力的反駁，從而肯定我國古文獻的可信度。

　　王氏的考釋論證犀利，如卜辭中的殷先公王亥，王氏論定為《世本》的胲、＜帝繫篇＞的核、《楚辭》＜天問＞的該、《呂氏春秋》的王冰、《史記》＜殷本紀＞的振、《漢書》＜古今人表＞的垓，都充分利用他的文字、音韻與文獻互較等方法，可見其目光的敏銳細微。

　　王氏又據《楚辭》＜天問＞中的「該秉季德，厥父是臧」和「恆秉季德」，提出卜辭中的王亥當即該；卜辭中的王亙當是恆，乃王亥之弟。該與恆皆「秉季德」，卜辭中亦有殷先公季，當即該、恆之父，而＜殷本紀＞復言「冥卒，子振立」，遂推知季即冥。

　　郭沫若在《古代研究的自我批判》中曾對王國維的＜先公先王考＞推崇備至，郭說：“他首先由卜辭中把殷代的先公先王剔發了出來，使《史記》＜殷本紀＞和《帝王世紀》等書所傳的殷代王統得了物證，并且改正了他們的訛傳。”又說：“我們要說，殷虛的發現，是新史學的開端；王國維的業績，是新史學的開山。”這無疑是很客觀中肯的評價。

(e) 啓迪甲骨的綴合

　　殷墟甲骨是多災多難的地下寶物，一出土便不斷遭受天災與人禍的破壞。譬如農民挖掘時的破損，商人把同一片甲骨分割售與不同的買主，都在在增加了解甲骨的困難。殷墟十五次發掘的三萬多片甲骨不幸因抗日而由安陽搬至昆明，因內戰再由昆明移至台灣。到了台灣島，復由中部楊梅轉運至北部南港。到了南港，又遭水災浩劫。許多甲骨片就在漫長的搬運過程中斷裂，甚至變成粉碎，再也無法復完。

　　我們從事研究工作自然重視掌握完整的材料。完整的甲骨片對於我們理解卜辭的上下文和對貞的關係都有決定性的幫助，所以併合復完破碎的甲骨是一項極困難而急於完成的工作。首先點出甲骨併合的重要性的，是王國維。王氏在１９１７年為上海倉聖大學猶太人姬佛陀編寫《戩壽堂所藏殷虛文字》及《考釋》，發現其中的一片＜戩１．１０＞可以和羅振玉《殷虛書契後編》上８．１４一片所記的世系相連，斷痕相接，可以互相結合，乃“一片折而為二”，遂開創了綴合甲骨的先例。於此，我們亦不得不佩服王國維先生過目不忘的記憶能力。

(f) 開創斷代研究的方向

　　所謂斷代，是決定每一片甲骨的時代。甲骨學史上研究斷代成就最大的是董作賓先生，而開其先河的，還是王國維。董先生在北大時曾是王氏的學生，他的斷代方向可能是承受王氏的影響。

　　王國維在＜殷卜辭中所見先公先王考＞一文中，根據羅振玉的《後編》上２０．９的父甲、父庚、父辛並祭的稱謂與＜殷本紀＞世系相核對，論定此片為“武丁時所卜”。父甲、父庚、父辛分別為武丁對其父輩陽甲、殷庚、小辛的尊稱。王氏復據《後編》上７．７的兄庚、兄己並祭的稱謂而定為“祖甲時所卜”，兄庚、兄己相當於＜殷

本紀＞的祖庚、祖己。此無疑開啓了董作賓、郭沫若等學者對於卜辭斷代研究的先路。

(三)　董作賓　號彥堂。（1895～1963）河南南陽人。

董作賓先生是我老師的老師，在四堂中他對於甲骨的貢獻是僅次於王國維，主要有如下四點：

(a)　殷墟的挖掘

自1898年甲骨出土以後，同時本身亦開始遭受破壞和散逸的威脅。由於甲骨的價值漸為人所悉，小屯農民每年都有集體或個別的私掘，使大批甲骨失去了原有的地層關係；另且大量的甲骨隨而流散於國外，如美、加、英、日、蘇俄、瑞士、香港等都有公、私的收藏。為了挽救甲骨和其他的殷遺存，1928年秋中央研究院歷史語言研究所成立，隨即委任董先生為研究員到安陽實地考察。董先生認為殷墟的挖掘仍有可為，遂在同年的10月開展了15次利用現代考古技術的發掘，至1937年6月止總共發掘了有字甲骨近三萬片，特別是在第三次發現了著名的大龜四版，對於甲骨的研究更是具有特殊的意義。董先生是一連串科學挖掘中始終參與其事者，為新中國保存了最完整、最可靠的一批材料。

(b)　甲骨斷代

在1929年12月的第三次殷墟發掘，發現了四個較完整的龜腹甲，上面都刻滿文字，報告稱此為"大龜四版"。其中的一個龜甲上＜甲2122＞，每一條卜旬卜辭的干支之後和"卜"字之前都有一個相當於人名的字。董先生認為可能是當時參加占卜活動問卜的史官名字，稱作"貞人"。在這個龜腹甲上總共有㞢、賓、𠂤、哭、𦥑

、爭六個貞人，他們自然應該是同一時期的人。１９３１年董先生在
《安陽發掘報告》第三期上＜大龜四版考釋＞就提出了貞人斷代的學
說。１９３３年董先生撰《甲骨文斷代研究例》一書，站在貞人的基
礎上進一步歸納了十個斷代的標準：

　　　　一世系、二稱謂、三貞人、四坑位、五方國

　　　　六人物、七事類、八文法、九字形、十書體

並把甲骨劃分為五個時期：

　　　　一盤庚、小辛、小乙、武乙

　　　　二祖庚、祖甲

　　　　三廩辛、庚丁

　　　　四武乙、文丁

　　　　五帝乙、帝辛

斷代的劃分使十多萬片零散的甲骨從此鴻濛鑿破，成為有條理的史料
，更藉此可以探討不同時期典章制度的演變，把商史的研究建立在一
個比較科學的堅實基礎上。

(c) 甲骨分派研究

　　董先生後來復推出分派斷代的觀念，重新把甲骨分作四個階段：

　　第一階段　舊派（遵循古法）　　盤庚、小辛、小乙、武丁、祖庚

　　第二階段　新派（改革新制）　　祖甲、廩辛、庚丁

　　第三階段　舊派（恢復古法）　　武乙、文武丁

　　第四階段　新派（恢復新制）　　帝乙、帝辛

新、舊派的差異可由祀典、曆法、文字、卜事四方面加以比較。詳參
董先生的《殷曆譜》和《甲骨學六十年》。

　　1.祀典　舊派祀典繁雜，祭祀種類有：彡、𩰫、𥄉、出、㞢、勺
　　　、福、歲、御、匚、冊、帝、炊、告、求等。新派祀典有系統
　　　，通常為：彡、翌、祭、𩰫、𥄉五種常祀。

2. 曆法　自祖甲始卜辭已不見有"十三月"，又把"一月"改為
"正月"。可知殷代曆法是由舊派的"月終置閏"演變為新派
的"月中置閏"。

3. 文字　如：王字舊派作 ⾧，象王者正面拱手而坐之形，頭上無
冠，新派則增作 王。叔字舊派作 ⽕，象焚木柴之形，新派則改作
⽊，以手奉木於神前之形。又，祭名，舊派作 ⼭，新派則作 ⼃
。

4. 卜事　舊派繁雜迷信，新派簡略開明。如卜告、卜求年、卜受
年、卜日月食、卜雨、卜有子、卜娩、卜夢、卜疾病、卜死亡
等都不見於新派。

然而，董先生的分派研究對於甲骨學界的影響顯然沒有《斷代例》來
得廣，這與第三階段的 ⾃組、午組等卜辭是應屬於第一期抑或第四期
的斷代有關。就目前的研究結果看來，這批所謂復古的材料似乎宜置
於第一期卜辭中的。

(d) 殷代曆法研究

董先生留給甲骨學後人兩本了不起的著作，一本是《甲骨文斷代
研究例》，一本則是《殷曆譜》。其中尤以後者更是體大思精的專門
著作，目前台灣能通讀此書的不會超過十人，因為要了解殷曆必需先
要具備古文字學、天文學的基礎，以及一條量天尺。董先生為了要從
事殷曆的研究，做了許多吸取天文知識的準備工作，除了 1 9 4 5 年
寫定《殷曆譜》外，在 1 9 6 0 年、1 9 7 4 年分別撰寫《中國年曆
總譜》、《中國年曆簡譜》。董先生研究殷曆表面上是透過卜辭中日
月交食的紀錄與置閏的推求，印證合天的曆譜，以確定殷周的年代。
事實上他更希望借此書作為甲骨分派研究的實驗，建立一新的體系。
他在《殷曆譜》自序說：

　　"此書雖名殷曆譜，實則應用斷代研究更進一步之方法，試作甲
　　骨文字分期分類分派研究之書也。余之目的，一為藉卜辭中有
　　關天文曆法之紀錄，以解決殷周年代之問題，一為揭示用新法
　　研究甲骨文字之結果‧。"
殷代曆法實為研究殷墟卜辭中最困難的一部分。大陸學者曾有初步評
介四堂的文章，但只寫了羅振玉、王國維、郭沫若三堂，唯獨缺董先
生一人，《殷曆譜》的難讀也未嘗不是其中的一個因素。

　　(四)　郭沫若　號鼎堂。（１８９１～１９７８）四川樂山人。
　　甲骨四堂中最絕頂聰明的，要算是郭沫若。他的天才可以直追王
國維。郭氏對於文學、哲學、史學、考古、古文字學、戲劇、詩、詞
、書法等，幾乎無一不精，都有其獨特的見地。他研究一門學問，都
能夠在最短的時間有最多的收穫，「看人所不能看」。郭氏在甲骨方
面的貢獻，有以下六點：
(a) 結合古文字和古代史，對古代社會作全面系統的研究。
　　以下是郭氏一系列有關綜合古文字和古代史的書：

中國古代社會研究	１９３０
兩周金文辭大系	１９３１
甲骨文字研究	１９３１
殷周青銅器銘文研究	１９３１
金文叢考	１９３２
卜辭通纂	１９３３
中國古代銘刻匯考	１９３３
中國古代銘刻匯考續編	１９３４
兩周金文辭大系圖錄考釋	１９３５
殷契粹編	１９３７

殷周是奴隸社會考	1942
論古代社會	1943
古代研究的自我批判	1944
青銅時代	1945

短短的十餘年間，他完成了十四套巨著，其著作量之多，而且議論深入有創見，在前人是無出其右的。我們固然可以解釋是由於他的聰明，但主要的更是他有一明確的追求目標：他要透過古文字去了解古代社會的源頭和其社會形態。由古代奴隸社會的肯定，從而作為他在現世傳播馬克思主義的唯物史觀的理論基礎。這是郭沫若研究古文字和無限創作慾望的動力根源。

(b) 擅用排比方法研究甲骨。

如《甲骨文字研究》<釋五十>一文，討論卜辭的𢆶。此字自羅振玉以來皆認為與刈一般，乃十五的合文，但郭沫若排比十五與五十的卜辭，歸納卜辭的十之倍數皆合書，如 ∪、Ψ、Ш是，而不足十之數皆析書。郭氏由歸納綜合文例來推論𢆶實即五十的合文。郭氏這種排比文例以考究文字的用法，是一個很好的研究方向，可惜這方面的工作在過去做的並不徹底，希望將來多些朋友在這裡下功夫。

(c) 考證殷先王名稱

早在羅、王時代，基本上已把卜辭中的先公先王名稱剔出來了，但亦有訛誤的地方。如羅振玉以來均釋为羊，謂羊甲即《史記》的陽甲，及郭沫若始在<通118>考釋論定象甲才是陽甲，而为甲則是沃甲：

"喉甲在南庚之次，小辛之上，考之《史記》，南庚與小辛之間為陽甲、盤庚，此喉甲正自陽甲。....又南庚之上有半渺者，亦

當是帝名，余謂乃 𣱵 之渺。．．．．彼與此同見而又在南庚之上，則

釋為羊甲、羌甲者均非也。．．．．𣱵甲乃南庚之父沃甲也。"

郭氏又據＜通176＞的世系排比＜殷本紀＞，論定卜辭的戔甲相當

於河亶甲：

"殷王之名甲者有大甲、小甲、河亶甲、沃甲、陽甲、祖甲，其

於甲日卜祭某甲而合祭某甲者，二甲必相次，所祭者在後，所合

祭者在前。戔甲與小甲為次，亦正當於河亶甲也。"

(d) 藉甲骨探討上古神話

　　1.帝使鳳

　　古代神話鳳鳥為上帝的使者，郭沫若引卜辭證此說出自殷商。

　　＜通398＞　于帝史鳳二犬？

　　釋文："蓋視鳳為天帝之使，而祀之以二犬。荀子解惑篇引詩曰

　　『有鳳有凰，樂帝之心』。蓋言鳳凰在帝之左右。今得此片，足

　　知鳳鳥傳說自殷代以來矣。"

　　＜通別2．2＞　乙巳卜貞：王賓帝史，亡尤？

　　互較二片卜辭，第一片的帝使鳳早在殷代已見用為祭祀的對象。

　　2.蜺虹啜水

　　虹，古傳說為兩首蛇，見於雨後，飲水於河邊，人以手指之則手

腐爛。郭氏指出此傳說與卜辭相吻合。

　　＜通426＞　王固曰：出祟。八日庚戌出各雲自東𪊁母，戾，

　　　　　　　　亦出出蜺自北，飲于河？

　　釋文："𦥑是蜺字，象雌雄二虹而兩端有首。．．．．釋名云：『虹

　　，攻也，純陽攻陰氣也。又曰蝃蝀。其見每於日在西而見於東，

　　掇飲東方之水氣也。』．．．．蜺既象有雙首之虫形，文復明言飲，

　　是則啜水之說蓋自殷代以來矣。"

(e) 以干支計算地望的距離

　　郭氏在《甲骨文字研究》、《卜辭通纂》、《殷契粹編》考釋中都能充份利用干支的關係以計算日程。如郭氏排比＜通４３１＞、＜通５１２＞二辭，定出"沚國在殷之西，土方在沚東，呂方在沚西"、"土方在殷之北"、"呂方在殷之西北"的大概位置。復由＜通５１３＞一辭推算土方、呂方的正確距離。

　　＜通５１３＞　　四日庚申亦虫來艱自北，子𢜩告曰：昔甲辰方圍
　　　　　　　　　　于𠬝，俘人十虫五人；五日戊申，方亦圍，俘人
　　　　　　　　　　十虫六人。六月在▨。

　　釋文："本片言「四日庚申亦有來艱」，則四日前之丁巳必曾有來艱一次。又言『昔甲辰方圍于𠬝。……五日戊申方亦圍』，則庚申之來艱乃報戊申之寇，丁巳之來艱乃報甲辰之寇也。甲辰至丁巳十四日，戊申至庚申十三日，邊報傳至殷京（今安陽）之日期前後相差不遠，是知土方之距殷京約有十二三日之路程也。每日行程平均以八十里計，已在千里上下，則土方之地望蓋在今山西北部；而呂方或更在河套附近也。"

郭氏除了估計日行八十里外，其推算方法基本是正確的。古書一般記載日行三十里。如：《詩經》＜六月＞："我服既成，于三十里。"鄭箋："日行三十里，可以舍息。"《周禮》＜遺人＞："三十里有宿，宿有路室"。今按平均日行三十里計，𠬝地南距殷都約四百里。土方約在山西省，而呂方宜遠在陝西一帶。另外，古方國逐水草而居，其地並不固定，是以這依據干支計算地望也只能推敲出一大概的方向。

(f) 主編《甲骨文合集》

　　《甲骨文合集》由現存十六餘萬片甲骨選取四萬多片，為目前最

完備的甲骨資料集成，對於甲骨材料系統的分類分期整理有極大的貢獻，亦提供學者基本的研究材料。這是郭沫若晚年對甲骨學的另一功勞。

　　郭沫若是絕頂聰明自信的人，下筆萬言，往往立論太急太粗，而又不甘心從闕，故四堂的文章亦以郭氏問題最多。譬如郭氏就＜粹1162＞“丁酉卜，其呼多方小子小臣，其教戒？”一條，遂謂“與殷鄰近各國有派遣留學生千殷都之事”，是過於武斷大膽的。又如＜通140＞：“貞：𠂤甲不𡆥王？”釋文謂𠂤象狗形：

　　“𠂤乃狗之象形文，亦即小篆苟字。⋯⋯金文多用為敬字，⋯⋯
　　蓋敬者警也。自來用狗以警夜，故假狗形之文以為敬，就其物類
　　而言謂之狗，就其業務而言謂之敬。”

唯此說並無實據。卜辭中本有狗犬字作𤚩。甲骨偏旁從𠂤的皆象人身，如：𦣞(望)、𥚁(疾)、𡰱(屎)、𡰱(尿)、𠂤(身)、𠂤(長)、囚(死)、𠂤(及)、𠂤(比)、𠀤(并)、𦫳(競)、𨾠(眾)、𠂤(鬥)、𠂤(育)、𠂤(休) 等是，而動物的取象卻鮮從人身的，如 𦍌(羊)、𤘈(牛)、𧆞(虎)、𤡭(象) 等字可見。郭氏僅由音韻相近似來推定字的關係，其證據是並不充份的。

　　另外，郭氏有關於鐵的擁有時期，奴隸社會與封建社會間的上下限、以至殷代農業發達與否的問題，其論點都是一再更易。由此都可見郭氏立論的急燥。

　　以下談一談四堂的後人。
　　羅氏弟子：羅福頤（故宮博物院）
　　　　　　　商承祚（中山大學）
　　　　　　　孫海波（復旦大學）
　　王氏弟子（清華時期）：余永梁

　　　　　　　　　　　　戴家祥（北京師範大學）

　　　　　　　　　　　　徐中舒（四川大學）

　　　　　　　　　　　　朱芳圃（河南大學）

　　　　　　　　　　　　吳其昌

　　　　王氏弟子（北大時期）：丁山

　　　　　　　　　　　　董作賓（中央研究院）

　　　　　　　　　　　　容庚（中山大學）

　　　自稱受羅王之學影響者：郭沫若（中國科學院）

　　　　　　　　　　　　唐蘭（北大）

　　　　　　　　　　　　于省吾（吉林大學）

　　　董氏弟子：胡厚宣（中國科學院）

　　　　　　　　嚴一萍（藝文印書館）

　　　　　　　　金祥恆（台灣大學）

　　　　　　　　李孝定（中央研究院）

　　　　　　　　張秉權（中央研究院）

　　　受董學影響者：陳夢家（暨南大學）

　　　　　　　　島邦男（日本弘前大學）

目前研究甲骨學的學者仍是以四堂的後人為主，他們遍及中國大陸、台灣、香港、日本、加拿大、美國、澳洲等地。其中學風最盛而又最有成績的仍是在中國大陸。以下是大陸某大學碩士班的古文字課程，包括：甲骨學、金文選讀、秦漢文字、戰國文字、古文字學發展史、漢字源流、考古學等。當我看到這個課表，我不禁嚇了一跳。我們在台灣沒有一所大學可以同時開出上述這些專門課程。台灣研究甲骨學的地方只有台灣大學和中央研究院，台大自去年　金祥恆先生逝世後甲骨學這門課程已停開了，中央研究院對於甲骨學下一代的培育亦沒有明確的方針。是以甲骨學在台灣是漸趨於息微的。這方面仍冀待著

有心人的大力振起。

第四節　甲骨學今後的方向

甲骨學由早期的釋字，過渡至讀片、斷代分期以迄考史。今後要走的方向又如何？過去我在香港中文大學的中國語文集刊曾寫過一篇小文章，也談到研究甲骨的新方向。當時所考慮的只是集中在文例方面，現在把該文章的幾點淺見重新整理如次：

一、材料的系統整理、推廣

甲骨學的書籍價錢昂貴而且不容易購買，是普及推廣甲骨學所最不容易解決的難題，也影響了培育新一代人材和研究的風氣。胡厚宣自１９５６年向中國科學院提出《甲骨文合集》的計劃，１９５９年正式開始編集，１９７９年完成了四萬多片十三巨冊的甲骨資料大集成，分政治、經濟、文化、其他四大類。《合集》的釋文亦於１９８９年推出。此書已稍稍能夠滿足一般的學術研究。台灣的藝文書局復把《合集》和《小屯南地甲骨》、《周原甲骨》景印匯成一總集。這對於海峽兩岸甲骨學的推廣肯定會有幫助。資料有了，冀待的是人材的出現。此外，多寫幾本理想的甲骨學入門書籍亦是急不容緩的。

二、甲骨文字形本義的分析

目前能看到的甲骨文約４５００字左右，其中能識讀的只不過是一千餘字，不識的字仍居多數。這其間乃有一很大的研究空間等待我們去開發，今後宜多繼續文字本義考析的工作。

三、由斷代分期歸納甲骨文的引申義和假借義

　　甲骨文是一種成熟的文字，字的用法許多已不用本義而改用引申
和假借的意義。過去孫海波的《甲骨文編》、李孝定先生的《甲骨文
字集釋》，所強調的主要是每一個字的本義，將來我們要走的方向，
是分析每一個字的用法，透過不同的句式、不同的詞性，考定各種不
同的意義。如：

　　𝄜，象人臥病之形，即疾字。卜辭有用本義。如＜前１．２５．
　　　１＞：“☒貞：疾齒，卸于父乙？”復有引申作急劇意。如
　　　＜南明２０２＞：“☒貞：今夕其兩疾？”

　　𝄜，象目形，即目字。卜辭有用本義，如＜佚５２４＞：“癸巳
　　　卜，㱿貞：子漁疾目，禱告于父乙？”字復引申有專注、監
　　　察意。如＜前４．３２．６＞：“☒貞：呼目呂方？”＜乙
　　　５８４＞：“目于河？”

　　𝄜，象淚水自目湧出，即眔字。卜辭則假借為連詞，及也。

　　𝄜，象果實形，即果字。卜辭中借用為動詞作祼，灌祭也；字又
　　　用為名詞，婦名。

　　𝄜，象短尾鳥，即隹字。卜辭借用為發語詞，作唯；又用為人名
　　　。

　　𝄜，象足趾形，即止字。卜辭已借為代詞，作此。

這方面我在《殷墟甲骨文字通釋稿》已作了一部分的工作，但做得並
不徹底，將來仍需要繼續補足。

四、甲骨斷片的繼續綴合

　　甲骨的綴合首先需要能夠接觸原材料，如不在其位的人，實在很
難從事這項工作。當年的嚴一萍先生運用拓片影印來併合，結果給他
復完了許多完甲，但併錯的也有若干。因為我們在做綴合的工作時，
必須要前後看，上下看，核對甲骨背後的鑽鑿形態和位置，與及甲骨

之間的紋路，若只憑拓印是不容易看出來的。這方面的工作仍寄望於中央研究院能看到實物的諸先生們。只要能夠併合一版有用的大龜甲或牛肩骨，對於我們研究工作可以省走許多的路子。現在我們許多的研究成果，都是倚靠一些殘缺的甲骨片為證。可是，這是非常危險的，因為上下文的殘缺，碎無對證，往往便流於主觀的比附和猜度，所以甲骨綴合的完成是甲骨學作為科學的整體研究的第一步。

五、甲骨文文例的整理

　　文例的歸納可以讓我們了解許多同字異形的同義詞。如卜辭中 ㄅ、工、ㄒ諸形同字，乃示字異體。詳見我在香港中文大學中國語文集刊的＜釋示冊＞一文。這方面我在《殷墟甲骨文字通釋稿》已做了一部分的工作，但仍是今後值得注意的方向。

六、甲骨文文法的研究

　　過去討論甲骨文法的書籍只有１９５３年管燮初先生的《殷虛甲骨刻辭的語法研究》一本，距今亦已三十多年。由於甲骨材料的日增、甲骨文釋讀的更易，因此甲骨文文法有進一步討論分析的必要。我曾撰寫《殷墟卜辭句法論稿》一書，針對甲骨的句法作了些工作，主要是由卜辭的對貞互較常態與變異句型的用法，藉此反映上古句法的類型。這方面的研究今後仍有細作的必要。

七、斷代問題

　　過去董作賓先生提出十個斷代標準，但對於分別若干第一、四期的卜辭卻仍有糾纏不清的情況，因此復提出新、舊派的說法。後來加拿大多倫多博物館的許進雄先生據甲骨實物的分別提出第十一個斷代的標準—鑽鑿，這方法亦普遍為現代甲骨學者所接受。後來我在研究

卜辭的否定詞時，發現不同的期數，否定詞的用法亦有差異。這可以
作為判斷卜辭期限的另一標準。詳見《殷墟卜辭句法論稿》。將來希
望新的材料的出土，能夠產生更多新的斷代方法，使每一片甲骨都能
恰當的放在它固定的位置上。這是一項非常重要的工作。特別是同坑
位甲骨相關狀況的了解，可以提供我們對殷代歷史作深入的研究。這
也是將來應用斷代需要注意的地方。

八、成套卜辭的研究

　　中央研究院的張秉權先生根據同坑位出土的甲骨，上面卜辭內容
相約，兆序相連，提出了成套卜辭的說法。由成套卜辭的同中求異，
有助於我們分析殷代歷史和文例。這方面的綜合研究仍有待進一步的
探討。

九、殷墟以外的甲骨文字研究

　　一般言甲骨文只知是出土於安陽殷墟，近來經過科學的發掘，發
現許多地方都出現了甲骨，而且時間亦不局限於商代。如：

　　　　　河南鄭州二里崗　　　　　　　（商中期）
　　　　　山西洪趙坊堆村　　　　　　　（周）
　　　　　陝西長安張家坡　　　　　　　（周）
　　　　　北京昌平白浮村　　　　　　　（周）
　　　　　陝西岐山鳳雛村　　　　　　　（周）
　　　　　扶風齊家村　　　　　　　　　（周）

復據１９８６年４月３０日北京電美聯社報道，西安市西郊斗門鄉花
園村發掘出一批４５００年至５０００年前的甲骨文，這批甲骨文分
別刻在一個骨錛、一顆獸牙和若干塊獸骨上，字體細小，筆劃剛勁有
力，字體結構佈局嚴謹，時代是屬於龍山文化晚期，即相當於文獻的

夏代時期。

　　其中陝西鳳雛村出土的周原甲骨，無論在量和內容而言都是極為重要的，它可以補足由殷商過渡至周的一段歷史，使我們能比較清楚了解殷、周間的關係。今後我們研究甲骨的大方向，恐怕亦會由商代的甲骨進而至周代的甲骨。

十、橫面的對每一個殷王歷史作斷代的綜合研究。

　　整體結合文字與歷史的研究方向是我目前在做的一個計劃，估計明年能夠完成其中的一部分。重寫＜殷本紀＞的帝王信史應是今後甲骨學者一致的目標。

　　以上只是一份很粗略的報告。四堂以外，如中國科學院的一些先生、日本方面有關甲骨的研究，都有他們特別的看法。因為時間的關係，也不得不省略了。

殷虛書契考釋序

羅振玉

　　予讀《詩》《書》及周秦之間諸子太史公書，其記述殷事者蓋寥寥焉。孔子學二代之禮，而曰：杞宋不足徵。殷商文獻之無徵，二千餘年前則已然矣。吾儕生三千年後，乃欲根據遺文補其往籍，譬若觀海，茫無津涯。予從事稍久，乃知茲事實有三難：史公最錄商事，本諸詩書，旁攬系本。顧考父所校僅存五篇；書序所錄，亡者逾半；系本一書，今又久佚。欲稽前古，津逮莫由，其難一也。卜辭文至簡質，篇恆十餘言，短者半之，又字多假借，誼益難知，其難二也。古文因物賦形，繁簡任意，一字異文每至數十，書寫之法時有凌獵。或數語之中，倒寫者一二；兩字之名，合書者七八。體例未明，易生炫惑，其難三也。今欲祛此三難，勉希一得，乃先考索文字，以為之階。由許書以溯金文，由金文以窺書契。窮其蕃變，漸得指歸，可識之文，遂幾五百。循是考求典制，稽證舊聞，途逕漸啓，扃鐍為開。稽其所得，則有六端：

　　一曰帝系。商自武湯逮于受辛，史公所錄，為世三十，見于卜辭者二十有三。史稱大丁未立，而卜辭所載祀禮儼同于帝王。又，大乙、羊甲、卜丙、卜壬，校以前史，並與此異。而庚丁之作康祖丁，武乙之稱武祖乙，文丁之稱文武丁，則言商系者之所未知，此足資考訂者一也。

　　二曰京邑。商之遷都前八後五，盤庚以前具見《書》序，而小辛以降，眾說多違。洹水故墟，舊稱亶甲，今證之卜辭，則是徙于武乙，去于帝乙。又，史稱盤庚以後商改稱殷，而偏搜卜辭，既不見殷字，又屢言「入商」。田游所至，曰往、曰出，商獨言入。可知文丁、帝乙之世，國尚號商。《書》曰「戎殷」，乃稱邑而非稱國。此可資

考訂者二也。

　　三曰祀禮。商之祀禮，敻異周京，名稱實繁，義多難曉。人鬼之祭，亦用牝牡。牢圂之數，一依卜定。王賓之語，為洛誥所基。騂牡之薦，非鎬京始剏。此可資考訂者三也。

　　四曰卜法。商人卜祀，十干之日各依祖名。其有夾者，則依夾名。又，大事貞龜，餘事骨卜。凡斯異例，先儒未聞。此可資考訂者四也。

　　五曰官制。卿事之名，同于雅頌。大史之職，亦載春官。爰及近臣，並符周制。乃知姬旦六典，多本殷商。此可資考訂者五也。

　　六曰文字。召公之名，是夾非奭。鳥鳴之字，從雞非鳥。隹鳥不分，子𢀷殊用。牝牡等字，牛羊任安。牢牧諸文，亦同斯例。又，藉知大小二篆同乎古文，古文之真間存今隸。如此之類，未遑僂數。此可資考訂者六也。

　　予爰始操翰，訖于觀成，或一日而辨數文，或數夕而通半義。譬如冥行長夜，乍睹晨曦，既得微行，又蹈荊棘。積思若痗，雷霆不聞。操觚在手，寢饋或廢，以茲下學之資，勉幾上達之業，而既竭吾才，時亦弋獲。意或天啓其衷，初非吾力能至，但探賾索隱，疑蘊尚多，覆簣為山，前脩莫竟。繼是有作，不敢告勞。有生之年，期畢此志。訂訛補闕，俟諸後賢。它山攻錯，跂予望之。

　　　　（文見增訂《殷虛書契考釋》三卷序）

說 都 邑

羅振玉

　　商自成湯至於般庚，凡五遷都。武乙立，復去亳徙河北，其地當洹水之陰，今安陽縣西五里之小屯，即其虛矣。方志以為河亶甲城者是也。

　　《史記》〈殷本紀〉正義引《竹書紀年》謂：自般庚徙殷，至紂之滅二百七十五年，更不遷都。然考之史記殷本紀，武乙立，殷復去亳，徙河北。今本竹書紀年武乙三年自殷遷於河北，十五年自河北遷於沬。王氏《詩地理考》引《帝王世紀》帝乙復濟河北，徙朝歌。【案：帝乙自洹陽徙沬，本在河北，不得言復濟，殆有訛字。】是般庚以後至於末季，凡再遷也。惟諸書均言徙河北，不言何地，考《史記》〈項羽本紀〉「項羽乃與章邯期於洹水南殷虛上」，《集解》引應劭曰：「洹水在湯陰界。【今安陽，漢蕩陰縣兼有今安陽地。】殷虛，故殷都也。瓚曰：洹水在今安陽縣，北去朝歌殷都一百五里。然則此殷虛非朝歌也。」《史記》〈殷本紀〉正義引《括地志》：「相州安陽本盤庚所都，即北冢殷虛，南去朝歌城一百四十八里。《竹書紀年》云：盤庚自奄遷于北冢，曰殷墟【墟字衍。】，南去鄴四十里。是舊都城西南三十里有洹水，南岸三里有安陽城，西有城名殷虛，所謂北冢者也。」《水經注》洹水篇：「洹水出山東，逕殷墟北。」又云：「洹水自鄴東，逕安陽城北。」又引魏土地記：「鄴城南四十里有安陽城，城北有洹水東流者也。」均謂洹水之南有殷虛，武乙所徙，蓋在此也。雖正義誤以安陽為般庚所都，又誤以安陽殷虛為北冢【徐氏《竹書紀年統箋》已正之。】，而洹陰之有殷虛，則諸說咸同。《彰德府志》載安陽縣西南有河亶甲城，以此殷虛屬河亶甲。然河亶甲居相，其地蓋在今內黃縣東南，非今安陽。而今龜甲獸骨出土之處

正在今安陽縣西五里之小屯，確當洹水之南【土人謂之安陽河。】，
與前記悉合，故知武乙所徙實在此處。方志以為河亶甲城者，誤也。
至《紀年》謂武乙十五年徙沬，《帝王世紀》謂帝乙徙沬，二說不合
。今以卜辭中所見帝王之名考之，直至武乙而止，據此可知遷沬必在
帝乙之世，《竹書》誤而《世紀》所記為得實也。

（文見《殷虛書契考釋》卷上）

說　子

羅振玉

　　《說文解字》：「子，古文作 🉐。籀文作 🉐」。卜辭中子丑之子皆作 🉐，或變作 🉐，以下諸形從無作子者。🉐 與許書所載籀文 🉐 字頗近，但無兩臂及几耳。召伯虎 🉐 作有臂而無几，與卜辭亦略同，惟 🉐 🉐 等形則亦不見於古金文，蓋字之省略急就者。秦省篆書繁縟而為隸書，予謂古人書體已有繁簡二者，試觀《書契》卷三弟四、五諸葉可知其概矣。

說　巳

羅振玉

　　卜辭中凡十二枝之巳皆作子，與古金文同。宋以來說古器中「乙子」、「癸子」諸文者，異說甚多，殆無一當。今得干支諸表，乃決是疑。然觀卜辭中非無 🉐 字。又，㲾妃祀改諸字並從 🉐，而所書甲子則皆作 🉐，惟母已作 🉐，僅一見，此疑終不能明也。

說　行

羅振玉

卉，象四達之衢，人所行也。石鼓文或增人作￼，其義甚明。由卉而變為￼，形已稍失，許書作￼，則形義全不可見。於是許君乃釋行為人之步趨，謂其字從彳從亍，失彌甚矣。古從行之字或省其右作彳，或省其左作亍，許君誤認為二字者，蓋由字形傳寫，失其初狀使然矣。父辛觶亦作卉，與卜辭合。訓宮中道之𡦹字正從此，許君謂從口象宮垣道上之形，不知口但象宮垣，而象道路者乃在口內之卉字也。作￼與石鼓文同。作￼則省行之半，義已明矣。

說　中

羅振玉

《說文解字》：「中，古文作￼。籀文作￼」。古金文及卜辭皆作￼，或作￼。游或在左，或在右。游蓋因風而左右偃也，無作￼者，游不能同時既偃於左，又偃於右矣。又卜辭凡中正字皆作￼，從口從𠃊。伯仲字作中，無游形。史字所從之中作￼。三形判然不淆混。惟中丁之中曾見作￼者，乃偶用假字也。

說　尞

羅振玉

《說文解字》：「尞，柴祭天也。從眘。眘，古文慎字。祭天所以慎也。」今此字實從木在火上，木旁諸點象火燄上騰之狀。卜辭又有「大史尞」、「卿事尞」；尞字一作□，一作□。毛公鼎「大史尞」、「卿事尞」；尞字作□，均從□從火。許君云：「從眘」者，非也。漢韓勑碑「陰遼」作□，史晨後碑作□，並從木。衡方、魯峻兩碑尞字亦然。是隸書尚存古文遺意矣。卜辭或又省大作□，或更省作□。古金文中畢伯戤敢有□字，與卜辭同。

說　僕

羅振玉

《說文解字》：「糞，糞糞也。從□，□亦聲。」又：「僕，給事者。古文從臣作□。」案古金文無從臣之□，有□【史僕壺】、□【靜殷】、□【旂鼎】諸形。卜辭僕字從□，即古金文之□；從□，即古金文之□；從□，即□；□，則象人形而後有尾。許君所謂「古人或飾系尾，西南夷亦然」者是也。【《說文解字》尾字注。】僕為俘奴之執賤役瀆糞之事者，故為手奉糞棄之物以象之。糞僕古為一字，許書從羋，乃從□糞之訛也。

說　鳳

羅振玉

《說文解字》：「鳳，古文作🔲、🔲」二形。卜辭從🔲，與🔲略同；從 🔲【即凡字，古金文作🔲，與此小異。】，與篆文同。惟從🔲，或省作🔲，與許書篆古二文不合耳。龍字從🔲，鳳字所從亦與龍同，此於古必有說，今無由知之矣。王氏國維曰：卜辭中屢云「其遘大鳳」，即「其遘大風」。《周禮》＜大宗伯＞「風師」作「飌師」，從雥，而卜辭作鳳，二字甚相似。予案：此說是也。考卜辭中諸鳳字誼均為風，古金文不見風字。《周禮》之飌，乃卜辭中鳳字之傳訛，蓋訛🔲為🔲，訛凡為風耳。據此知古者假鳳為風矣。

說　它

羅振玉

《說文解字》：「它，虫也。上古艸居，患它，故相問無它乎。或從 虫作蛇。」卜辭中從止【即足也。】，下它，或增從彳。其文皆曰：「亡🔲」或曰：「不🔲」，殆即它字。上古相問以無它，故卜辭中凡貞祭於先祖，尚用「不它」、「亡它」之遺言，殆相沿以為無事故之通稱矣。【卜辭中亦單稱「它」，則當是有故不可以祭矣。】又案：它與虫殆為一字，後人誤析為二。又并二字而為蛇，尤重複無理。許君於虫部外別立它部，不免沿其誤矣。

說　俎

羅振玉

　　《說文解字》：「俎，禮俎也。從半肉在且上」。半肉，謂𠆥也，然在且旁，不在且上。卜辭作𤕝，則正象置肉於且上之形。古金文亦有俎字作𤕝【貉子卣】、𤕝【𤕝女彝】，前人皆釋為宜，誤矣。

說　玉

羅振玉

　　《說文解字》：「王，象三玉之連。｜，其貫也。古文作𤣩。」卜辭亦作丰，｜或露其兩端也，知丰即玉者。卜辭地名有𤣩字從王，或從丰；又𤣩字從王，亦從丰作𤣩；又豊字從玨，亦從玤，其證矣。至古金文皆作王，無作𤣩者。

說　衣

羅振玉

　　《說文解字》：「衣，象覆二人之形。」案：衣無覆二人之理。段先生謂覆二人則貴賤皆覆，其言亦紆回不可通。此蓋象襟袵左右掩覆之形。古金文正與此同，又有衣中著人者，亦衣字。

說　裘

羅振玉

　　《說文解字》：「裘，古文省衣作 𧚍。」又卣作 𧚍，此省又作 𧚍
，象裘形；當為裘之初字。許君裛字注：「古者衣裘，故以毛為表」
。段先生曰：「古者衣裘，謂未有麻絲衣羽皮也，衣皮時毛在外，故
裘之制毛在外」。今觀卜辭與又卣裘字毛正在外，可為許說左證。卜
辭中又有作 𧚍 者，王君國維謂亦裘字，其說甚確。蓋 𧚍 為已製為裘時
之形；𧚍 則尚為獸皮而未製時之形，字形略屈曲，象其柔委之狀。番
生敦及石鼓文作 𧚍，齊子仲姜鎛作 𧚍，並與此同。𧚍 既為獸皮而未製
衣，是舍求得之誼，故引申而為求索之求。卜辭中又有作 𧚍，亦求字
。

說　箙

羅振玉

　　《說文解字》：「箙，弩矢箙也。從竹服聲。」《周禮》「司弓
矢」鄭注：「箙，盛矢器也。」《詩》小雅「象弭魚服」箋：「服，
矢服也。」是古盛矢之器，其字作箙、作服。卜辭諸字盛矢在器中形
，或一矢、或二矢。古金文略同，作 𠙽【丙申角】、 𠙽【番生敦】、

【毛公鼎】、□【爵】、□【父癸甗】、□【子父己爵】諸形，且有中盛三矢作□者【《博古圖》卷十父辛卣】。番生𣪘文曰：「𤮻𤜾魚□」，毛公鼎文亦同，是□與□確即毛詩及許書之服箙。其字本象箙形，中或盛一矢、二矢、三矢，後乃由從一矢之□□變而為□□，於初形已漸失，而與□字形頗相近。古者𤜾與服相通假，《易》：「服牛乘馬」，《說文解字》□注引作「𤜾牛乘馬」；《左傳》：「王使伯服如鄭請滑」，《史記》＜鄭世家＞作「伯𤜾」；《後漢書》＜皇甫嵩傳＞注：「𤜾，古服字。」此𤜾服相通假之證。矢箙之初字全為象形字，乃由□轉寫而為□，由□又轉訛而為□、為𤜾，又由𤜾而通假作服，又加竹而為箙，於是初形全晦，而象形乃變為形聲字矣。

說　畢

羅振玉

　　《說文解字》：「畢，田网也。從華，象畢形。」卜辭諸字正象网形，下有柄，或增又持之，即許書所謂「象畢形」之華也。但篆文改交錯之網為平直相當，於初形已失，後人又加田，於是象形遂為會意。漢畫象刻石凡捕兔之畢尚與□字形同，是田網之制，漢時尚然也。又許書隸畢字於華部，于畢注云：「從華，象畢形。」而於華注乃曰：「箕屬，所以推棄之器也。象形。」一若華，既象田網之畢，又象推棄之箕者，許君又謂糞棄二字皆從華，今證之卜辭，則糞字作□，乃從廾不從華。糞除以箕，古今所同，不聞別用它器。其在古文華，即畢字，糞棄固無用畢之理也。此亦因形失而致歧者。

說　毓

羅振玉

　　王氏國維曰：此字變體甚多，從女從 𠫓【倒字形，即《說文》之
㐬字。】；或從母從 𠫓，象產子之形。其從 ⺌⺌ 者，則象產子時之
有水液也。從人與從母、從女之意同。以字形言此字，即《說文》育
字之或體毓字。毓，從每【即母字。】從 㐬【即倒子。】，與此正同
。其作 𦥑 者，從肉從子，即育之初字。而 𠚤 字所從之 𠃊，即《說
文》訓「女陰」之也字，其意當亦為育字也。故產子為此字之本誼。又
𣫰 𣫰 𣫰 諸形皆象倒子在人後，故引申為先後之後，又引申為繼體君之
后。《說文》：「后，繼體君也。象人之形，施令以告四方」。故后
之從 口，是后字本象人形；厂當即 𠃊 之訛變，口 則倒子形之訛變也。
后字之誼本從毓誼引申，其後產子之字專用毓育二形，繼體君之字專
用 后 形，遂成二字。又訛 𣫰 為后，而先後之後又別用一字。《說文》
遂分入三部，其實毓后後三字本一字。

　　卜辭後祖乙作 𣫰 祖乙，即武乙之異稱。又曰：「乙卯卜貞：王賓
𣫰 祖乙、父丁，歲亡尤？」后祖乙與父丁連文，考殷諸帝中父名乙、
子名丁者，般庚以後【卜辭皆般庚遷殷後物。】，惟小乙、武丁及武
乙、文丁，而小乙卜辭稱小祖乙，則后祖乙必武乙矣。

　　殷諸帝名中名乙者六，除帝乙未見卜辭外，皆有祖乙之稱，而各
加字以別之，是故高祖乙者謂之太乙也，中宗祖乙者謂河亶甲子祖乙
也，小祖乙者謂小乙也，武祖乙、后祖乙者謂武乙也。武乙在諸名乙
者之後，乃稱后祖乙，則用為先後之後者也。

　　卜辭此字又用為繼體君之后，屢云：「自上甲至于多髻衣」；又云：「丁丑之于五后」。案：《書》＜殷庚＞云：「古我前后」；又云：「女曷不念我古后之聞」；又云：「子念我先神后之勞爾先」；又云：「高后丕乃崇降罪疾」；又云：「先后丕降與女罪疾」；《詩》＜商頌＞云：「商之先后」，是商人稱其先人為后。是「多后」者，猶《書》言多子、多士、多方也。「五后」者，猶《書》云：「三后成功」，《詩》云：「三后在天」也。二者皆毓育二字引申之誼，故備論之。

說　若

羅振玉

　　《說文解字》：「若，擇菜也。從艸右。右，手也。」又：「諾，𧥣也。從言若聲」。案：卜辭諸若字象人舉手而跽足，乃象諾時巽順之狀。古諾與若為一字，故若字訓為順。古金文若字與此略同，擇菜之誼非其朔矣。

說　為

羅振玉

　　《說文解字》：「為，母猴也。其為禽好爪。爪，母猴象也。下腹為母猴形。王育曰：爪，象形也。古文作𤔲，象兩母猴相對形。」

案：為字古金文及石鼓文並作[象]，從爪從象，絕不見母猴之狀。卜辭作手牽象形，知金文及石鼓從⌒者乃⌒之變形，非訓覆手之爪字也。意古者役象以助勞其事，或尚在服牛乘馬以前，微此文，幾不能知之矣。

說　獸

羅振玉

　　《說文解字》：「獸，守備者。從嘼從犬。」又：「狩，犬田也。從犬守聲。」案：古獸狩實一字。左氏襄四年傳：「獸臣司原」注：「獸臣，虞人。《周禮》獸人之職，所掌皆王田之事。《詩》〈車攻〉：「搏獸于敖」，《後漢書》〈安帝紀〉注引作「薄狩于敖」。漢張遷碑：「帝游上林，問禽狩所有」，石門頌：「惡蟲弊狩」，皆獸狩通用其文。先獸鼎作[字]、員鼎作[字]，此從丫從丫並與從丫同。古者以田狩習戰陳，故字從戰省；以犬助田狩，故字從犬。禽與獸初誼皆訓田獵，此獸狩一字之證。引申之而二足而羽為禽，四足而毛為獸。許君訓獸為守備者，非初誼矣。

　　　　　　　　　　　　　（以上諸文見《殷虛書契考釋》卷中）

五十日夢痕錄

羅振玉

　　三月三十日巳刻抵彰德寓人和昌棧，亟進餐，賃車至小屯。其地在郡城之西北五里，東西北三面洹水環焉。彰德府志以此為河亶甲城。宋人《考古圖》載古禮器之出於河亶甲城者不少，殆即此處。近十餘年間龜甲獸骨悉出於此，詢之土人出甲骨之地約四十餘畝，因往履其地，則甲骨之無字者田中纍纍皆是，拾得古獸角一、甲骨盈數匊。其地種麥及棉，鄉人每以刈棉後即事發掘。其穴深者二丈許，掘後即填之，復種植焉。所出之物，骨甲以外，蠹殼至多，與骨甲等，往歲所未知也。古獸角亦至多，其角非今世所有。至一鄉人家，見數十具。角之本近額處相距約一二寸許，有環節一，隆起如人指之著指環者，然土人謂是龍角。

　　往歲曾於此得石磬三，與周官考工所言形狀頗不同。《爾雅》＜釋樂＞：「大磬謂之馨。」郭注：「馨，形似犁錧」。今殷虛所出與犁錧狀頗似，意殷周磬制不同。郭注云：「似犁錧」者，意是舊說。乃殷制與考工所記異，考工所記則與　錧異狀矣。予曩又得彫磬斷片，兩面及側均刻鏤與古禮器同。宋人《博古圖》載古磬二，甚類。殷虛彫磬亦與周磬殊狀，當日定以磬名，殊精確。予嘗與王靜安徵君言宋人考古之學不讓於乾嘉諸老，如定古禮器之名，其誤者固十一二，其確者則十居七八。靜安亦謂然。石磬其一也。今於小屯更求斷磬不可得。

　　予舊所得又有骨鏃、有象匕。骨匕有象掃【以骨為之，即《詩》之象掃】、有骨簡、有石刀、石斧，其天生之物有象牙、有象齒。今求之，亦罕見。然得貝璧一，其材以蠹殼為之，雕文與古玉、蒲璧同，惜已碎矣，為往昔所未見。獲此奇品，此行為不虛矣。予久欲撰殷

虛遺物圖錄，今又得此，歸後當努力成之。

　　古器物出土之地，於考古至有關繫，前人多忽之，良以古物多得之都市估人，展轉販鬻，致售者亦不知所自出。其尤黠者或諱言之。如龜甲獸骨，濰縣范姓估人始得之，亡友劉君鐵雲問所自出，則詭言得之湯陰。予訪之數年，始知實出洹濱。使不知所自出，則殷虛所在，末由斷定矣。詳記之以告吾國之考古學者。

（文節錄自《雪堂叢刻》第五十二種）

與王國維書二

羅振玉

　　昨日下午郵局送到大稿，燈下讀一過，忻快無似。弟自去多病胃，悶損已數月，披覽來編，積疴若失。憶自卜辭初出洹陰，弟一見以為奇寶，而考澤之事未敢自任。研究十年，始稍稍能貫通。往者寫定考釋，尚未能自慊。固知繼我有作者必在先生，不謂捷悟遂至此也。上甲之釋，無可疑者。弟意⊞字即小篆甲字所從出。卜辭⊞字十外加口，固以示別。與〔 冋 日同例。然疑亦用以別於數名之十。周人尚用此字，兮伯吉父盤之兮⊞，即兮甲也。小篆復改作甲者，初以十嫌於數名之十【古七字】而加口作⊞，既又嫌於田疇之田而稍變之。秦陽陵虎符甲兵之字作甲，變口為冂，更訛冂為冖，訛十為丁，如《說文》甲字，而初形全失，反不如隸書甲字尚存古文面目也。弟因考卜辭，知今隸頗存古文；此亦其一矣。又⊞或作𠄟者，弟以為即上甲二字合文。許書：「帝，古文作𣂈。」注：「古文諸丄字皆從一，篆文皆從二。二，古文上字。」考之卜辭及古金文，帝示諸文或從二，或從一，知古文二亦省作一。𠄟者，上甲也。許君之注，當改正為「古文諸丄字，或從　一，或從二。一與二皆古文上。」或浚長原文本如此，後人轉寫失之耳。尊稿當已寫定，可不必改正，或以弟此書寫附大著之後。奉讀大稿，弟為忻快累日。此書寄到，公亦當攬紙首肯也。

【第一札】

　　前書與公論𠄟即上甲二字合書，想公必謂然。今日補拓以前未選入之龜甲獸骨，得一骨上有𠄟字，則竟作上田。為之狂喜。已而檢《書契後編》，見卷下第四十二葉上甲字已有作𠄟者，【英人明義士所摹《殷虛卜辭》第二十九葉，并一百十八葉，亦兩見𠄟字。】又為之失笑。不獨弟忽之，公亦忽之。何耶？卜辭上字多作二，下字作冖。

下字無所嫌。二作⌣者，所以別於數名之二也。此 字兩見皆作⌣；
又上帝字作⌣帝，其為上字無疑。⊞為 字之省，亦無可疑。不僅可
為弟前說之證，亦足證尊說之精確。至今隸甲字全與⊞同，但長其直
畫。想公於此益信今隸源流之古矣。【第二札】

　　　　　　　　　　　　　（文見王國維《觀堂集林》卷九）

殷卜辭中所見先公先王考

王國維

　　甲寅歲莫，上虞羅叔言參事撰《殷虛書契考釋》，始於卜辭中發見王亥之名。嗣余讀《山海經》、《竹書紀年》，乃知王亥為殷之先公，并與《世本》＜作篇＞之胲、＜帝繫篇＞之核、《楚辭》＜天問＞之該、《呂氏春秋》之王冰、《史記》＜殷本紀＞及＜三代世表＞之振、《漢書》＜古今人表＞之垓，實係一人。嘗以此語參事及日本內藤博士【虎次郎】。參事復博蒐甲骨中之紀王亥事者得七八條，載之《殷虛書契後編》。博士亦采余說，旁加考證，作＜王亥＞一篇，載諸《藝文雜誌》。并謂自契以降諸先公之名，苟後此尚得於卜辭中發見之，則有裨於古史學者當尤鉅。余感博士言，乃復就卜辭有所攻究，復於王亥之外得王恆一人。案《楚辭》＜天問＞云：「該秉季德，厥父是臧」，又云：「恆秉季德」。王亥即該，則王恆即恆。而卜辭之季之即冥【羅參事說】，至是始得其證矣。又觀卜辭中數十見之田字，從甲在囗中〔十，古甲字〕，及通觀諸卜辭而知田即上甲微。於是參事前疑卜辭之〔囗 囗 囗〕【即乙丙丁三字之在〔 或匚中者，與田字甲在囗中同意。】即報乙、報丙、報丁者，至是亦得其證矣。又卜辭自上甲以降皆稱曰示，則參事謂卜辭之示壬、示癸即主壬、主癸，亦信而有徵。又觀卜辭，王恆之祀與王亥同。太丁之祀與太乙、太甲同。孝己之祀與祖庚同。知商人兄弟無論長幼與已立未立，其名號典禮蓋無差別。於是卜辭中人物，其名與禮皆類先王而史無其人者，與夫父甲、兄乙等名稱之浩繁求諸帝系而不可通者，至是亦理順冰釋。而《世本》《史記》之為實錄，且得於今日證之。又卜辭人名中有　字，疑即帝嚳之名。又有土字，或亦相土之略。此二事雖未能遽定，然容有可證明之日。由是有商一代先公先王之名，不見於卜辭者殆鮮。

乃為此考以質諸博士及參事，并使世人知殷虛遺物之有裨於經史二學
者有如斯也。丁巳二月。

　　　夋

　　卜辭有 夋 字，其文曰：「貞：賣【古燎字。】于夋？」【《殷
虛書契前編》卷六第十八葉】；又曰：「賣于夋口牢？」【同上】；
又曰：「賣于夋六牛？」【同上卷七第二十葉】；又曰：「于夋賣
牛六？」；又曰：「貞：求年于夋九牛？」【兩見，以上皆羅氏拓本
。】；又曰：「【上闕】又于夋？」【《殷虛書契後編》卷上第十四
葉】。案：夋夋二形象人首手足之形。《說文》戈部：「夒，貪獸也
；一曰母猴。似人從頁，巳止戈其手足。」毛公鼎：「我弗作先王羞
」之羞作夋。克鼎：「柔遠能夊」之柔作夋。番生敦作夋。而《
博古圖》、薛氏《款識》盂和鐘之「柔爕百邦」，晉姜鼎之「用康柔
綏懷遠廷」，柔并作夋，皆是字也。夒羞柔三字古音同部，故互相通
借。此稱高祖夒，案卜辭惟王亥稱高祖王亥【《後編》卷上第廿二葉
】，或高祖亥【《戩壽堂所藏殷虛文字》第一葉】；大乙稱高祖乙【
《後編》卷上第三葉】，則夒必為殷先祖之最顯赫者，以聲類求之，
蓋即帝嚳也。帝嚳之名，已見《逸書》《書序》：「自契至於成湯八
遷，湯始居亳，從先王居，作＜帝告＞。」《史記》＜殷本紀＞告作
誥。索隱曰：「一作俈。」案：《史記》＜三代世表＞、＜封禪書＞
、《管子》＜侈靡篇＞皆以俈為嚳。《偽孔傳》亦云：「契父帝嚳都
亳，湯自商丘遷亳，故曰從先王居。」若《書序》之說可信，則帝嚳
之名，已見商初之書矣。諸書作嚳或俈者，與夒字聲相近，其或作夋
者，則又夒字之訛也。《史記》＜五帝本紀＞索隱引皇甫謐曰：「帝
嚳名夋」。《初學記》九引《帝王世紀》曰：「帝嚳生而神靈，自言
其名曰　」。《太平御覽》八十引作逡。《史記正義》引作岌。逡為
異文，岌則訛字也。《山海經》屢稱帝俊【凡十二見】，郭璞注於＜

大荒西經＞「帝俊生仲容」下云：「俊宜為嚳。餘皆以為帝舜之假借
。」然＜大荒東經＞曰：「帝俊生仲容」。＜南經＞曰：「帝俊生季
釐」。是即《左氏傳》之仲熊季貍，所謂「高辛氏之才子也」。＜海
內經＞曰：「帝俊有子八人，實始為歌舞」，即《左氏傳》所謂有才
子八人也。＜大荒西經＞：「帝俊妻常羲生月十有二」。又傳記所云
：「帝嚳次妃諏訾氏女曰常儀，生帝摯者也」。三占從二，知郭璞以
帝俊為帝舜，不如皇甫以夋為帝嚳名之當矣。＜祭法＞殷人禘嚳，＜
魯語＞作殷人禘舜。舜亦當作夋。嚳為契父，為商人所自出之帝，故
商人禘之。卜辭稱高祖夒，乃與王亥、大乙同稱，疑非嚳不足以當之
矣。

相土

　　殷虛卜辭有ℓ字。其文曰：「貞：尞于ℓ三小牢卯一牛？」【《
書契前編》卷一第二十四葉，又重見卷七第二十五葉】；又曰：「貞
：求年于ℓ九牛？」【《鐵雲藏龜》第二百十六葉】；又曰：「貞：
勿尞于ℓ？」【同上第二百二十八葉】；又曰：「貞：于ℓ求？」【
《前編》卷五第一葉】。ℓ即土字。孟鼎：「受民受疆土」之土作ℓ
。卜辭用刀契，不能作肥筆，故空其中作ℓ，猶朩之作朩、■之作口
矣。土疑即相土。《史記》＜殷本紀＞：「契卒，子昭明立。昭明卒
，子相土立。」相土之字，《詩》＜商頌＞、《春秋左氏傳》、《世
本》＜帝繫篇＞皆作土。而《周禮》＜校人＞注引《世本》＜作篇＞
：「相士作乘馬作士。」【楊倞《荀子注》引《世本》此條作土】而
《荀子》＜解蔽篇＞曰：「乘杜作乘馬。」《呂覽》＜勿躬篇＞曰：
「乘雅作駕。」注：「雅，一作持。」持杜聲相近，則土是士非。楊
倞注《荀子》曰：「以其作乘馬，故謂之乘杜。是乘本非名。相土或
單名土，又假用杜也。」然則卜辭之ℓ當即相土。曩以卜辭有嚞ℓ【
《前篇》卷四第十七葉】，字即邦社，假土為社，疑諸土字皆社之假

借字。今觀卜辭中殷之先公有季、有王亥、有王恆，又自上甲至於主
癸，無一不見於卜辭，則此土亦當為相土而非社矣。

季

卜辭人名中又有季。其文曰：「辛亥卜口貞：季口求王？」【《
前編》卷五第四十葉兩見】又曰：「癸巳卜，之于季？」【同上卷七
第四十一葉】又曰：「貞：之于季？」【《後編》卷上第九葉】季亦
殷之先公，即冥是也。《楚辭》＜天問＞曰：「該秉季德，厥父是臧
」，又曰：「恆秉季德」。則該與恆皆季之子。該即王亥，恆即王恆
，皆見於卜辭，則卜辭之季，亦當是王亥之父冥矣。

王亥

卜辭多記祭王亥事。《殷虛書契前編》有二事，曰：「貞：奚于
王亥？」【卷一第四十九葉】；曰：貞之于王亥卅牛，辛亥用？」【
卷四第八葉】。《後編》中又有七事，曰：「貞：于王亥求年？」【
卷上第一葉】；曰：「乙巳卜口貞：之于王亥十」【下闕，同上第十
二葉】；曰：「貞：奚於王亥？」【同上第十九葉】；曰：「奚于王
亥？」【同上第二十三葉】；曰：「癸卯口貞：口口高祖王亥口口口
」【同上第二十一葉】；曰：「甲辰卜口貞：來辛亥奚于王亥卅牛？
十二月。」【同上第二十三葉】；曰：「貞：登王亥羊？」【同上第
二十六葉】；曰：「貞：之于王亥口三百牛？」【同上第二十八葉】
。《龜甲獸骨文字》有一事，曰：「貞：奚于王亥五牛？」【卷一第
九葉】。觀其祭日用辛亥，其牲用五牛、三十牛、四十牛，乃至三百
牛，乃祭禮之最降者，必為商之先王先公無疑。案《史記》＜殷本紀
＞及＜三代世表＞，商先祖中無王亥，惟云：「冥卒，子振立。振卒
，子微立」。索隱：「振，《系本》作核。《漢書》＜古今人表＞作
垓。」然則《史記》之振，當為核或為垓字之訛也。＜大荒東經＞曰

：「有困民國，句姓而食。有人曰王亥，兩手操鳥，方食其頭。王亥
託於有易河伯僕牛，有易殺王亥，取僕牛」。郭璞注引《竹書》曰：
「殷王子亥，賓於有易而淫焉。有易之君綿臣殺而放之。是故殷主甲
微假師於河伯以伐有易，克之，遂殺其君綿臣也。」【此《竹書紀年
》真本，郭氏隱括之如此】今本《竹書紀年》，帝泄十二年，殷侯子
亥賓于有易，有易殺而放之。十六年，殷侯微以河伯之師伐有易，殺
其君綿臣，是《山海經》之王亥，古本《紀年》作殷王子亥，今本作
殷侯子亥。又前於上甲微者一世，則為殷之先祖冥之子微之父無疑。
卜辭作王亥，正與《山海經》同。又祭王亥皆以亥日，則亥乃其正字
。《世本》作核，<古今人表>作垓，皆其通假字。《史記》作振，
則因與核或垓二字形近而訛。夫《山海經》一書，其文不雅馴，其中
人物，世亦以子虛烏有視之，《紀年》一書，亦非可盡信者，而王亥
之名竟於卜辭見之，其事雖未必盡然，而其人則確非虛構，可知古代
傳說存於周秦之間者，非絕無根據也。

　　王亥之名及其事蹟，非徒見於《山海經》、《竹書》，周秦間人
著書多能道之。《呂覽》<勿躬篇>：「王冰作服牛」。案：篆文冰
作𣲖，與亥字相似，王𣲖亦王亥之訛。《世本》<作篇>：「胲作服
牛」【《初學記》卷二十九引。又《御覽》八百九十九引《世本》鮌
作服牛，鮌亦胲之訛。《路史》注引《世本》胲為黃帝馬醫，常醫龍
，疑引宋衷注。《御覽》引宋注曰：「胲，黃帝臣也，能駕牛。」又
云：「少昊時人，始駕牛。」皆漢人說，不足據。實則<作篇>之胲
即<帝繫篇>之核也。】，其證也。服牛者，即<大荒東經>之僕牛
。古服僕同音。《楚辭》<天問>：「該秉季德，厥父是臧。胡終弊
于有扈，牧夫牛羊。」又曰：「恆秉季德，焉得夫朴牛。」該即胲。
有扈即有易【說見下】。朴牛亦即服牛。是《山海經》、<天問>、
《呂覽》、《世本》，皆以王亥為始作服牛之人。蓋夏初奚仲作車，

或尚以人挽之，至相土作乘馬，王亥作服牛，而車之用益廣。《管子》＜輕重戊＞云：「殷人之王，立帛牢服牛馬，以為民利，而天下化之。蓋古之有天下者，其先皆有大功德於天下。禹抑鴻水，稷降嘉種，爰啓夏周，商之相土王亥，蓋亦其儔。然則王亥祀典之隆，亦以其為制作之聖人，非徒以其為先祖。周秦間王亥之傳說，胥由是起也。

　　卜辭言王亥者九。其二有祭日，皆以辛亥。與祭大乙用乙日、祭大甲用甲日同例。是王亥確為殷人以辰為名之始，猶上甲微之為以日為名之始也。然觀殷人之名，即不用日辰者，亦取於時為多。自契以下，若昭明、若昌若、若冥，皆含朝莫明晦之意，而王恆之名亦取象於月弦，是以時為名或號者，乃殷俗也。夏后氏之以日為名者，有孔甲、有履癸，要在王亥及上甲之後矣。

王恆

　　卜辭人名，於王亥外，又有王𢁅。其文曰：「貞：之于王𢁅？」【《鐵雲藏龜》第一百九十九葉及《書契後編》卷上第九葉】；又曰：「貞：勿之于王𢁅？」【《後編》卷下第七葉】。又作王𢁅，曰：「貞：王𢁅口？」【下闕，《前編》卷七第十一葉】。案：𢁅即恆字。《說文解字》二部：「恆，常也。從心。從舟在二之間。上下心以舟施恆也。𠄨，古文恆，從月。詩曰：如月之恆。」案：許君既云古文恆從月，復引詩以釋從月之意，而今本古文乃作𠄨，從二從古文外，蓋傳寫之訛字。當作𠁿。又《說文》木部：「楅，竟也。從木，恆聲。𣒉，古文楅」。案古從月之字，後或變而從舟。殷虛卜辭朝莫之朝作𦠄【《後編》卷下第三葉】，從日月在茻間，與莫字從日在茻間同意。而篆文作𦩻，不從月而從舟。以此例之，𣒉本當作𠁿。𢁀鼎有𠄨字，從心從𠁿，與篆文之恆從舟者同。即恆之初字。可知𠁿𠄨一字。卜辭𢁅字從二，從𝆮【卜辭月字或作𝆮，或作𝆮】，其為𠁿互二字或恆字之省無疑。其作𢁅者，《詩》小雅如「月之恆」，毛傳：「恆

，弦也」。弦本弓上物，故字又從弓。然則　　　二字確為恆字。王恆之為殷先祖，惟見於《楚辭》＜天問＞，＜天問＞自「簡狄在臺，嚳何宜？」以下二十韻，皆述商事【前夏事後周事】，其問王亥以下數世事曰：「該秉季德，厥父是臧；胡終弊于有扈，牧夫牛羊？干協時舞，何以懷之？平脅曼膚，何以肥之？有扈牧豎，云何而逢？擊床先出，其命何從？恆秉季德，焉得夫朴牛？何往營班祿，不但還來，昏微遵跡，有狄不寧？何繁鳥萃棘，負子肆情，眩弟并淫，危害厥兄？何變化以作詐，後嗣而逢長？」此十二韻以＜大荒東經＞及郭注所引《竹書》參證之，實紀王亥、王恆及上甲微三世之事。而《山海經》、《竹書》之「有易」，＜天問＞作「有扈」，乃字之誤。蓋後人多見有扈，少見有易，又同是夏時事，故改易為扈。下文又云：「昏微遵跡，有狄不寧？」昏微即上甲微。有狄亦即有易也。古狄易二字同音，故互相通假。《說文解字》辵部，逖之古文作逷。《書》＜牧誓＞：「逖矣西土之人」。《爾雅》郭注引作「逷矣西土之人」。《書》＜多士＞：「離逖爾土」。《詩》大雅：「用逷蠻方」。魯頌：「狄彼東南」。畢狄鐘：「畢狄不龏」。此逖逷狄三字異文同義。《史記》＜殷本紀＞之簡狄，索隱曰：「舊本作易」。《漢書》＜古今人表＞作「簡逷」。《白虎通》＜禮樂篇＞：「狄者，易也」。是古狄易二字通，有狄即有易。上甲遵跡而有易不寧，是王亥弊于有易，非弊于有扈。故曰扈當為易字之誤也。狄易二字不知孰正孰借。其國當在大河之北，或在易水左右。蓋商之先，自冥治河，王亥遷殷【今本《竹書紀年》帝芒三十三年商侯遷于殷，其時商侯即王亥也。《山海經》注所引真本《竹書》亦稱王亥為殷王子亥，稱殷不稱商，則今本《紀年》此條古本想亦有之。殷在河北，非亳殷，見余撰＜三代地理小記＞】，已由商邱越大河而北，故游牧於有易高爽之地，服牛之利，即發見於此。有易之人乃殺王亥，取服牛，所謂「胡終弊于有扈，

牧夫牛羊」者也。其云：「有扈牧豎，云何而逢。擊床先出，其命何從？」者，似記王亥被殺之事。其云：「恆秉季德，焉得夫朴牛？」者，恆蓋該弟，與該同秉季德，復得該所失服牛也。所云：「昏微遵跡，有狄不寧？」者，謂上甲微能率循其先人之跡，有易與之有殺父之讎，故為之不寧也。「繁鳥萃棘」以下，當亦記上甲事，書闕有間，不敢妄為之說。然非如王逸《章句》所說解居父及象事，固自顯然。要之<天問>所說，當與《山海經》及《竹書紀年》同出一源，而<天問>就壁畫發問，所記尤詳。恆之一人，并為諸書所未載，卜辭之王恆與王亥，同以王稱，其時代自當相接，而<天問>之該與恆，適與之相當，前後所陳，又皆商家故事，則中間十二韻自係述王亥、王恆、上甲微三世之事。然則王亥與上甲微之間，又當有王恆一世，以《世本》、《史記》所未載，《山經》、《竹書》所不詳，而今於卜辭得之，<天問>之辭，千古不能通其說者，而今由卜辭通之。此治史學與文學者所當同聲稱快者也。

上甲

<魯語>：「上甲微能帥契者也，商人報焉。」是商人祭上甲微，而卜辭不見上甲。郭璞<大荒東經>注引《竹書》作「主甲微」，而卜辭亦不見主甲。余由卜辭有𡥀𡥀可三人名，其乙丙丁三字皆在匸或匚中，而悟卜辭中凡數十見之田【或作田】即上甲也。卜辭中凡田狩之田字，其口中橫直二筆皆與其四旁相接，而人名之田，則其中橫直二筆或其直筆必與四旁不接。與田字區別較然。田中十字，即古甲字【卜辭與古金文皆同】。甲在口中，與𡥀𡥀可之乙丙丁三字在匸或匚中同意。亦有口中橫直二筆與四旁接而與田狩字無別者，則上加一作田以別之。上加一者，古六書中指事之法。一在田上，與二字【古文上字】之一在一上同意，去上甲之義尤近。細觀卜辭中記田或田者數十條，亦惟上甲微始足當之。卜辭中云：「自田【或作田】至于多

后衣」者五【《書契前編》卷二第二十五葉三見，又卷三第二十七葉，《後編》卷上第二十葉各一見】，其斷片云：「自田至于多后」者三【《前編》卷二第二十五葉兩見，又卷三第二十八葉一見】，云：「自田至于武乙衣」者一【《後編》卷上第二十葉】。衣者，古殷祭之名。又卜辭曰：「丁卯貞：來乙亥告自田？」【《後編》卷上第二十八葉】又曰：「乙亥卜，賓貞：囚大御自田？」【同上卷下第六葉】；又曰：「【上闕】貞：翌甲囚𢆶自田？」【同上第三十四葉】。凡祭告皆曰「自田」，是田實居先公先王之首也。又曰：「辛巳卜，大貞：之自田元示三牛，二示一牛？十三月。」【《前編》卷三第二十二葉】；又云：「乙未貞：其求自田十又三示牛，小示羊？」【《後編》卷上第二十八葉】。是田為元示及十有三示之首。殷之先公稱示，主壬、主癸，卜辭稱示壬、示癸，則田又居先公之首也。商之先人王亥始以辰名，上甲以降皆以日名，是商人數先公當自上甲始。且田之為上甲，又有可徵證者。殷之祭先，率以其所名之日祭之。祭名甲者用甲日，祭名乙者用乙日，此卜辭之通例也。今卜辭中凡專祭田者皆用甲日，如曰：「在三月甲子囚祭田？」【《前編》卷四第十八葉】，又曰：「在十月又一【即十有一月】甲申囚酬祭田？」【《後編》卷下第二十葉】；又曰：「癸卯卜，翌甲辰之囗牛？吉。」【同上第二十七葉】；又曰：「甲辰卜貞來甲寅又伐田羊五、卯牛一？」【同上第二十一葉】。此四事祭田有日者，皆用甲日。又云：「在正月囗囗【此二字闕】祭大甲，𢆶田？」【同上第二十一葉】，此條雖無祭日，然與大甲同日祭，則亦用甲日矣。即與諸先王先公合祭時，其有日可考者，亦用甲日。如曰：「貞：翌甲囗𢆶自田？」【同上】；又曰：「癸巳卜貞：酬彤日自田至于多后，衣亡它自囗？在四月惟王二祀。」【《前編》卷三第二十七葉】；又曰：「癸卯王卜貞：酬翌日自田至多后，衣亡它，在囗在九月惟王五祀。」【《後編》卷上第

二十葉】。此二條以癸巳及癸卯卜，則其所云之肜日翌日，皆甲日也
。是故田之名甲，可以祭日用甲證之。田字為十【古甲字】在口中，
可以　　　三名乙丙丁在匚中證之。而此甲之即上甲，又可以其居先
公先王之首證之。此說雖若穿鑿，然恐殷人復起，亦無易之矣。＜魯
語＞稱「商人報上甲微」，《孔叢子》引逸書「惟高宗報上甲微」【
此魏晉間偽書之未采入梅本者，今本《竹書紀年》武丁十二年報祀上
甲微即本諸此】，報者，蓋非常祭。今卜辭於上甲，有合祭，有專祭
，皆常祭也。又商人於先公皆祭，非獨上甲，可知周人言殷禮已多失
實，此孔子所以有文獻不足之歎與。

　　報丁　報丙　報乙

　　自上甲至湯，《史記》＜殷本紀＞、＜三代世表＞、《漢書》＜
古今人表＞有報丁、報丙、報乙、主壬、主癸五世。蓋皆出於《世本
》。案卜辭有　　　三人，其文曰：「乙丑卜口貞：王賓　祭」【下
闕見《書契後編》卷上第八葉，又斷片二】；又曰：「丙申卜旅貞：
王賓　口亡固？」【同上】；又曰：「丁亥卜貞：王賓　肜日亡口
？」【同上】。其乙丙丁三字皆在匚或匚中。又稱之曰王賓，與他先
王同。羅參事疑即報乙、報丙、報丁，而苦無以證之。余案參事說是
也。卜辭又有一條曰：「丁酉彭絲【中闕】　三、　三、示【中闕】
大丁十，大」【下闕，見《後編》卷上第八葉】，此文殘闕，然示字
下所闕當為壬字，又自報丁經示壬、示癸、大乙而後及大丁、大甲，
則其下又當闕示癸、大乙諸字，又所謂　三　三大丁十者，當謂牲牢
之數。據此，則　　在大丁之前，又在示壬、示癸之前，非報丙、報
丁奚屬矣。　　既為報丙、報丁，則　亦當即報乙，惟卜辭　　之後
即繼以示字，蓋謂示壬，殆以　　　為次，與《史記》諸書不合。然
何必《史記》諸書是而卜辭非乎。又報乙、報丙、報丁稱報者，殆亦
取報上甲微之報以為義，自是後世追號，非殷人本稱，當時但稱

司而已。上甲之甲字在口中，報乙、報丙、報丁之乙丙丁三字在匚或
匸中，自是一例。意壇墠或郊宗石室之制，殷人已有行之者與。

主壬　主癸

卜辭屢見示壬、示癸。羅參事謂即《史記》之主壬、主癸。其說
至確，而證之至難。今既知田為上甲，則示壬、示癸之即主壬、主癸
，亦可證之。卜辭曰：「辛巳卜，大貞：之自田元示三牛，二示一牛
？」【《前編》卷三第二十二葉】又曰：「乙未貞：其求自田十又三
示牛，小示羊？」【《後編》卷上第二十八葉】。是自上甲以降均謂
之示，則主壬、主癸宜稱示壬、示癸。又卜辭有示丁【《殷虛書契菁
華》第九葉】，蓋亦即報丁。報丁既作司，又作示丁，則自上甲至示
癸，皆卜辭所謂元示也。又卜辭稱自田十有三示，而《史記》諸書自
上甲至主癸，歷六世而僅得六君，疑其間當有兄弟相及而史失其名者
，如王亥與王恆，疑亦兄弟相及，而《史記》諸書皆不載。蓋商之先
公，其世數雖傳，而君數已不可考。又商人於先王先公之未立者，祀
之與已立者同【見後】，故多至十有三示也。

大乙

湯名天乙，見於《世本》【《書》＜湯誓＞釋文引】及《荀子》
＜成相篇＞，而《史記》仍之。卜辭有大乙，無天乙。羅參事謂天乙
為大乙之訛。觀於大戊，卜辭亦作天戊【《前編》卷四第二十六葉】
。卜辭之大邑商，《周書》＜多士＞作天邑商。蓋天大二字形近，故
互訛也。且商初葉諸帝，如大丁、如大甲、如大庚、如大戊，皆冠以
大字，則湯自當稱大乙。又卜辭曰：「癸巳貞：又彡于伊其口大乙肜
日？」【《後編》卷上第二十二葉】；又曰：「癸酉卜貞：大乙伊其
」【下闕，見同上】。伊即伊尹，以大乙與伊尹并言，尤大乙即天乙
之證矣。

唐

卜辭又屢見唐字，亦人名。其一條有唐、大丁、大甲三人相連，而下文不具【《鐵雲藏龜》第二百十四葉】又一骨上有卜辭三，一曰：「貞：于唐告呂方？」；二曰：「貞：于大甲告？」；三曰：「貞：于大丁告呂？」【《書契後編》卷上第二十九葉】。三辭在一骨上，自係一時所卜。據此則唐與大丁、大甲連文，而又居其首，疑即湯也。《說文》口部：「𣆟，古文唐。從口易。」與湯字形相近。《博古圖》所載齊侯鎛鐘銘曰：「虩虩成唐，有嚴在帝所，尃受天命。」又曰：「奄有九州，處禹之都。」夫受天命，有九州，非成湯其孰能當之。《太平御覽》八十二及九百一十二引《歸藏》曰：「昔者桀筮伐唐，而枚占熒惑曰不吉。」《博物志》六亦云：「案唐亦即湯也」。卜辭之唐，必湯之本字，後轉作啺，遂通作湯。然卜辭於湯之專祭必曰「王賓大乙」，惟告祭等乃稱唐，未知其故。

羊甲

卜辭有羊甲，無陽甲。羅參事證以古樂陽作樂羊，歐陽作歐羊，謂羊甲即陽甲。今案卜辭有：「曰南庚，曰羊甲」六字【《前編》卷上第四十二葉】，羊甲在南庚之次，則其即陽甲審矣。

祖某　父某　兄某

有商一代二十九帝，其未見卜辭者，仲壬、沃丁、雍己、河亶甲、沃甲、廩辛、帝乙、帝辛八帝也。而卜辭出於殷虛，乃自盤庚至帝乙時所刻辭，自當無帝乙、帝辛之名，則名不見於卜辭者，於二十七帝中實六帝耳。又卜辭中人名，若豕甲【《前編》卷一第十六葉，《後編》卷上第八葉】、若祖丙【《前編》卷一第二十二葉】、若小丁【同上】、若祖戊【同上第二十三葉】、若祖己【同上】、若中己【《後編》卷上第八葉】、若南壬【《前編》卷一第四十五葉】、若小

癸【《龜甲獸骨文字》卷二第廿五葉】，其名號與祀之之禮，皆與先
王同，而史無其人。又卜辭所見父甲、兄乙等人名頗眾，求之遷殷以
後諸帝之父兄，或無其人。曩頗疑《世本》及《史記》於有商一代帝
繫不無遺漏，今由種種研究，知卜辭中所未見之諸帝，或名亡而實存
。至卜辭所有而史所無者，與夫父某兄某等之史無其人以當之者，皆
諸帝兄弟之未立而殂者，或諸帝之異名也。試詳證之。

　　一事。商之繼統法以弟及為主，而以子繼輔之，無弟然後傳子。
自湯至於帝辛二十九帝中，以弟繼兄者凡十四帝【此據《史記》＜殷
本紀＞。若據＜三代世表＞及《漢書》＜古今人表＞則得十五帝。】
。其傳子者，亦多傳弟之子，而罕傳兄之子。蓋周時以嫡庶長幼為貴
賤之制，商無有也，故兄弟之中有未立而死者，其祀之也與已立者同
。王亥之弟王恆，其立否不可考，而亦在祀典。且卜辭於王亥、王恆
外又有王矢【《前編》卷一第三十五葉兩見，又卷四第三十三葉及《
後編》卷下第四葉各一見】，亦在祀典，疑亦王亥兄弟也。又自上甲
至於示癸，《史記》僅有六君，而卜辭稱自田十有三示，又或稱九示
、十示，蓋亦并諸先公兄弟之立與未立者數之，逮有天下後亦然。孟
子稱大丁未立，今觀其祀禮則與大乙、大甲同。卜辭有一節曰：「癸
酉卜貞王賓【此字原奪，以他文例之此處當有賓字】父丁歲三牛眔兄
己一牛兄庚口口【此二字殘闕，疑亦是一牛二字】亡口？」【《後編
》卷上第十九葉】；又曰：「癸亥卜貞兄庚口眔兄己口？」【同上第
八葉】；又曰：「貞：兄庚口眔兄己其牛？」【同上】。考商時諸帝
中，凡丁之子無己庚二人相繼在位者，惟武丁之子有孝己【《戰國》
秦燕二策、《莊子》＜外物篇＞、《荀子》＜性惡＞＜大略＞二篇、
《漢書》＜古今人表＞均有孝己。《家語》＜弟子解＞云：高宗以後
妻殺孝己，則孝己，武丁子也。】、有祖庚、有祖甲，則此條乃祖甲
時所卜，父丁即武丁，兄己、兄庚，即孝己及祖庚也。孝己未立，故

不見於《世本》及《史記》，而其祀典乃與祖庚同。然則上所舉祖丙
、小丁諸人名與禮視先王無異者，非諸帝之異名，必諸帝兄弟之未立
者矣。周初之制猶與之同，《逸周書》＜克殷解＞曰：「王烈祖太王
、太伯、王季、虞公、文王邑考以列升」。蓋周公未制禮以前，殷禮
固如斯矣。

　　二事。卜辭於諸先王本名之外，或稱帝某、或稱祖某、或稱父某
、兄某。羅參事曰：有商一代帝王，以甲名者六，以乙名者五，以丁
名者六，以庚、辛名者四，以壬名者二，惟以丙及戊、己名者各一。
其稱大甲、小甲、大乙、小乙，大丁、中丁者，殆後來加之以示別，
然在嗣位之君，則逕稱其父為父甲，其兄為兄乙，當時已自了然，故
疑所稱父某、兄某者，即大乙以下諸帝矣。余案：參事說是也。非獨
父某、兄某為然，其云帝與祖者，亦諸帝之通稱。卜辭曰：「己卯卜
貞：帝甲口【中闕二字】其眔祖丁？」【《後編》卷上第四葉】，案
：祖丁之前一帝為沃甲，則帝甲即沃甲，非＜周語＞「帝甲亂之」之
帝甲也。又曰：「祖辛一牛、祖甲一牛、祖丁一牛。」【同上第二十
六葉】案：祖辛、祖丁之間，惟有沃甲，則祖甲亦即沃甲，非武丁之
子祖甲也。又曰：「甲辰卜貞：王賓求祖乙、祖丁、祖甲、康祖丁、
武乙，衣亡口？」【同上第二十葉】案：武乙以前四世，為小乙、武
丁、祖甲、庚丁【羅參事以庚丁為康丁之訛，是也。】，則祖乙即小
乙，祖丁即武丁，非河亶甲之子祖乙，亦非祖辛之子祖丁也。又此五
世中名丁者有二，故於庚丁【實康丁】云康祖丁以別之，否則亦直云
祖而已。然則商人自大父以上皆稱曰祖，其不須區別而自明者，不必
舉其本號，但云祖某足矣。即須加區別時，亦有不舉其本號而但以數
別之者，如云：「口口于三祖庚。」【《前編》卷一第十九葉】案：
商諸帝以庚名者，大庚第一，南庚弟二，盤庚弟三，祖庚第四，則三
祖庚即盤庚也。又有稱四祖丁者【《後編》卷上第三葉，凡三見。】

，案：商諸帝以丁名者，大丁弟一，沃丁弟二，中丁弟三，祖丁弟四，則四祖丁即《史記》之祖丁也。以名庚者皆可稱祖庚，名丁者皆可稱祖丁，故加三四等字以別之，否則贅矣。由是推之，則卜辭之祖丙或即外丙，祖戊或即大戊，祖己或即雍己、孝己。【此祖己非《書》〈高宗肜日〉之祖己，卜辭稱：「卜貞：王賓祖己？」，與先王同，而伊尹、巫咸皆無此稱，固宜別是一人。且商時云祖某者，皆先王之名，非臣子可襲用，疑《尚書》誤。】故祖者，大父以上諸先王之通稱也。其稱父某者亦然。父者，父與諸父之通稱。卜辭曰：「父甲一牡？父庚一牡？父辛一牡？」【《後編》卷上第二十五葉】此當為武丁時所卜。父甲、父庚、父辛，即陽甲、盤庚、小辛，皆小乙之兄，而武丁之諸父也【羅參事說】。又卜辭凡單稱父某者，有父甲【《前編》卷一第二十四葉】、有父乙【同上第二十五及第二十六葉】、有父丁【同上第二十六葉】、有父己【同上第二十七葉及卷三第二十三葉，《後編》卷上第六、第七葉】、有父辛【同上第二十七葉】，今於盤庚以後諸帝之父及諸父中求之，則武丁之於陽甲，庚丁之於祖甲，皆得稱父甲。武丁之於小乙，文丁之於武乙，帝辛之於帝乙，皆得稱父乙。廩辛、庚丁之於孝己，皆得稱父己。餘如父庚當為盤庚或祖庚，父辛當為小辛或廩辛，他皆放此。其稱兄某者亦然，案：卜辭云兄某者，有兄甲【《前編》卷一第三十八葉】、有兄丁【同上卷一第三十九葉，又《後編》卷上第七葉】、有兄戊【《前編》卷一第四十葉】、有兄己【《前編》卷一第四十及第四十一葉，《後編》卷上第七葉】、有兄庚【《前編》卷一第四十一葉，《後編》卷上第七葉及第十九葉】、有兄辛【《後編》卷上第七葉】、有兄壬【同上】、有兄癸【同上】。今於盤庚以後諸帝之兄求之，則兄甲當為盤庚、小辛、小乙之稱陽甲，兄己當為祖庚、祖甲之稱孝己，兄庚當為小辛、小乙之稱盤庚，或祖甲之稱祖庚，兄辛當為小乙之稱小辛，或庚丁之稱

廩辛。而丁戊壬癸，則盤庚以後諸帝之兄在位者，初無其人，自是未立而殂者，與孝已同矣。由是觀之，則卜辭中所未見之雍己、沃甲、廩辛等，名雖亡而實或存，其史家所不載之祖丙、小丁【此疑即沃丁，或武丁對大丁或祖丁言，則沃丁與武丁自當稱小丁，猶大甲之後有小甲，祖乙之後有小乙，祖辛之後有小辛矣。】、祖戊、祖己、中己、南壬等，或為諸帝之異稱，或為諸帝兄弟之未立者，於是卜辭與《世本》、《史記》間毫無牴牾之處矣。

（文見《觀堂集林》卷九）

殷卜辭中所見先公先王續考

王國維

丁巳二月，余作＜殷卜辭中所見先公先王考＞，時所據者《鐵雲藏龜》及《殷虛書契前、後編》諸書耳。踰月得見英倫哈同氏戩壽堂所藏殷虛文字拓本凡八百紙，又踰月，上虞羅叔言參事以養疴來海上，行裝中有新拓之書契文字約千紙，余盡得見之。二家拓本中足以補證余前說者頗多，乃復寫為一編，以質世之治古文及古史者。閏二月下旬。海甯王國維。

高祖 夋

前考以卜辭之 𠂤 及 𠂤 為夋，即帝嚳之名，但就字形定之，無他證也。今見羅氏拓本中有一條曰：「癸巳貞：于高祖𠂤」【下闕】。案：卜辭中惟王亥稱高祖王亥【《書契後編》卷上第二十二葉】、或高祖亥【哈氏拓本】；大乙稱高祖乙【《後編》卷上第三葉】。今𠂤亦稱高祖，斯為𠂤 𠂤 即夋之確證，亦為夋即帝嚳之確證矣。

上甲　報乙　報丙　報丁　主壬　主癸

前考據《書契後編》上第八葉一條，證 囗、囗 即報丙、報丁；又據此知卜辭以報丙、報丁為次，與《史記》＜殷本紀＞及＜三代世表＞不同。比觀哈氏拓本中有一片，有田、囗、示癸等字，而彼片有 囗、囗 等字，疑本一骨折為二者。乃以二拓本合之，其斷痕若合符節，文辭亦連續可誦。凡殷先公先王自上甲至於大甲，其名皆在焉。其文三行，左行，其辭曰：「乙未酒 囗囗田十、囗三、囗三、囗三、示壬三、示癸三、大丁十、大甲十」【下闕】。此中曰十曰三者，蓋謂牲牢之數。上甲、大丁、大甲十而其餘皆三者，以上甲為先公之首，大丁、大甲又先王而非先公，故殊其數也。示癸、大丁之間無大乙者，大乙為大祖，先公先王或均合食於大祖故也。

　　據此一文之中，先公之名具在，不獨⊞即上甲，⼎、⼎、⼎即報乙、報丙、報丁，示壬、示癸即主壬、主癸，胥得確證，且足證上甲以後諸先公之次，當為報乙、報丙、報丁、主壬、主癸。而《史記》以報丁、報乙、報丙為次，乃違事實。又據此次序，則首甲次乙次丙次丁，而終於壬癸，與十日之次全同。疑商人以日為名號，乃成湯以後之事。其先世諸公生卒之日，至湯有天下後定祀典名號時已不可知，乃即用十日之次序以追名之，故先公之次乃適與十日之次同，否則不應如此巧合也。茲摹二骨之形狀及文字如左。

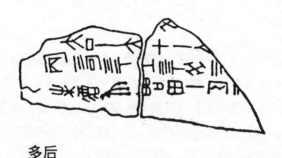

多后

　　卜辭屢云：「自⊞至于多𣇄衣」【見前考】。曩疑「多𣇄」亦先公或先王之名，今觀戩壽堂所藏殷虛文字，乃知其不然。其辭曰：「乙丑卜貞王賓𣇄祖乙□亡尤？」；又曰：「乙卯卜即貞：王賓𣇄祖乙、父丁歲亡尤？」又曰：「貞：𣇄祖乙𠂤十牛？四月。」；又曰：「貞：𣇄祖乙𠂤十物牛？四月。」【以上出《戩壽堂所藏殷虛文字》】；又曰：「咸𣇄祖乙」【《書契前編》卷五第五葉】；又曰：「甲□□貞：翌乙□酒肜日于𣇄祖乙亡它？」【《後編》卷上第二十葉】，則𣇄亦作𣇄。卜辭又曰：「□丑之于五𣇄？」【《前編》卷一第三十葉】，合此諸文觀之，則「多𣇄」殆非人名。案：卜辭𣇄字異文頗多，或作𣇄【《前編》卷六第二十七葉】、或作𣇄【同上卷二第二十五葉】、或作𣇄、作𣇄、作𣇄【均同上】、或作𣇄【同上二十五葉】、

或作🔲【《後編》卷上第二十葉】。字皆從女從🔲【倒子】，或從母從🔲；象產子之形。其從八🔲🔲者，則象產子之有水液也。或從🔲者，與從女、從母同意。故以字形言，此字即《說文》育之或體毓字。毓，從每，從🔲【倒古文子】；與此正同。呂中僕尊曰：「呂中僕作🔲子寶尊彝」。🔲子即毓子。毓，稚也。《書》今文＜堯典＞：「教育子」，《詩》豳風：「鬻子之閔斯」，《書》＜康誥＞：「兄亦不念鞠子哀」，＜康王之誥＞：「無遺鞠子羞」，育、鬻、鞠三字通。然卜辭假此為后字。古者育、冑、后聲相近，誼亦相通。《說文解字》：「后，繼體君也。象人之形。施令以告四方，故厂之，從一口。」是后從人，厂當即🔲之訛變；一口亦🔲之訛變也。后字之誼，本從毓義引申，其後毓字專用毓育二形；后字專用🔲，又訛為后，遂成二字。卜辭🔲又作🔲【《後編》卷下第二十二葉】，與🔲🔲諸形皆象倒子在人後，故先後之後，古亦作后。蓋毓、后、後三字實本一字也。

　　商人稱先王為后，《書》＜盤庚＞曰：「古我前后」；又曰：「女曷不念我古后之聞」；又曰：「予念我先神后之勞爾先」；又曰：「高后丕乃崇降罪疾」；又曰：「先后丕降與汝罪疾」；《詩》＜商頌＞曰：「商之先后」，是商人稱其先人為后，是故多后者，猶《書》言多子、多士、多方也。五后者，猶《詩》《書》言「三后在天」、「三后成功」也。其與祖乙連言者，又假為後字。後祖乙，謂武乙也。卜辭以🔲祖乙、父丁連文，考殷諸帝中父名乙、子名丁者，盤庚以後，惟小乙、武丁及武乙、文丁。而小乙卜辭稱小祖乙【《戩壽堂所藏殷虛文字》】，則🔲祖乙必武乙矣。商諸帝名乙者六，除帝乙外，皆有祖乙之稱，而各加字以別之。是故高祖乙者謂大乙也，中宗祖乙者謂祖乙也，小祖乙者謂小乙也，武祖乙、后祖乙者謂武乙也。

　　卜辭君后之后與先後之後，均用🔲或🔲，知毓、后、後三字之古為一字矣。

中宗祖乙

《戩壽堂所藏殷虛文字》中有斷片，存字六，曰：「中宗祖乙牛？吉」。稱祖乙為中宗，全與古來尚書學家之說違異。惟《太平御覽》【八十三】引《竹書紀年》曰：「祖乙滕即位，是為中宗。居庇。」【今本《紀年》注亦云「祖乙之世，商道復興，號為中宗。」即本此】今由此斷片，知《紀年》是而古今尚書家說非也。《史記》＜殷本紀＞以大甲為大宗，大戊為中宗，武丁為高宗，此本尚書今文家說。今徵之卜辭，則大甲、祖乙往往并祭，而大戊不與焉。卜辭曰：「囗亥卜貞：三示御大乙、大甲、祖乙五牢？」【羅氏拓本】；又曰：「癸丑卜囗貞：求年于大甲十牢？祖乙十牢？」【《後編》上第二十七葉】；又曰：「丁亥卜囗貞昔乙酉服𢀖御【中闕】大丁、大甲、祖乙：百𠙽、百羊、卯三百牛」【下闕，同上第二十八葉】。大乙、大甲之後，獨舉祖乙，亦中宗是祖乙，非大戊之一證。【《晏子春秋》內篇＜諫上＞：「夫湯、大甲、武丁、祖乙，天下之盛君也。」亦以祖乙與大甲、武丁并稱。】

大示　二示　三示　四示

《戩壽堂所藏殷虛文字》中有一條，其文曰：「癸卯卜，彫求貞乙巳自囝廿示一牛？二示羊？△覃三示𣪊牢？四示犬？」前考以示為先公之專稱，故因卜辭「十有三示」一語，疑商先公之數不止如《史記》所紀。今此條稱「自囗廿示」，又與彼云「十有三示」不同。蓋示者，先公先王之通稱。卜辭云：「囗亥卜貞：三示御大乙、大甲、祖乙五牢？」【見前】，以大乙、大甲、祖乙為三示，是先王亦稱示矣。其有大示【亦云元示】、二示、三示、四示之別者，蓋商人祀其先自有差等。上甲之祀與報乙以下不同，大乙、大甲、祖乙之祀又與他先王不同。

　　又諸臣亦稱示，卜辭云：「癸酉卜，右伊五示？」【羅氏拓本】。伊謂伊尹，故有大示、二示、三示、四示之名。

　　卜辭又有小示，蓋即謂二示以下。小者，對大示言之也。

商先王世數

　　《史記》〈殷本紀〉、〈三代世表〉及《漢書》〈古今人表〉所記殷君數同，而於世數則互相違異。據〈殷本紀〉，則商三十一帝【除大丁為三十帝】，共十七世。〈三代世表〉以小甲、雍己、大戊為大庚弟【〈殷本紀〉大庚子】，則為十六世。〈古今人表〉以中丁、外壬、河亶甲為大戊弟【〈殷本紀〉大戊子】，祖乙為河亶甲弟【〈殷本紀〉河亶甲子】，小辛為盤庚子【〈殷本紀〉盤庚弟】，則增一世、減二世，亦為十六世。今由卜辭證之，則以〈殷本紀〉所記為近。案：殷人祭祀中，有特祭其所自出之先王，而非所自出之先王不與者。前考所舉「求祖乙【小乙】、祖丁【武丁】、祖甲、康祖丁【庚丁】、武乙衣」，其一例也。今檢卜辭中又有一斷片，其文曰：「【上闕】大甲、大庚【中闕】丁、祖乙、祖【中闕】一羊一南」【下闕】，共三行，左讀。見《後編》卷上第三葉】。此片雖殘闕，然於大甲、大庚之間不數沃丁，中丁【中字直筆尚存】、祖乙之間不數外壬、河亶甲，而一世之中僅舉一帝。蓋亦與前所舉者同例。又其上下所闕，得以意補之如左。

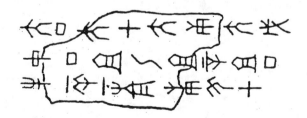

由此觀之，則此片當為盤庚、小辛、小乙三帝時之物。自大丁至祖丁

皆其所自自出之先王，以＜殷本紀＞世數次之，并以行款求之，其文當如是也。惟據＜殷本紀＞，則祖乙乃河亶甲子，而非中丁子。今此片中有中丁而無河亶甲，則祖乙自當為中丁子；《史記》蓋誤也。且據此，則大甲之後有大庚，則大戊自當為大庚子，其兄小甲、雍己亦然，知＜三代世表＞以小甲、雍己、大戊為大庚弟者非矣。大戊之後有中丁，中丁之後有祖乙，則中丁、外壬、河亶甲自當為大戊子；祖乙自當為中丁子，知＜人表＞以中丁、外壬、河亶甲、祖乙皆為大戊弟者非矣。卜辭又云：「父甲一牡？父庚一牡？父辛一牡？」【《後編》卷上第二十五葉】。甲為陽甲，庚則盤庚，辛則小辛，皆武丁之諸父，故曰：父甲、父庚、父辛，則＜人表＞以小辛為盤庚子者非矣。凡此諸證，皆與＜殷本紀＞合，而與＜世表＞＜人表＞不合，是故殷自小乙以上之世數，可由此二片證之；小乙以下之世數，可由祖乙、祖丁、祖甲、康祖丁、武乙一條證之。考古者得此，可以無遺憾矣。

（文見《觀堂集林》卷九）

說　商

王國維

　　商之國號，本於地名。《史記》＜殷本紀＞云：「契封於商」，鄭玄、皇甫謐以為上雒之商，蓋非也。古之宋國，實名商邱。邱者，虛也【《說文解字》：虛，大丘也。昆侖丘謂之昆侖虛。又，元丘謂之虛。從丘虍聲】。宋之稱商邱，猶洹水南之稱殷虛，是商在宋地。《左傳》昭元年：「后帝不臧，遷閼伯於商邱，主辰，商人是因。故辰為商星。」又襄九年傳：「陶唐氏之火正閼伯居商邱，祀大火而火紀時焉。相土因之，故商主大火。」又昭十七年傳：「宋，大辰之虛也。」大火謂之大辰，則宋之國都確為昭明相土故地。杜預＜春秋釋地＞以商邱為梁國睢陽【今河南商邱縣】又云：「宋、商、商邱，三名一地」，其說是也。始以地名為國號，繼以為有天下之號，其後雖不常厥居，而王都所在，仍稱大邑商，迄於失天下而不改。羅參事《殷虛書契考釋》序云：「史稱盤庚以後商改稱殷，而偏搜卜辭，既不見殷字，又屢言入商。田游所至，曰往、曰出，商獨言入，可知文丁帝乙之世，雖居河北，國尚號商」，其說是也。且《周書》＜多士＞云：「肆予敢求爾於天邑商」，是帝辛、武庚之居，猶稱商也。至微子之封，國號未改，且處之商邱，又復其先世之地，故國謂之宋，亦謂之商。顧氏《日知錄》引左氏傳：「孝惠娶於商」【哀二十四年】「天之棄商久矣」【僖二十二年】「利以伐姜，不利子商」【哀九年】，以證宋之得為商。閻百詩＜潛邱劄記＞駁之，其說甚辨。然不悟周時多謂宋為商，左氏襄九年傳：「士弱曰：商人閱其禍敗之釁，必始於火」，此答晉侯宋知天道之問。商人，謂宋人也。昭八年傳「大蒐於紅，自根牟至於商衛，革車千乘。」商衛，謂宋衛也。＜吳語＞：「闕為深溝，通於商魯之間」，謂宋魯之間也。＜樂記＞：「師乙

謂子貢：商者，五帝之遺音也。商人識之，故謂之商。齊者，三王之
遺音也。齊人識之，故謂之齊。」子貢之時，有齊人，無商人，商人
即宋人也。余疑宋與商聲相近，初本名商，後人欲以別於有天下之商
，故謂之宋耳。然則商之名起於昭明，訖於宋國，蓋於宋地終始矣。

（文見《觀堂集林》卷十二）

説　殷

王國維

　　殷之為洹水南之殷虛，蓋不待言。然自《史記》以降，皆以殷為
亳，其誤始於今文《尚書》＜書序＞訛字，而太史公仍之。＜書序＞
「盤庚五遷，將治亳殷」【馬鄭本古文同】，束晳謂孔子壁中尚書作
「將始宅殷」，孔疏謂「亳字摩滅，容或為宅。壁內之書，安國先得
，治皆作亂，其字與始不類，無緣誤作始字。段氏＜古文尚書撰異＞
謂：治之作亂，乃偽古文。束廣微當晉初未經永嘉之亂，或孔壁原文
尚存祕府，所說殆不虛。按《隋書》＜經籍志＞晉世祕府所存，有古
文尚書經文。束晳所見，自當不誣。且亳殷二字，未見古籍。＜商頌
＞言「宅殷土茫茫」，《周書》＜召誥＞言「宅新邑」，宅殷連言，
於義為長。且殷之於亳，截然二地。書疏引汲冢古文云：「盤庚自奄
遷於殷，在鄴南三十里。」【＜史記索隱＞引汲郡古文：「盤庚自奄
遷於北冢，曰殷虛，去鄴三十里。」今本《紀年》作「自奄遷於北冢
，曰殷」，無「在鄴南三十里」六字。】束晳以《漢書》＜項羽傳＞
之洹水南殷虛釋之【見《書》孔疏】，今龜甲獸骨出土，皆在此地，
蓋即盤庚以來殷之舊都。楚語白公子張曰：「昔殷武丁，能聳其德，

至於神明，以入於河，自河徂亳。」蓋用《逸書》＜說命＞之文【今偽古文說即承襲其語】。《書》＜無逸＞稱「高宗舊勞於外」，當指此事。然則小乙之時，必都河北之殷，故武丁徂亳，必先入河；此其證也。《史記》既以盤庚所遷為亳殷，在河南，而受辛之亡，又都河北，乃不得不以「去亳」、「徙河北」歸之武乙。今本《紀年》襲之。然《史記正義》引古本《竹書紀年》云：「自盤庚徙殷，至紂之亡七百七十三年，更不遷都。」雖不似《竹書》原文，必櫽括本書為之，較得事實。乃今本《紀年》於武乙三年，書「自殷遷於河北」；又於十五年，書「自河北遷於沬」，則又勦《史記》及《帝王世紀》之說，必非汲冢本文也。

要之盤庚遷殷，經無亳字。武丁徂亳，先入於河。洹水之虛，存於秦世。此三事已足正《書》序及《史記》之誤。而殷虛卜辭中所祀帝王，訖於康祖丁、武祖乙、文祖丁。羅參事以康祖丁為庚丁、武祖乙為武乙、文祖丁為文丁；其說至不可易。【見《殷虛書契考釋》】則帝乙之世尚宅殷虛，《史記正義》所引《竹書》，獨得其實。如是則商居殷最久，故亦稱殷。《詩》《書》之文，皆殷商互言，或兼稱殷商。然其名起於地名之殷，而殷地之在河北，不在河南，則可斷也。

（文見《觀堂集林》卷十二）

殷虛卜辭中所見地名考

王國維

殷虛卜辭中所見古地名，多至二百餘，其字大抵不可識；其可識

者，亦罕見於古籍；其見於古籍者，如齊餗、如霍餗、如召、如醽、如剛、如向、如畫、如灊，皆距殷頗遠，未敢定為一地。其略可定者，一曰龔。古龔共二字通用，《左氏傳》「大叔出奔共」，杜注：「今汲郡共縣是也」【今河南衛輝府輝縣】。二曰盂。《史記》＜殷本紀＞以西伯昌、九侯、鄂侯為三公。徐廣曰：「鄂一作邘，音于。野王縣有邘城。」左傳「邘晉應韓」，杜注亦云：「河內野王縣西北有邘城」【今河南懷慶府河內縣】。盂疑即邘也。三曰雝。《左傳》「郜雍曹滕」，杜注：「雍國在河內山陽縣西。」《續漢志》：「河內郡山陽縣下有雍城。」【今懷慶府修武縣西】。此三地皆在河北。

其在河南者，曰亳【見上】。曰曹【今山東兗州府定陶縣】。曰杞，《續漢志》「陳留郡雍邱本杞國」【今河南開封府杞縣】是也。曰𢦏，此字卜辭作𢦏，從才從戈；與虎敦之𢦏及石鼓文之𢦏略同。古文以為載字，殆即《春秋》隱九年伐載之載【此字《左傳》作戴，公穀皆作載】。《漢書》＜地理志＞：「梁國甾縣，故載國。」今傳世漢封泥有「載國大行」，是漢初尚名載也。後漢改為考城，至今仍之，其地與亳相鄰。卜辭之𢦏，蓋是地也【今河南歸德府考城縣】。曰雇。雇字古書多作扈；《詩》小雅「桑扈」、《左傳》及《爾雅》之「九扈」，皆借雇為扈。然則《春秋》莊二十三年「盟扈」之扈，殆本作雇。杜預云：「滎陽卷縣北有扈亭」【今懷慶府原武縣】。

此八地者，皆在河南北千里之內，又周時亦有其地，殆可信為殷天子行幸之地矣。

(文見《觀堂別集》卷一)

釋　天

王國維

　　古文天字，本象人形。殷虛卜辭或作🔲，盂鼎、大豐敦作🔲，其首獨巨。案：《說文》：「天，顛也」。＜易＞睽六三：「其人天且劓」。馬融亦釋天為「鑿顛之刑」，是天本謂人顛頂，故象人形。卜辭、盂鼎之🔲🔲二字所以獨墳其首者，正特著其所象之處也。殷虛卜辭及齊侯壺又作🔲，則別以一畫記其所象之處。古文字多有如此者，如二𠄟字。二字之上畫與𠄟字之下畫，皆所以記其位置也；又如本字，《說文》注云：「木下曰本。從木，一在其下。」朱字注云：「赤心木。從木，一在其中。」末字注云：「木上曰末。從木，一在其上。」蓋本末均不能離木而見，故畫木之全形，而以一識其所象之處。餘如刃字之、、𣏌之八，皆所以識其所象之處者也。又以古文言之，如帝者，蔕也。不者，柎也。古文或作🔲🔲，但象花萼全形，未為審諦，故多於其首加一作🔲🔲諸形以別之。🔲字於🔲上加一，正以識其在人之首，與上諸字同例。此蓋古六書中之指事也。

　　近儒說象形指事之別曰形，謂一物事眩眾物。其說本於徐楚金。然楚金於指事本無定說，刃與本末諸字，楚金均謂之指事。元楊桓諸人尚用其說。蓋此數字正與上下二字同例，許君所謂「視而可識，察而可見」者，惟此類字足以當之。而數目干支等字，今所公認為指事者，許君往往謂之象形，不謂之指事。竊謂楚金此說頗勝於其又一說。今日古文大明，指事之解，恐復將歸於此矣。故🔲🔲為象形字，🔲為指事字，篆文之從一大者為會意字。文字因其作法之不同，而所屬之六書亦異。知此可與言小學矣。

（文見《觀堂集林》卷六）

釋　昱

王國維

　　殷虛卜辭屢見 ⟨⟩⟨⟩⟨⟩ 諸字，又或從日作 ⟨⟩，或從立作 ⟨⟩⟨⟩ 諸體，於卜辭中不下數百見。初不知為何字，後讀小盂鼎，見有 ⟨⟩ 字，與 ⟨⟩⟨⟩ 二字相似，其文云：「粵若 ⟨⟩ 乙亥」，與《書》＜召誥＞：「越若來三月」，《漢書》＜律歷志＞引逸＜武成＞：「粵若來二月」，文例正同。而＜王莽傳＞載太保王舜奏云：「公以八月載生魄庚子，奉使朝用書。越若翊辛丑，諸生庶民大和會。」王舜此奏，全摹仿＜康誥＞＜召誥＞，則＜召誥＞之「若翌日乙卯」、「越翌日戊午」，今文《尚書》殆本作「越若翌乙卯」、「越若翌戊午」，故舜奏仿之。然則小盂鼎之「粵若 ⟨⟩ 乙亥」，當釋為「粵若翌乙亥」無疑也。又其字從日從立，與《說文》訓明日之昱正同。因悟卜辭中上述諸體皆昱字也。羅叔言參事嘗以此說求之卜辭諸甲子中有此字者，無乎不合。惟卜辭諸昱字雖什九指斥明日，亦有指第三日、第四日者。視《說文》明日之訓稍廣耳。

　　又案：此字卜辭或作 ⟨⟩ 者，殆其最初之假借字。⟨⟩ 即 ⟨⟩ 之初字，石鼓文「君子員邋」，字作 ⟨⟩，從 ⟨⟩。《說文》囟部：「⟨⟩，毛 ⟨⟩ 也。象髮在囟上及毛髮 ⟨⟩⟨⟩ 之形。」⟨⟩ 則象毛髮 ⟨⟩⟨⟩ 之形，本一字也。古音 ⟨⟩ 立同聲，今立在緝韻，⟨⟩ 在葉韻，此二部本自相近，故借 ⟨⟩ 為昱。後乃加日作 ⟨⟩，為形聲字，或更如小盂鼎作 ⟨⟩，為一形二聲之字

；或又省日作𦝫，則去形而但存其二聲。古固有一字二聲者，《說文》竊字注云：「卨廿皆聲」，又𧽼字注云：「次朿皆聲」。案：石鼓文自有軟字，則𧽼字自以軟為聲，而石鼓之軟，即《周禮》巾車職之故書軟字，而鼓文作軟，其字朿次皆聲，正與𦝫𦝫諸字之立𦝫皆聲同例也。卜辭又有祭祀名曰昱日，殆與肜日同為祭之明日又祭之稱與。

（文見《觀堂集林》卷六）

釋　旬

王國維

卜辭有𠃔𠃌諸字，亦不下數百見。案：使夷敦云：「金十旬」，屖敖敦蓋云：「金十𨤲」，考《說文》鈞之古文作𨥏，是𠃌旬即𨥏字，𠃌即旬字矣。卜辭又有「𠃌之二日」語【見《鐵雲藏龜》第六葉】，亦可證𠃌𠃌即旬字。余偏搜卜辭，凡云：「貞：旬亡囚？」者亦不下數百見，皆以癸日卜。知殷人蓋以自甲至癸為一旬，而於此旬之末卜下旬之吉凶。云：「旬亡囚」者，猶《易》言：「旬尤咎」矣。日自甲至癸而一偏，故旬之義引申為偏。《釋詁》云：「宣、旬，偏也。」《說文》訓裡之勹，即此字。後世不識，乃讀若包。殊不知勹乃旬之初字。軥字從車從勹，亦會意兼形聲也。

（文見《觀堂集林》卷六）

釋　西

王國維

卜辭屢見卤卤諸字，余謂此西字也。《說文》西字注云：「日在西方而鳥棲。象鳥在巢上。」卤卤 二形正象鳥巢。王復齋《鐘鼎款識》有箕單卣，其文作，象鳥在巢下而以畢掩取之。又箕單父丙爵有字，則省鳥存巢。手執干鼎之字，則省巢存鳥，可知卤字實象鳥巢，即巢之古文。似當從卤在木上，而《則象鳥形，篆體失之。若《說文》訓卤之卤字，則古作卤；與卤字有別矣。

（文見《觀堂集林》卷六）

釋　物

王國維

卜辭云：「丁酉卜，即貞：后祖乙卤十牛？四月。」又云：「貞：后祖乙卤物四月。」【《戩壽堂所藏殷虛文字》第三葉】又云：「貞：卤十勿牛？」【《殷虛書契前編》卷四第五十四葉】前云「卤十牛」，後云「卤物」，則物亦牛名。其云「十勿牛」亦即「物牛」之省。《說文》：「物，萬物也。牛為大物，天地之數起於牽牛。故從牛，勿聲。」案：許君說甚迂曲。古者謂雜帛為物，蓋由物本雜色牛之名，後推之以名雜帛。《詩》小雅曰：「三十維物，爾牲則具。」傳云：「異毛色者三十也。」實則「三十維物」，與「三百維群」「九十其犉」句法正同，謂雜色牛三十也。由雜色牛之名，因之以名雜帛，更因以名萬有不齊之庶物，斯文字引申之通例矣。

（文見《觀堂集林》卷六）

甲骨文分期的整理

董作賓

一、關於貞人

　　因為自己親手發掘甲骨文字，每逢一片出土，如獲至寶，必定要拂去泥土，仔細辨認。民國十七年第一次試掘期間，曾在村中、村北、洹河南岸三處掘出甲骨文字，使我感覺到三個地方的文字有些異樣，因而引起了一個疑問，這是不是時代不同的關係？但如何去斷定甲骨文字的時代，卻不是一件容易事。我曾試驗過用各種方法區別時代，苦思冥索，毫無結果，兩年之後，纔找到了『貞人』。

　　關於『貞人』的問題是這樣：甲骨卜辭，照例先記卜日的『干支』，次記『卜』，又次記『貞』，下面便是問卜的話；有些卜貞之間，夾著另外一個字。最初，劉鐵雲把『貞』字釋為『問』，把貞上卜下的字，舉出四個，試為解說云：

　　　　凡稱問者有四種：曰哉問、曰厭問、曰復問、曰中問。中字作
　　　　告，哉厭兩問最多，疑哉為初問，厭為再問，故詩曰『我龜既
　　　　厭，不我告猷，』言我已再問而龜不我告也。（藏龜自序）
一年之後（一九〇四）孫詒讓？正劉氏解說，指出『劉所謂問，當為貝實貞之省』。又以劉氏釋『哉』之字不確，但『不知其義例云何』，並糾正厭當釋『殼』，復當釋『韋』，『告』不為『中』，疑是『億』的假借字，可見當初識字之難。孫氏又舉出下列九種：

　　　　亘貞　完（今釋賓）貞　告貞（按此條當為『貞勿乎告』，與
　　　　下一辭『貞勿在□』誤合）　兄貞　立（今解王）貞　出貞
　　　　內貞　品（今寫作吊）貞　永貞
並云：

以上九貞，皆劉氏所未舉，合之戈貞，殼貞，韋貞，㞢貞，大貞，通為十四。唯告貞內貞較少，不知何故。如紀它父卜者（今按即卜旬）卅餘事，而戈殼大完出內六貞咸備，莫詳其義例。至其餘文字漫闕，不易辨刌者甚夥，恐尚不止十四貞爾。

孫氏於劉舉之外增加九種，共十四貞，不能『詳其義例』。又十二年（一九一五），羅振玉作《殷虛書契考釋》，於卜下貞上一字無說。又八年（一九二三），葉玉森作《殷契鉤沈》，當時羅氏《前》、《後編》、《菁華》、均已刊行，戩壽堂、林泰輔書、相繼出版，葉氏所見材料較多，共搜集了『四十五貞』，並他所不錄而以為『非貞之專名』的，王貞、兄貞、余貞、我貞、共有四十九種，（中有重複訛誤，文繁，這裡不再舉例）。葉氏的結語是：

諸貞之義，自卜師行，逐卜獵逐，似可揣測；餘若喜行諸貞，
字或可識，義並難知；付之闕疑，以俟博雅。

葉氏曾試以貞卜事類作解釋，但仍不可通，只有『付之闕疑』。現在我們看自逐喜行諸例：

王子卜自貞王多省方　後下　四十二（按當為『王子卜自貞王令多臣御方于囗』誤釋臣為省，且遺下半。）

癸丑卜逐貞旬亡囝　前五·二十八。

辛亥卜喜貞翌壬子示壬戚亡缺　前一·一（按戚當釋歲，下為『亡尤十月』，不缺）

丁酉卜行貞王賓丁戚三牢　前一·四十（按當釋『王賓（父丁）歲三牢（亡）尤』）

從葉氏所舉的例子看，自貞固然可以說有師行之意，逐貞卻毫無獵逐之跡，喜貞、行貞，又皆卜祭祀，尤與喜悅，行旅無關，所以他雖然抄集了許多貞例，互相比較，仍不能歸納出一個結果。從此直到民國二十二年（一九三三）郭沫若寫定《卜辭通纂考釋》的時候，他在序

文中還聲明著『曇於卜貞之間一字，未明其意』。這卜下貞上的一個字，從劉到郭，大家如入五里霧中一直莫名其妙，前後互三十年（一九〇三～一九三三）。

何以說斷代分期的方法和發掘工作有關？問題是如此：民國十七年以前出土的甲骨文字，全是小屯村人私掘，破碎的多，完整的少，尤其是龜版，幾乎一個全的也沒有。民國十八年十二月十二日，我們第三次發掘殷虛期間，在小屯村北『大連坑』南段的一個長方坑內深約三公尺八公寸處，發見了比較完整的四塊龜腹甲，我們稱為『大龜四版』，據在場的李濟之先生當時的記載：

> 大連坑南段長方坑，東西長三米，南北寬一米八，最深處未見底，距地面六·五米，距坑口二·一米，坑口有隋墓一座。下出整龜一，刻字龜版四；再下有蚌壳一層，再下又有貝一層，並夾銅器及石刀等。（見《安陽發掘報告》二期二三六葉）

記載中『刻字龜版四』，就是『大龜四版』。這大龜四版之四，是一塊純粹的卜旬版（《大陸雜誌》三卷七期討論過它的年代，列出原辭，可供參閱），我在民國二十年六月出版的《安陽發掘報告》第三期中，發表過一篇『大龜四版考釋』，文中『時代考四』論到卜旬版云：

> 1.貞上一字是人名的確定。　從前研究契文者對於貞上之一字，有疑為官名者，有疑為地名者，有疑為所貞之事類者，現在根據第四版可以確定他是人名。因為貞上一字如為地名則必有『在』字，如『在向貞』，『在潢貞』，只言『某日卜某貞』者，決非地名。又四版全為卜旬之辭，若為卜貞事類或職官之名，應全版一致，今卜旬之版，貞上一字不同者六，則非事與官可知，又可知其決為卜問命龜之人，有時此人名甚似官名，則固古人多有以官為名者。又卜辭多『某日卜王貞』及『王卜

貞』之例，可知貞卜命龜之辭，有時王親為之，有時使史臣為
之，其為書貞卜的人名則無足疑。貞卜而書命龜之人，此為一
時風尚，也有一部分卜辭不記貞人的，也有全不記貞人的。

大龜四版中，第一版有貞人賓、𡧊；第二版有貞人賓；第三版不記貞
人；第四版卜旬版有貞人爭、賓、率、𡧊、品、𤲃，第四版這些人名
見於同版，並且在九個月之內。因為卜旬的日子，下有月名可證，是
從第一年的十月癸酉，到第二年的五月癸亥。六個人的輪值，分配如
此：

十月　　　癸丑，癸亥原闕　癸酉是貞人爭。

十一月　　（癸未殘）貞人率　癸巳貞人賓　癸卯貞人𡧊

十二月　　癸丑、癸亥皆貞人𤲃　癸酉貞人

一月　　　癸丑缺貞人　（癸亥殘）

二月　　　癸酉、癸未、癸巳皆貞人𡧊

三月　　　癸卯、癸丑、癸亥皆貞人𡧊

四月　　　癸酉貞人殘　（癸未）、癸巳皆貞人𡧊

五月　　　癸卯、癸丑皆貞人𡧊　癸丑貞人率

就以此版為例，我可以知道見於同版的貞人，是同時供職於王室的。
所以我在考釋中又有下列的推論：

　　2.因貞人以定時代。　凡見於同一版上的貞人，他們差不多可
以說是同時。如上列第四版，貞人共有六個，在九個月中，他
們輪流著去貞旬，他們的年齡，無論若何，必須在這九個月內
是生存著的，最老的和最少的相差也不能過五十年。因此可由
貞人以定時代。四版中的『爭』先生，他的資格算最老了，也
許他的年紀活得最大，在王室供職最久，所以他同過事的貞人
是很多的。我曾就《鐵雲藏龜》、《書契菁華》中所列的同版
的貞人，選出有關係的一部分，與四版相較，已可略知四版的

　　　貞人，大概在武丁祖庚之世，這是從帝王、書體、同時人名等
　　　都可以互證的。

　　這是民國二十年發現『貞人』時初步的意見。二十一年三月寫成
『甲骨文斷代研究例』，刊入二十二年一月出版的『慶祝蔡元培先生
六十五歲論文集』上冊。在這篇文章裡曾將見於同版的貞人搜集一起
，作為貞人集團，例如：

　　　永、爭、賓、穀、同見於菁華七版
　　　賓、亘、同見藏龜二四二之一
　　　韋、㕚、同見藏龜二四一之一
　　　箙、韋、同見北大研究所國學門藏片

再加上大龜四版之四的貞人，於是可知

　　　爭、賓、率、㕚、㕕、𡇯、韋、箙、亘、永、彀

等十一人，皆是同時的人。在『骨臼刻辭』上，又找到了記事簽名的
史臣，因而證明貞人即史。骨臼刻辭研究，我曾定名為『帚矛說』，
以為是餽矛，那是錯的，現在應該說是貢納骨版的記載。例如：

　　　壬午帚（婦）井示（致或置）三屯（對）　　　　亘（骨臼）
　　　己丑卜爭貞吳叶王事
　　　甲午卜穀貞乎畢先御黍于河（以上骨版正面）　　甲三三三八

這是一塊骨版，骨面有卜辭，骨臼有記事。骨臼記的是壬午日王的婦
名井者致送了三對牛胛骨，下面是接受保管的史臣名亘者簽名。骨面
的兩位貞人爭和穀，正是亘同時的人，亘在卜辭中是問卜的貞人，在
骨臼上卻是記事的史臣，因此我們可以說貞人即是史臣。當時整理骨
臼刻辭的結果，發現了記事的史，有

　　　岳、內、曑、小曑、取、𢆶、犬、率、穀、亘、賓、㕚、爭、
　　　㕕、永、箙

等十六人。並且從率至箙這九位，同時都作過貞人。

　　貞人的時代如何去推求？這只有靠著他們替王卜祭祀時對於先人的稱呼。殷人祀典是很嚴格的，所祭的父母或祖妣，均以時王的稱謂為準，因此我們可以由受祭者的稱謂定某王，再定貞人是某王之史。例如小乙配妣庚之祭，見於晚期卜辭。

　　　　庚午卜貞：『王賓小乙 爽 妣庚 旬 亡尤？』　　後上四·六
因此我們知道小乙的后是妣庚，在武丁時代，照例應該稱小乙為『父乙』，妣庚為『母庚』，陽甲、盤庚、小辛，為『父甲』『父庚』『父辛』的。再看卜辭，就有

　　　　乙卯卜，亘貞：『今日往至于 阜 夕酒子央于父乙』？　　鐵一九
　　　六·一

　　　　庚辰卜，㕸貞：『舌母庚』？　　前一·二九·三

　　　　貞：『 㞢 豕于父甲犬』？　　丙辰卜，爭貞：『 㠯 㞢 死 』？前一
　　　·二四·三

　　　　癸卯卜，亘貞：『 㞢 于父甲犬』？　　貞：『 㞢 于父庚犬』？
　　　前一·二六·六

　　　『父甲一 牝 』？『父庚一 牝 』？『父辛一 牝 』？　　後上二〇九
由這五版卜辭，就可以確定了亘、㕸、爭都是武丁時史臣，並前所舉的十七人，也都是屬於武丁時代的人物。

　　貞人的發現和考定，以武丁時為例，敘述止此，其餘各王，均可類推。

　　有人覺得『貞人』一詞，不見經傳，於是改用『卜人』，這不免錯了。卜與貞，本是兩件事，早期是太卜司卜、太史司貞，有時王來親貞，晚期有時王要自卜自貞，所以也稱『王卜貞』。貞人並不是名詞，意思只是『問卜的人』，問卜的人，任何人都可以充任，或是王自己去任。至於卜人應該是只限於太卜，才有這灼龜見兆，斷定吉凶的專長。卜辭中也偶見卜人的名字：

　　　　丙寅卜㞢貞：卜竹曰：『其㞢于丁牢？王曰「從壽」。翌丁卯
　　　　　率若。八月。　錄五一九

這一版，王是祖甲，㞢是祖甲時貞人，同時有卜人名竹。極為明白。
又帝辛時記卜人的，

　　　　丁酉，中彔卜，在兮貞：『在獄田冀其以右人臾，亡災』？
　　　　　甲二五六二

兮是地名，中彔是卜人名，此版不記貞人。帝辛時記貞人的，如：

　　　　乙酉卜，在㳽立貞：『王步于淮，亡災』？　金五七四

貞人立，名在貞上，與前辭卜人中彔，名在卜上，各有其例，迥然有
別。

二、斷代研究的十個標準

　　　『貞人』的發現，可以說是後期甲骨文研究一個新葉的起頭。因
為『貞人』是問卜的人，大部分是當時的史官，但不全是史官，有時
候殷王親自來問卜，記著『王貞』，這王也可稱為『貞人』，王婦、
王子、諸侯偶然問卜，都寫他們的名字，也都可稱為『貞人』。不過
史官作貞人，所記卜辭都是自己寫自己刻的，同時我們可以看到他們
的手筆真蹟，比較他們書契的藝術和技巧。若是王貞，則卜辭的書契
，自然需要史臣代庖。帝乙、帝辛父子歡喜自卜自貞，常見『王卜貞
』的紀錄，而紀錄者卻是太史，並不是王親自書契。例如帝乙二年的
四月三日癸未，卜次日甲申將要舉行彡日的祀典，從上甲開始，辭稱
：

　　　　癸未王卜貞：『酒彡日，自上甲至於多后，衣亡老自禍』！在
　　　　　四月。惟王二祀。　前三‧二七‧七

首寫『王卜貞』末稱『惟王二祀』，自然都是太史紀錄的口氣。又帝
辛征人方的十祀後九月二十五日癸亥，在雇地卜旬，王親卜親問一次

，史臣黃問了一次，紀錄在兩塊骨版上：

　　癸亥王卜貞：『（旬無）禍』？在九月。王征人方，在雇。

　　龜一・九・一二

　　癸亥卜，黃貞：『王旬無禍』？在九月。征人方，在雇彝。

　　前二・六・六

後一卜旬是黃作『貞人』，自書自契，辭稱『王旬無禍』，是很明白的。前一卜旬，乃是帝辛自卜自問，『王』就是貞人，但書契者卻是另外一位太史，因為兩辭對於地名的寫法不同，一稱『雇』，一稱『雇彝』。綜合以上的材料，我們知道『貞人』不能稱『卜人』，問卜的人卻都可以稱『貞人』，貞人多數是史官，寫刻卜辭出于他們的手筆。

　　因了『貞人』說的成立，我曾於民國二十一年三月寫成一篇『甲骨文斷代研究例』，在二十二年一月出版的『慶祝蔡元培先生六十五歲論文集』上冊發表。文長約十萬字，舉出分五期研究的十個標準。現在又經過二十年了，五期與十標準，已略有修訂，但大體上還都可用。以下略述舊作，補充一些新的意見。

　　所謂『五期』，是完全為『貞人』關係而劃分的，如以祖庚祖甲為第二期，以帝乙、帝辛為第五期，就是因為這兩期前後二王的貞人相同不易再為區分。五期如次：

　　第一期　盤庚、小辛、小乙、武丁（二世四王）

　　第二期　祖庚、祖甲（一世二王）

　　第三期　廩辛、康丁（一世二王）

　　第四期　武乙、文武丁（二世二王）

　　第五期　帝乙、帝辛（二世二王、以上五期共八世十二王）

直到現在，第一期除了武丁時卜辭甚多而又很明顯之外，盤庚、小辛小乙兄弟三人時代的卜辭，仍是不易分辨。其餘二期至五期，有許多

又可以指出每期中屬於某王的卜辭。尤其是當時誤將第四期文武丁時的卜辭，混入第一期，直到十年之後，纔可以明白的區分。

　　取名『斷代』，本來希望斷定世代，就是把遷殷後的每一王的卜辭都能明白的認辨出來，但是初步整理的方案，只能約略分為五期。當時提出了十個標準，據以判別五期，這十個標準是：

　　　　一、世系　二、稱謂　三、貞人　四、坑位　五、方國
　　　　六、人物　七、事類　八、文法　九、字形　十、書體

十種判別時期的標準，重要的自然是『貞人』，何以知某一貞人是在某一王的時代？自然要根據他們貞卜時王祭祀祖妣時的『稱謂』，而稱謂如何，又須先明瞭殷代王室的『世系』，所以世系、稱謂、貞人，三位一體，都是斷代的基礎。『坑位』是出土甲骨的地點，只限於民國十七年至廿六年中央研究院發掘的材料，不能概括全部甲骨文。『方國』、『事類』、『文法』、『字形』、『書體』，都是根據有貞人的基本片子推演出來的，也可以說是間接的標準。因為如果有一片卜辭只殘餘幾個干支字，或者沒有貞人的『卜夕』『卜旬』片子，那就只好在『字形』和『書體』或其他標準上找時代了。

　　　一　世系　當時已知道夒是帝嚳；土是相土；冥是季；振是王亥；陽甲盤庚小辛是父甲父庚父辛，也是武丁時的卜辭；祖庚是兄庚，也是祖甲時的卜辭；《史記》〈殷本紀〉中所載的殷代世系，應該相當可靠，因此把殷本紀中的世次列為一表，用卜辭對校考定世系。這一節的要目是：

　　　　甲、見於卜辭的殷人世次　子、自微至主癸　丑、自大乙至祖
　　　　　　丁　寅、自小乙至武乙
　　　　乙、見於卜辭的殷先公先王

　　　關于世次，子項的證明是戩一·十和後八·四，劉善齋一片，共三片合起來的卜辭：

　　　　乙未酒 茲品：上甲十，匚乙三，匚丙三，匚丁三，示壬三，示

　　　　癸三，大乙十，大丁十，大甲十，大庚七 袁三（下缺）。

把上甲到示癸與＜殷本紀＞對照，六世全合，只有用字小異，次序稍

紊而已。

　　　　殷本紀：微（上甲）－報丁－報乙－報丙－主壬－主癸

　　　　卜　辭：上　甲―――匚乙－匚丙－匚丁－示壬－示癸

這一個卜辭，在武乙文武丁之世，此時恢復武丁時祀典，以上甲大乙

為大宗，匚乙至示癸為小宗，所以用牲之數有十與三的差異。

　　　　丑項自大乙至祖丁的世次，也見於第四期卜辭，乃是合五片殘辭

而成的，載於佚九八六，文云：

　　　　（辛）未卜，求雨自上甲、大乙、大丁、大甲、大庚、大戊、

　　　　中丁、且乙、且辛、且丁、十示率牡。

所謂『十示』，全是大宗，除上甲外，尚有九世，與＜殷本紀＞對照

：

　　　　殷本紀：天乙－太丁－太甲－太庚－太戊－仲丁－祖乙－祖辛

　　　　　　　　－祖丁

　　　　卜　辭：大乙－大丁－太甲－大庚－大戊－中丁－且乙－且辛

　　　　　　　　－且丁

丑項九世，兩相對較只有古今字的不同，可以說完全密合的。

　　　　寅項是遷殷以後的世次，從小乙直到帝辛，共有八世，下列一辭

是帝乙時卜辭，不列文武丁，共有五世。

　　　　甲辰卜貞：『王賓求且乙、且丁、且甲、康且丁、武乙衣、亡

　　　　尤』？　　後上二〇·五。

這是帝乙的近祖五世，且乙即是小乙，且丁即是武丁，殷王對於先王

的稱號，隨時不同，並非都用一個固定的名稱，例如武丁，祖甲時稱

父丁，康丁武乙文武丁時均稱後祖丁，到帝乙時才有武丁的稱謂，詳

見下節。對照＜殷本紀＞如次：

　　殷本紀：小乙－武丁－祖甲－庚丁－武乙－（太丁）

　　卜　辭：且乙－且丁－且甲－康且丁－武乙－（文武丁）

　　　　　　（小乙）（武丁）　　　（康丁）

庚丁的庚是康字之誤，太丁是文丁之誤，卜辭稱文武丁。帝乙在帝辛世稱父乙，帝辛見於卜辭中但稱王。從子丑寅三項看來，＜殷本紀＞的世數與卜辭對校，自太乙至帝辛共為十七世，是絕無違誤的。

　　關於先公先王，當時據卜辭考定的是：

　　夋即帝嚳，卨即契，土即相土，季即冥、王亥即振，王恆，上甲，匚乙，匚丙，匚丁，示壬，示癸，大乙，唐即成湯，大丁，卜丙即外丙，南壬即仲壬，大甲，大庚，虎祖丁即沃丁，大戊，小甲，中己即雍己，中丁，卜壬即外壬，戔甲即河亶甲，且乙，且辛，虎甲即沃甲，且丁，南庚，羌甲即陽甲，般庚即盤庚，小辛，小乙，武丁，且己即祖己，且庚，且甲，兄辛即康丁稱廩辛，康且丁，武乙，文武丁。

現在看起來，這些考定，有不甚可靠的：如夋以王國維氏改釋夒為是，卨之為契，土或為社。有須加改訂的：如虎祖丁不為沃丁，呂己之為雍己，虎甲乃陽甲，非沃甲，羌甲方是沃甲。有可以增補的：如帝辛時稱帝乙為父乙。現在把比較可信的殷代王室世系，對照本紀，製為一圖，附供參攷。（圖見次頁）

圖一

殷代王室世系圖

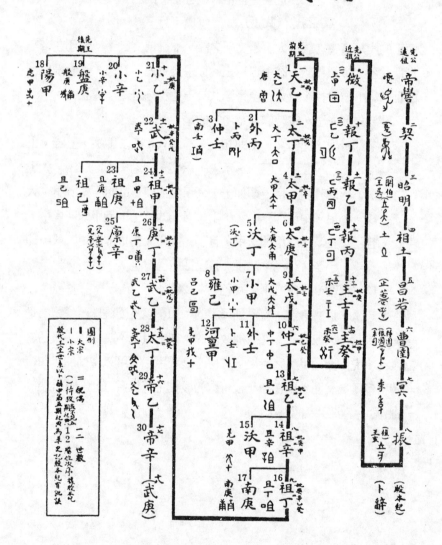

在這個世系表中，我把殷代的先公先王，分作四個段落：

第一段：自帝嚳到振，稱為『先公遠祖』。第二段：自微到主
癸，稱為『先公近祖』。第三段：自天乙到陽甲，稱為『先王
前期』。第四段：自盤庚到帝辛，稱為『先王後期』。

先公遠期的祭祀，只見於第一期和第二期的祖庚時，第四期武乙
，文武丁時，我稱他們為『舊派』，這一派的祭祖卜辭數量多種類雜
，到如今並未研究清楚。所祭的對象，祀典的種類方法，還沒有整理
完竣，因此現在可以知道的只是零星的意見。可信的是夒為帝嚳，土
為相土，季為冥，王亥為振。可備一說的是：𡇯為契，王吳為昭明（
丁山說見新殷本紀），止若為昌若（陳邦福說？），朱司為根國，為
曹圉（于思泊說），存以待攷。

先公近祖，始自上甲，這是祖甲修訂後的祀典，行用到廩辛康丁
時代，到了帝乙帝辛，又復行用。我稱他們為『新派』。這一派是不
祀遠祖的。宗法制度，新舊派也不同，舊派以上甲一人為大宗，匚乙
至示癸為小宗，新派則上甲以下六世均為大宗。這六世，甲乙丙丁，
似是虛擬的。最後壬癸兩名，因為各有先妣，可知是真的忌日，真的
神主。

先王前期自大乙至陽甲，皆在遷殷以前。據新派祀典，以世次及
在位次排列順序，一世一人為大宗，大宗須有子承繼王位。這一段，
在新派祀典中無中丁、沃丁二人，舊以虎甲為沃甲，羌甲為陽甲有誤
，今改正。

先王後期，為自盤庚下至帝辛，遷殷後的八世十二王。帝辛為最
後一王，不見卜辭，又於帝乙稱父乙，廩辛不見祀典，但在康丁時稱
兄辛，武乙時稱父辛而已。祀典中祖庚祖甲之前有祖己，不見於＜殷
本紀＞。

　二　稱謂　二十年前，憑借著＜殷本紀＞中的世系，定出遷殷後

各王對於祖妣父母的稱謂，因而由貞人斷定卜辭的時代。卜辭乃是史臣所記，代時王貞卜之辭，所記祭祀時對於受祭者的稱謂，即是時王的稱謂，這一節的要目：

　　甲、祀典中祖妣父母兄的稱謂例　子、祖的稱謂　丑、妣的稱
　　　　謂　寅、父的稱謂　卯、母的稱謂　辰、兄的稱謂
　　乙、祖妣的合祭
　　丙、主祭者與被祭者稱謂圖

　　關於稱謂，子項舊舉『高祖夋』，當改『高祖夒』，其餘如：

　　高祖王亥　高祖乙　祖乙　中宗祖乙　祖辛　祖丁　小祖乙
　　后祖乙　后祖丁　祖戊　祖己　祖庚　祖甲　康祖丁　武祖乙

所列各例，均不誤。丑項妣的稱謂中『妣乙』一例，引傳說以為即契母簡狄，誤，應刪去。今釋河，或以河為殷之先祖，亦非。妣乙外，僅列

　　妣己　高妣己　妣庚　高妣庚　妣癸　妣辛　后妣辛　妣戊

第八人，餘則誤以為合祭列入乙節。寅項列

　　父甲　父庚　父辛　父乙　父丁　父戊　父己

第七人，各例至今不誤。卯項列

　　母己　母庚　母癸　母辛　母戊　母壬

第六人。辰項列

　　兄丁　兄戊　兄壬　兄己　兄庚　兄辛

等六人。以上均有卜辭為例，現在看，大體無訛。

　　關於乙節祖妣合祭問題，在當時是一種誤解。因一辭中有先祖名與先妣名，例如：

　　庚辰卜貞：『王賓示壬爽妣庚，翌日亡尤？』　後上・一・六
　　甲子卜貞：『王賓示癸爽妣甲，囗（日）亡尤？』　後上・一
　　　　　　・八

舊以此類卜辭為合祭祖妣，如第一例即庚辰日翌祭先祖示壬與先妣妣庚。今按祭妣庚在庚辰，祭妣甲在甲子，只是卜先妣之祭，妣庚上有示壬，妣甲上有示癸，乃是妻冠夫名，以示區別，並非合祭。猶如後世神主『顯考某府君德配某太夫人』之類。介於中間的𡙜字，各家考釋不同，羅振玉釋『赫』，葉玉森釋『夾』，郭沫若釋『𡚢』，讀為母，唐蘭釋『夾』，張政烺釋『𡙜』，讀為仇，于思泊釋『爽』，但是此字含義，大家都公認是配偶的意思。

　　據第五期祀典的證明，先祖與先妣，各種祭祀，都是分別舉行的，先祖為一系統，先妣為一系統。例如彡祭，自甲子日祭上甲始，壬申日祭示壬，癸酉日祭示癸，下一旬的庚辰日乃祭『示壬配妣庚』，再下旬的甲申日乃祭『示癸配妣甲』。祭妣庚何以不在甲子旬中的庚午，因庚午前于壬申二日，先妣不當在先祖之前，又有夫婦尊卑之義。現在把第五期『妻冠夫名』的卜辭中，殷人先妣之名，列之於次：
（𡙜字皆代以配字）

　　　示壬配妣庚　示癸配妣甲　大乙配妣丙　大丁配妣戊　大甲配
　　妣辛　大庚配妣壬　大戊配妣壬　中丁配妣己、妣癸　祖乙配
　　妣己　祖辛配妣庚、妣甲　祖丁配妣庚、妣辛、妣己、妣癸
　　小乙配妣庚　武丁配妣辛、妣癸、妣戊　祖甲配妣戊　庚丁配
　　妣辛　（武乙配妣戊）（文武丁配妣癸）

　　以上詳《殷曆譜》下編卷二祀譜，見於新派祀典的，不外於此。這種妻冠夫名的辦法，自祖甲創始，因為祖甲重修祀典，以先祖一世一人為大宗，大宗必祀其配偶，而配偶凡生子繼位者皆得入祀。我們看祖丁有四子，陽甲盤庚小辛小乙嗣位，而祖丁的配偶入祀者有庚辛己癸四人，知陽甲等乃是異母兄弟；又武丁有三子，祖己祖庚祖甲嗣位（祖己雖未嗣位，但已立為太子，與大丁同），而武丁的配偶有辛癸戊三人，則祖己等也是異母兄弟。又武丁王后王子皆數十人，獨三

　　后入祀，三子繼位，可見必有嫡長的關係了。

　　丙節稱謂圖，原列自祖乙至文武丁九世，現在據芝加哥大學講義修正之表，增加祀典以外，凡可據以為推斷時代的標準者，起自夒，終於文武丁配母癸，錄之於次，以供參攷：

　　卜辭五期稱謂表（見圖二）

圖二

稱謂　時王 受祭者	第 一 期 武　丁	第 二 期 祖 庚　祖 甲	第 三 期 庚 辛　康 丁	第 四 期 武 乙　文武丁	第 五 期 帝 乙　帝 帝
夒　（先公一世） 王亥（八世） 大乙（先王一世） 祖　（七世）己	夒 王　亥 唐　乙 祖　己 高	唐	大　唐 大祖 祖己	乙乙 大 中 宗 祖 中 宗 乙	夒、高祖夒 高祖 王亥 大乙、高祖乙 中宗祖乙	大乙（帝辛時同） 祖　　　　乙 祖己（祖甲及此期皆在姒名上冠祖名如「祖乙配姒己」，表從省略。）
祖辛（八世） 姒　庚 祖丁（九世） 姒　庚 姒辛己癸 虎甲（十世） 般　辛乙 小 小 姒丁　（十一世）庚 兄兄 兄　戊 武　丁	祖　辛 高祖 姒　庚 祖　丁 高祖姒 姒 父父父 父父父 母兄 （武丁至此）	祖　辛 姒　庚 祖　丁 己 虎甲 般小 小 小后 姒 庚丁兄 父丁	祖　辛 祖　丁 甲庚辛乙 祖 小乙乙庚 姒 庚丁戊 父父 父　丁	虎　甲 小乙 后祖乙 后祖丁	祖辛 祖姒庚 祖丁 姒辛己癸甲 虎般辛乙姒 小 小 武　丁
姒辛 姒癸戊 姒 祖己（十二世）庚 祖　甲		母 （祖甲至此） 兄己小王兄己 兄	姒辛后姒辛 父己小王父己 父甲 父	祖己庚 祖甲 祖	姒 辛癸戊己庚 祖己庚 祖甲 祖
姒　戊 廙辛（十三世）			母戊 （廙辛至此）兄辛 父辛	父辛	姒　戊
康丁　辛（十三世） 姒 子癸（康丁之子） 武乙（十四世）			父丁母辛 子癸兄癸父癸 （康丁武乙父癸 至此）武乙	康丁姒辛 武乙	康丁康丁 姒辛 武乙祖乙
文武丁（十五世）			（文武丁至此）	父丁	文武丁 文武帝 文武宗
姒　癸				母癸（帝乙至此）	姒　癸（帝辛時）

三　貞人　我們已經知道貞人就是史官，代王問卜和記載卜辭，都是他們的責任。斷代研究例分卜辭為五期，主要的證據就是靠著貞人。當時寫這一標準時，分為四目：

甲、貞人即是史官

乙、貞人集團　子、武丁時的貞人集團（第一期）　丑、第二
　　期貞人集團　寅、第三期貞人集團

丙、不錄貞人的時期（第四期）

丁、王親卜貞的時期（第五期）

現在看起來，第一、二、三期原列的貞人應加補充；第四期未嘗沒有貞人，不過那時候材料既少，又誤列入第一期；各期都有時王親貞的卜辭，但第五期帝乙帝辛時代，王又親卜，同時也不是沒有貞人。現在把五期貞人各舉其例，加以補充說明。

第一期，舊以為皆在武丁世，現在知道很可要從盤庚、小辛、小乙、以至祖庚。固然有一部分祖甲時的史官，曾任職在祖庚之世，但祖庚屬於舊派，一切制度仍武丁之舊而祖甲卻改革了許多。因而祖庚卜辭又往往和武丁時不易分別，不似祖甲時顯然有異。所以我們寧可以說第一期應包括祖庚，不能只限於武丁。

第一期原列十一人，今增至二十五人：

丁巳卜，賓貞：『子阱其有災』？　續三・四五・五

辛酉卜，爭貞：『今日王步于𦥑，無壱』？　前二・二六・三

乙卯卜，亘貞：『今日往至于𦥑，夕酒，子央于父乙』？　鐵
　　一九六・一

庚寅卜，永貞：『王傳中立若』？十一月。　前七・二二・七

辛亥卜，㱿貞：『于乙門令』？　粹一〇三四

辛酉卜，韋貞：『今夕不其（雨）』？　甲三三三九

癸未卜，㫚貞：『旬亡囚』？二月。　甲二一二二

癸亥卜，允貞：『旬亡囚』？五月。　甲二一二二

癸酉卜，呂貞：『旬亡囚』？十二月。　甲二一二二

甲午卜，冏貞：『屮于岳』？　佚六六

壬子卜，籱：『翌癸丑雨』？允雨。　前七•四四•一

　　以上舊列

丁酉卜，而貞：『辟先佳丁古』？八月。　龜一•二六•七

乙亥卜，中貞：『其屮于丁虫三宰』？九月。　續一•四五•
　　五

癸卯卜，君貞：『旬亡囚』？　續五•三一•八

庚午卜，吏貞：『福來虫』。　前四•二三•三

庚子卜，逆貞：『翌辛丑雨』？　前五•二六•四

壬寅卜，茻貞：『乎侯故狪』十一月。　續五•五•二

庚午卜，俾貞：『雨』？　續四•七•四

己亥卜，先貞：『今日雨』？　前六•三一•一

甲午卜，屮貞：（缺）　乙八三二〇

乙丑卜，夒貞：『翌丙雨』？　乙八三一九

丙子卜，羅貞：『翌丁丑雨』？　天二五

辛丑卜，專貞：『今夕亡囚』？六月。　前五•一二•四

丁己卜，宴貞：『今夕亡囚』？五（月）。　前六•三一•一

丁卯卜，丙貞：『賣于河十牛俎十牛』。　後上•二四•四

　　以上新增

以上所列第一期貞人不限於武丁一世，可能包括著自盤庚以至祖庚三
世五王約在百年以上。所以雖有二十五人，也不算多。等待將來總整
理時，把每人的卜辭分別輯錄起來，互相比較，當更能定出他們時代
的先後，同時加以補正。

　　第二期的貞人，原列祖庚祖甲在一起，現在看起來，祖甲時的貞

人較為明白，祖庚時的貞人，往往與第一期相混，因為祖庚一切承襲武丁舊制，不易分辨，如祭名有屮有御，稱大乙為唐，月名有一月及十三月，王字無上一橫畫，皆是。可以確證為祖甲時的，因有『兄庚』的稱謂，也有不能再分祖庚或祖甲時的，則因他們對于『父丁』（武丁）、『妣庚』（小丁配）是同樣的稱謂。所以我在斷代例中曾聲明第二期的貞人，是『以祖甲為主』的。原列六人，今增十二人，共十八人。其中陟同丝一時忘卻見于何書，僅舉十六例：

　　　壬戌卜，大貞：『王賓兄庚歲亡尤』？　卜七四二

　　　庚午卜，旅貞：『王賓妣庚歲及兄庚亡尤』？　卜七四〇

　　　甲午卜，即貞：『王賓夕福亡田』？　貞：『亡尤』？七月。
　　　　　卜六九〇

　　　丙午卜，行貞：『翌丁未，翌日于父丁亡老』？　龜一・二一
　　　　　・五

　　　癸酉卜，兄貞：『旬亡田』？七月。　龜一・二三・九

　　　丙子卜，口貞：『王其往于田亡災』？在十二月。　錄七二六
　　　　　以上舊列

　　　戊戌卜，喜貞：『告自丁』？　續一・七・三

　　　庚辰卜，犬（貞）：『王賓□亡尤』？　前一・五・五

　　　丁卯卜，洋貞：『王賓祖丁歲亡尤』？　續一・三〇・一

　　　丁卯卜，犬貞：『王往于勺不冓雨』？　前四・五一・一

　　　丁卯卜，荷貞：『王屮出今不冓雨』？　同上

　　　癸卯卜，吳貞：『旬亡田』？在四月。　後下・二四・四

　　　庚辰卜，逐貞：『王賓夕福亡田』？　戩一九・二

　　　丁卯卜，涿貞：『王賓彔亡尤』？　後下一九・九

　　　丙辰卜，尹貞：『其夕父丁三牢』？十二月。　通別二・一〇

　　　乙未卜，出貞：『吳其叶王事不死』？十二月。　錄六二二

以上新增

祖甲時貞卜的事項減少，卜辭也少，我們十二次發掘所得二萬四千片中，第二期卜辭，真是鳳毛麟角一般。

第三期廩辛康丁兄弟在位都不久，貞人自然少，舊列八人，新增五人。這十三人中，旅、囗、荷三位是第二期的老史官，逢失其例，今列十二人：

　　　戊午卜，兄貞：『今夕亡囚』？　甲一三三八

　　　（己未）卜，力貞：『今夕亡囚』？　同上

　　　己丑卜，彭貞：『其為祖丁門賓于𤰢衣御』？　甲二七六九

　　　丁卯卜，狄貞：『王其田亡災』？　甲二七五八

　　　癸卯卜，囗貞：『旬亡囚』？　甲二六二一　　與彭同版

　　　甲子卜，宁貞：『王賓上甲𤰢亡尤』？　甲二八八〇

　　　癸巳卜，荷貞：『翌甲午登于父甲』？饗。　甲二七九九

　　　　　逢（原釋逆，見拓本，例暫缺）以上舊例

　　　壬寅卜，顯貞：『翌日癸卯王其踐』？　後下三三・一

　　　癸亥卜，教貞：『旬亡囚』？　甲二六四九

　　　戊戌卜，旅貞：『祖戊歲𤉲羊』？　前一・二三・二　　祖戊

　　　　即武丁時兄戊

　　　丙辰卜，𢀀貞：『其俎于妣辛』？　後上十九・十五

　　　癸未卜，畷貞：『旬亡囚』？　甲二八〇〇

　　　以上新增

第四期武乙文武丁父子時代的卜辭，我在斷代例中列為『不錄貞人的時期』。本來在殷虛出土的全部卜辭中，不記貞人的很多，五期中每期都有。第四期不是沒有貞人，因為省去貞字的關係，當時未能認出來；又因為在以前出土的四期卜辭較少，發掘所得武乙時卜辭大部分出土在小屯村中，果然沒有貞人。現在知道：有些貞人誤入第一

期，有些省去貞字而不認識，原因又在分辨不清第四期的卜辭。到了寫《殷曆譜》時，研究出新舊兩派的關係，纔能劃出第四期卜辭，纔找出第四期貞人，這些詳情，待以後再講。這裡只把在殷虛文字乙編序文中我所列出的四期貞人十七位，各舉其例：

　　辛卯卜，𠂤貞：『且每田凡业疾』？四日（乙）未夕啓老。
　　　　後下三五・二

　　　乙巳卜，𠂤：『业大乙母妣丙牝』？不。　　新三三六　　省
　　　　貞字例下同

　　乙亥卜，𠂤貞：王曰『有孕嘉』？𠂤曰『嘉』？　佚五八六

　　　辛亥卜，𠂤：『不雨』？　乙一二二

　　癸亥卜，𠂤貞：『今夕亡田』？八月。　一六・一六

　　　庚辰卜，𠂤：『從系□』？　乙一二四

　　己未卜，叶貞：『医獲羌』？　續三・四三・二

　　丁丑卜，取貞：『夕識』？　前八・五・七

　　辛巳卜，我貞：『我有事今十月』？　前八・三・三

　　癸酉卜，𣂉貞：『今十月人歸』？　前八・九・一

　　癸酉卜，史貞：『東若』？　乙八三〇

　　戊辰卜，車：『允畋貝今生□』？　乙三二四

　　甲申卜，㳇：『又龍』？　續一・三・八

　　庚辰卜，勺：『今夕其雨』？允雨小。　前四・三四・五

　　庚子卜，医：『出不歪鬼』？　乙四四

　　庚寅卜，㳇：『王品司癸巳』？不。二月。　新三五一

　　己酉卜，幸：『今夕其雨』？　乙三八

　　丙午卜，萬：囗　一三・〇・四七〇？

　　己巳余卜貞：『亞雀及□』？　前八・九・三

　　癸酉子卜：『高作不若』？　前八・一三・一

由前三例知貞人可以省去貞字，後二例一人而兼卜貞，為第五期王親
卜貞的先聲，可見一人親卜親貞，第四期已有其例了。中十一例皆省
去貞字。

　　第四期卜辭，除了有貞人的以外，還有六事可作鑒別標準：一、
用鼎字代替貞字；二、好作細小字或肥大字，細者如毫髮，肥者多圓
腫；三、好記徵驗如『允』或『不』之類；四、古今字體雜亂混用，
五、祀典復一期之舊，所祀有夔，王亥，伊尹，咸戊，河，岳等；六
、文例不規則，好在兩辭之間作界劃，既無二五兩期的謹嚴整齊，亦
不若第一期的宏放而有規律。總之第四期武乙時卜辭，大部分出於村
中，文武丁時卜辭，大部分出於村北B區，以前雖有著錄，究為少數
。第四期卜辭，在斷代例發表十年之後，才可以辨認出來，研究起來
，它的複雜困難，又是遠在一二三五期之上。

　　第五期帝乙帝辛兩世，因為他們是新派，所以卜辭材料並不算多
。舊標為『王親卜貞的時期』，固然是它的特點，但也並不是沒有貞
人，原列黃一人，現在增為四人，例如次：

　　　　癸亥卜，黃貞：『王旬亡畎』？在九月。征人方在雇彝。　前
　　　　　　二‧六‧二

　　　　癸酉卜，在云奠河邑，泳貞：『王旬亡畎』？惟王來征人方。
　　　　　　金二七八

　　　　癸丑卜，徙貞：『王旬亡畎』？在三月。甲寅祭虎甲，衣袞甲
　　　　　　袞羌甲。　珠二四五

　　　　乙酉卜在淢，立貞：『王步于淮亡災』？　金五七四

第五期包涵年代幾乎趕上第一期，但卜辭出土者遠不及第一期之多，
這也是新派對于貞卜事項有限制之故。而在五期卜辭中，不記貞人的
過半數，王親卜貞者佔三之一，記貞人者乃不及五分之一，舉『征人
方日譜』現有卜辭即可知之。譜中收錄卜辭共一百五十九，不記貞人

者八十三，王親卜貞者四十八，記貞人者二十八。這可以說明第五期
貞人所以少的緣故。

　　貞人是分期研究的堅實基礎。二十年來，常打算把每一貞人的卜
辭收輯在一起，再作詳細比較研究，以求他們時代的先後，但始終沒
有做到。現在雖然增加了不少新的貞人材料，仍未能達到精密研考的
程度，這一點是非常遺憾的。

　　四　坑位　我在斷代例中說過：『由出土的坑位定甲骨文字的時
期，只有我們親手發掘的材料是可能的』。那時纔發掘了五次。所得
甲骨不過五千多片，佔出土全量不及十分之一；現在看，截至民國二
十六年春季，我們發掘殷虛十五次中十二次是在小屯村，前九次共得
六五一三片，後三次就得到一八四〇五片，合計是二萬四千九百十八
片，這佔著出土全量甲骨文字十萬片的四分之一。這四分之一都有出
土地點時日的詳細紀錄，坑位層次，非常清楚，所以用『坑位』分別
研究這些卜辭的時代是非常重要的。當時我曾把殷虛遺址分五區（參
閱坑位圖），貞人是五期，發掘是五次，因而構成了三個五的關係，
分列以下各目：

　　　　甲、第一區　子、第一區出土甲骨文字的坑位　丑、第一區包
　　　　　　　　　　涵的時期
　　　　乙、第二區　子、第二區出土甲骨文字的坑位　丑、第二區所
　　　　　　　　　　包涵的兩個時期
　　　　丙、第三區　子、第三區出土甲骨文字的坑位　丑、第三區卜
　　　　　　　　　　辭的稱謂與時代　寅、各區出土甲骨文字的數量
　　　　　　　　　　與貞人　卯、文武丁時的大旱與『蒉于洹水源』
　　　　丁、第四區　子、第四區出土甲骨文字的坑位　丑、第四區包
　　　　　　　　　　涵的時期

圖三

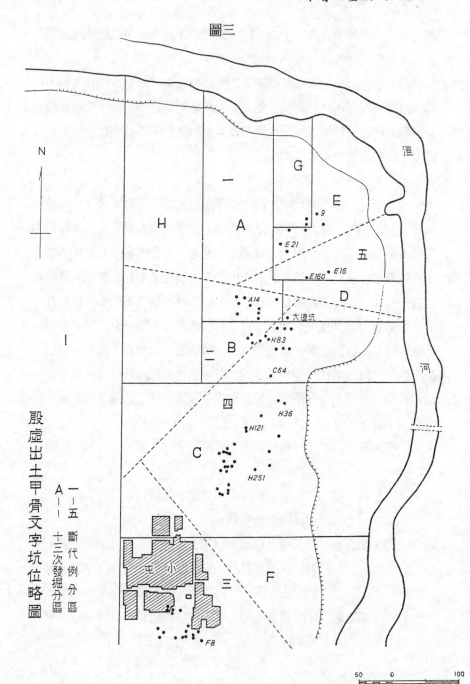

殷墟出土甲骨文字坑位略圖

一—五　斷代例分區

A—　十三次發掘分區

　　　戊、第五區　　子、第五區出土甲骨文字的坑位　丑、第五區的
　　　　　　　　　　貞人　寅、圓井中卜辭的稱謂與時代，　卯、龜
　　　　　　　　　　背甲上的灼兆與刻辭
　　己、三個五的關係
以上論證，不再贅述。本來我們發掘所得甲骨文字的可貴：第一自然
全是真的，絕沒有偽刻厠入；第二是經過科學的發掘，出土情形都有
詳細紀錄。我們所編的號碼，都和出土的坑位可以對照的，我們不憚
煩瑣，把登記號載入了殷虛文字的甲乙編，正是為的這個。例如甲編
圖版第七葉的一片卜辭：
　　　（庚）戌王貞：『亡曰父辛』？　一八五，一・〇・〇三九四
這一號編號一八五，是甲編拓本第一百八十五號，下面的登記號，『
一』是指第一次發掘；『〇』是指有字龜甲；三九四是第三百九十四
號。引用此片時只寫『一八五』就得，若查此片出土地點坑位，則須
另檢圖表，這類圖表，我們在印考釋時，將要附入。從登記號可以查
出這一片是小屯村中（第三區・現名Ｆ區）第三二坑出土的，凡是村
中出土的卜辭，一小部分是第三期，大部分是第四期，尤以武乙時為
多。這一片省去卜字，王就是武乙，問的是『明天不要去曰祭父辛麼
』？父辛是廩辛，康丁的哥哥，武乙的伯父，這父辛不是武丁對小辛
的稱呼，因為還有文法，字體，書體可以證明的。
　　在這里，附一張坑位略圖，可見發掘工作的一般。十三次發掘時
，我們重新劃分區域，用英文字母Ａ到Ｉ，十三至十五次是一致的。
茲再舉十三次最多的一坑甲骨為例，以見坑位和時代的關係。
　　ＹＨ一二七坑，在舊第四區，新Ｏ區（看附圖），是民國二十三
年春季十三次發掘殷虛時所發現的儲藏甲骨文字的灰土坑，Ｙ代表殷
虛，Ｈ代表灰土坑。這坑的上口距地面一公尺七寸，口徑一公尺八寸
，深距地面六公尺，堆積甲骨的一層在中部，厚約一公尺六寸。從這

坑中共得甲骨一萬七千零九十六版，為十年發掘收穫最多的一次，著錄在殷虛文字乙編的拓本號和登記號如下：

> 甲　拓本　四八六　一八五〇〇　登記一三、〇·六二七一
> 　　　　一七七一四
> 骨　拓本　八六六三一八六七三　登記一三、二·二八　一
> 　　　　三五

這一坑可以說純粹是龜腹甲，一萬七千多片中，骨版只有八件。這些卜辭的重要價值，我已在乙編序文中曾分八項介紹過，這裡只舉『包涵的時代』一段：

> 根據我對這一批材料的粗略觀察，大概不出於武丁和文武丁的時期，有些也許是武丁的早年或先世，但都包括在第一期之中。這裡面佔著最大數量的是武丁時代的卜辭，證據在有許多武丁時的貞人，稱謂，例如乙四九六一片（一三·〇·六五七）有『㱿貞』、『母庚』之類，其餘從字形、人物、書體、文法、方國、事類各標準，都可一望而知的。
>
> 文武丁時的卜辭，比較的少，這是新近才確定的，證據就是在本編中找到的許多材料（見上節貞人第四期），有第四期的貞人可證，例如乙四一七四（一三·〇·九五五四）的貞人㱿，乙一〇〇一（一三·〇·一九二三）的貞人䄷，乙八三〇（一三·〇·一五六一）的貞人史，乙四九四九（一三·〇·一一三三五）的貞人余、子、我等均是。（乙編序三葉）

上面所謂武丁『先世』，據乙三三一七片所載的『甲午月食』，經考定當在盤庚的二十六年三月十六日，即西元前一三七三年（見殷代月食攷）。所謂武丁『早年』，可以從卜王后生育看出來，這一批卜辭中，記婦㚀娩者四見（乙五八六、二九七、一二二二、一二七七），記婦媟娩者一見（乙四九六），卜王后娩者二見（乙一二二六、一二

五二），卜王后有子者二見（乙一二〇一、一三七九）。相傳武丁壽
至百歲，在位五十九年，他的王后生育，自當在他的早年，不會在晚
年，是可以斷言的。

　　如果你有了全部發掘所得的殷虛文字甲乙編，有了小屯遺址的坑
位圖，你可以按著登記號對照坑位，一一分別去研究，你會感覺到各
坑卜辭包涵的時期不同，就彷彿親臨洹上，參與我們的挖掘工作，你
將對此一問題發生濃厚的興趣。現在不再說空話了。

　　五　方國　十個斷代標準之中，世系、稱謂、貞人、坑位四者，
是直接標準，方國、人物、事類、文法、字形、書體六者則是間接標
準。如果有一片卜辭，上面不記所祭祀的祖先，也沒有貞人，又不是
經我們發掘出來的，則這一塊卜辭的時代，就不能不用間接標準去判
定它。方國本來不能算作標準，因為在殷代諸侯方國大都是世襲的，
名稱也是始終一致的，我們不能說在某一王的時期有此國，以後或以
前就沒有了它，我當時列為標準，只是因為殷王室在一個時期和某一
方國的交涉特別之多而已。原列的子目及材料，現在檢討一下：

　　甲、武丁時的幾個方國

　　乙、帝辛時的征人方　子、紂克東夷的傳說　丑、銅器中征人
　　　　　　　　　　　方的記載　寅、鹿頭刻辭與征人方　卯
　　　　　　　　　　　、征人方卜辭的排比　辰、征人方所至
　　　　　　　　　　　之地

以上子目，甲項曾列舉𠭯方、土方、井方、兒伯、羌戉、肅等方國，
皆在武丁時。其實武丁時的方國並不止此，見胡厚宣君『殷代封建制
度考』一文。所謂肅，舊疑即肅慎氏誤。今按當釋畫，二十五年九月
，我作了『東畫與潇』一文，已訂正此說，刊禹貢六卷二期。乙項帝
辛征人方問題，曾加以考訂，改寫譜表。載入『研究殷代年曆的基本

問題』一文，刊二十八年國立北京大學四十週年紀念論文集中。

　　以上甲乙兩項，在我寫殷曆譜時，補充了許多材料，擴大為兩個日譜：一、以征伐 舌方、土方、下旨各卜辭，排比為『武丁日譜』，共輯錄卜辭五百十四則，考定應在武丁二十九年至三十二年之間。方、土方，後又統稱為『鬼方』，也就是易既濟九二『高宗伐鬼方，三年克之』的本事。（胡厚宣君作『殷代 舌方考』，引卜辭三百二十六則，分類編錄，不能得其聯繫）。為了研究這個日譜，我曾提出了兩種原則，六種方法的新方案，整理這一批殘破材料。兩原則是分期和復原；六方法是：一、同文異版，二、同版異文，三、同事異日，四、同日異事。五、面背相承，六、正反兩貞。我在武丁日譜中，儘量採用這六種方法。整理這一部分卜辭，成績還算不錯，我自以為是『日月可以聯繫，事類得其貫通，同版以證時日之近，重文以補彼此之缺，更以人名地名為之線索，如綴百衲之衣，如穿九曲之珠』。至今仍覺這不算過分吹噓。二、以征人方卜辭輯錄排比為『帝辛日譜』，計復原之甲骨共有三十三版，考定為帝辛十祀九月甲午至十一祀七月癸丑前後二年間事。帝辛征人方，為殷末一件重要故事，如左傳昭十一年『紂克東夷而殞其身』，昭四年傳『商紂為黎之蒐，東夷叛之』，就是征人方故事的流傳。帝辛日譜，應用腹甲和胛骨的文例，補其排比，較武丁日譜尤為結實，又因卜辭中記有月日及十祀之文，年代曆法，均更可信據。這兩日譜的要點，容以後再為介紹討論，在此不多敘述。

　　六　人物　從直接的標準，可以考定許多人是在某一王的時代生存著，工作著，或者在某一時死去，那麼這許多人都可以作為間接的斷代標準，最好的例子就是前面第三標準講過的各期的貞人。我在原例中曾經約略舉出以下的各項：

甲、各時期人物的不同　子、史官　丑、諸侯　寅、小臣

乙、武丁時代的人物　子、武丁的師傅　丑、武丁的妻于　1
　　　　　妻姘　2武丁的二十個兒子　3祖己祖
　　　　　庚祖甲的故事及其比附

關于甲項，史官方面，貞人的補充已見第三節，原列五期共三十人，今增為七十七人。在骨臼甲橋上簽名的史官，胡厚宣君『武丁時五種記事刻辭考』一文（見甲骨學商史論叢初集第三冊）收羅較全。諸侯方面僅舉蒙侯虎、攸侯喜為例，胡君『殷代封建制度考』一篇，舉各期諸侯方國甚備（見同書第一冊）。小臣方面原列十二人，小臣桼誤列，應刪。乙項武丁的師傅，所列有甘盤、傅說二人，以卜辭中的師般即甘盤，夢父即傅說。今按卜辭有『貞：王命師般』（卜七〇五），『呼師般取』（前一・四八・四）等辭，皆在武丁世，可能師般就是甘盤。夢父從丁山之說，今按當仍是夢字，是一非二，應刪正。武丁的妻子一項，胡厚宣君曾作『殷代婚姻家族宗法生育制度攷』（商史論叢初集一冊），列武丁時稱婦者六十四人，稱子者五十三人，以為皆武丁的婦與子，大部分是不錯的，有些待商。

　　人物是每一王朝，活動在政治舞台上的主要脚色，從各時期上演人物中，可以更具體的明瞭當時歷史的真象，寫出殷代君臣的個別紀傳，所惜的，這一部分整理研究工夫，我們還沒有完成。

　　七　事類　每一王朝，各有時王的好尚，因而所貞卜的事項，多有不同，當時我只舉出殷代喜好田獵的武乙和帝辛兩代卜辭，子目是：

　　甲、無逸篇中所見的殷人田遊
　　乙、關于武乙帝辛好田遊的記載
　　丙、卜辭中所記武乙的田遊　子、武乙時田遊卜辭的特徵　丑

　、見於寫本中的武乙田遊卜辭　寅、第二次發掘村中出土
的田遊卜辭　卯、武乙田遊之地及貞卜次數

丁、卜辭中所記帝辛的田遊　子、帝辛時田遊卜辭之特徵　丑
、出土地之確定　寅、殷虛書契考釋的著錄　卯、殷契徵
文的著錄　辰、兩書中田遊卜辭的統計　己、帝辛田遊之
地

武乙和帝辛的田遊卜辭，當時已出土的著錄並不完全，以後出土的也
不多，但是續有著錄。這雖然只是一部分的材料，以事類斷代的兩個
例子，卻是很有趣味的。當時整理的結果是：

武乙時　卜田遊共三十九次，田遊之地十八處

帝辛時　卜田遊共三百一十次，田遊之地八十七處，其中有十
處是武乙時田遊過的地方。

史記殷本紀稱武乙『獵於河渭之間，暴雷，武乙震死』，可見他是如
何的喜好田獵；又稱帝辛『才力過人，手格猛獸』及『益廣沙丘苑臺
，多取野獸蜚鳥置其中』，也可見帝辛也是喜好田獵的。本來，古代
打獵就是練兵，把野獸作為假想敵，合力進功，以獵獲多數野獸為最
大勝利，同時也可以向真的敵人示威。每一王朝都是要舉行的，不過
不如武乙同帝辛時代舉行次數之多而已。武丁時一次打獵，就捉到了
一頭老虎，四十頭鹿，一百六十四頭狐狸，一百五十九頭小鹿，（見
乙二九〇七『戊午卜㱿貞「我狩㲤禽」？之日狩，允禽隻虎一鹿四十
狐一百六十四麋一百五十九』・・・）可見規模之大，單單麋鹿就捉
到一百五十九頭，連一條老虎，足足二百頭，這須有多少人才能辦得
到？才能搬運得走？一次打獵，必須興師動眾，可想而知。據我的研
究，殷代曾以今山東南部泰山和蒙山的西麓有山林川澤地帶，作為一
個大圍場，從武丁以至帝辛，歷代打獵多在其地，有地名數十，各期
習見，我稱之為『田獵區』，這一類材料尚未發表。武乙時還有王親

射獵的紀錄，這是其他各王所没有的。史記殷本紀又稱『武乙無道，為革囊盛血，仰而射之，命曰射天』，這射天傳說，近于誣妄，但武乙善射，卻是事實。現在可以斷定的武乙時卜辭，有以下的記載：

『王其射𧆨鹿，亡𢦏』？　拾六・三

『王迺射𩰫𧰲亡𢦏』？　後下・二八・五

『王其射豕，湄日亡𢦏，禽』？　粹一〇〇七

『王涉滴射有鹿，禽』？　續三・四四・三

戊辰卜在灉：『犬中告麋，王其射，亡𢦏，禽』？　粹九三五

武乙是否有『射天』之事，是一問題，可是武乙善射，他在田獵時曾親自射過鹿豕𧰲麋，確實見於卜辭紀錄。因原例未舉，補記於此。

以事類斷定時代，由於貞卜事項的多少不同，而大有區別，這是後來發現了新舊兩派的關係時才找出來的。留待以下分派研究部分再講。

八　文法　卜辭是專為記載貞卜事項的文字，間或附記徵驗的或偶然記事的文字，文詞也極其單簡，並不能代表殷代的歷史文學。不過在晚殷二百七十三年之間卜辭中也可以看出文法的演變，作為區別時期的標準。在斷代例中，我所列舉的各節，現在檢討一下：

甲、篇段　子、長篇卜辭之一例　丑、五期中貞旬文法的變易

乙、詞句　子、句法　丑、用詞

甲項所列長篇卜辭，當時所引的是甲編二四一六版（三・二・〇二五九），乃第三次發掘所得者，文云：

丁卯王卜貞：『今𡆥巫九𠭥余其從多田于多白正盂方白炎𠭯衣。翌日步亡尤，自上下于𩰫示余受又又，不𠂤𢦏𡆥告于兹大邑商，亡𡆥在畎』？（王乩曰）『弘吉』！在十月。遘大丁翌日。（共當有六十七字）

在殷虚書契菁華中，有八塊大胛骨的照片，實際上只是四塊胛骨的正

反兩面。寫殷曆譜時，發現正反兩面文辭互相銜接的例子，於是菁華
中就有更長的卜辭了。

　　　癸丑卜，爭貞：『旬無禍』？（王固曰：『有祟，其有來艱，
　　　迄至』。）三日乙卯（允）有艱：單丁人豐彡于彔□□（三日
　　　）丁己，彔子豐彡□□□□□鬼亦得疾。

　　　四日庚申，亦有來艱自北，子嫀告曰：『昔甲辰，方征于收，
　　　俘人十有五人；五日戊申，方亦征，俘人十有六人』。六月，
　　　在羣。

前段共刻有五十二字，王固曰到迄至一段，是卜旬後照例有的，往往
刻在別處，非有王占有祟，則下旬即不必記徵驗之詞。故補入。後一
段共有四十四字，『四日庚申』，承丁己而言，仍是甲寅與癸亥旬日
以內之事，記報告邊患，所述又在十八日以前，故曰『昔甲辰』云云
。兩段合起來，共為九十六字，確算卜辭中最長的文章。

　　　五期卜辭中，每旬必卜『旬無禍』，這是一種例行的公事。自盤
庚遷殷以至帝辛亡國，八世十二王二百七十三年間，每月三旬，每旬
必卜，且不止一次，所以把卜旬的辭作一比較，最足以表現各時期的
異同。

　　　凡卜旬必於癸日，必問『旬亡囚』？其餘則各期不同，有記貞人
者，有不記貞人者，卜旬之後，如記『王固曰』，必記徵驗之辭；也
有於卜旬後附記他事者，或兼記月份，或兼記王年者，各期不同。分
期各舉其例：

　　　第一期卜旬，記貞人者為多，故易考定，如

　　　癸亥卜，永貞：『旬無禍』？　　甲二四一四

　　　癸酉卜，爭貞：『旬無禍』？十月。　　甲二一二二

　　　癸丑卜貞：『旬無禍』？　　同上

　　　癸未卜，㱿貞：『旬無禍』？王占曰『往！乃茲有祟』！六日

戊子子彈死。一月。（菁一）

癸巳卜，設貞：『旬無禍』！王占曰：『乃茲亦有祟！若偁』
。甲午，王往逐兕，小臣叶車馬，硪馭王車，子央亦墮。
以上第一例記貞人，設見；二例記卜旬所在月名；三例省貞人；四五
例記王占及追記徵驗詞。多為大字，書寫契刻之後，在筆劃中塗硃。

　　第二期卜旬多記貞人及月名祖庚時如第一期。祖甲時月名上加一
在字。

　　癸亥卜，出貞：『旬無禍』？　卜二二一

　　癸丑卜，兄貞：『旬無禍』？六月。　卜三五九　以上祖庚時

　　癸未卜，行貞：『旬無禍』？在八月。　卜六七九　以下祖甲
　　　時

　　癸丑卜，王貞：『旬無禍』？在四月，甲寅酒翌自上甲。

　　癸亥卜，王貞：『旬無禍』？乙丑翌日大乙。在五月。　佚九
　　　〇六

第二期祖庚遵循前代舊制，卜旬文法無異，如一、二例，但不作大字
。祖甲改曆法，於月名上加一在字，如例三。又改祀典，如四五兩例
，稱唐為大乙，又於卜旬日附記下旬祀典，開第五期的先例。

　　第三期卜旬文法，略如一、二期，但不附記及追記任何事項，亦
有不記貞人者，例如：

　　癸卯卜，彭貞：『旬無禍』？　甲二四四二

　　癸丑卜貞：『旬無禍』？　甲二四三八

三期由字形，書體略可分辨，尤其以出土坑位為重要標準。

　　第四期舊舉兩例，皆出村中，僅足以代表武乙時，皆不錄貞人，
省去卜字；十三次始發現文武丁時卜旬之辭，既無貞人，又簡單得只
寫一個旬字，記月名，有時附記下一旬中的氣象，似第一期，又每以
鼎為貞都是特點。各舉二例：

癸卯貞：『旬無禍』？　新二二三

癸亥貞：『旬無禍』？　新一四九　以上武乙時

癸酉卜貞：『旬』？二月。　乙一二

癸亥卜鼎：『旬』？二月。乙丑夕雨。丁卯明雨。戊小采日雨
　　　　風。己明啓。壬申大風自北。　乙一六三　以上文武丁時

　　第五期卜辭，有其一致的特點：書契細密工整，行欵排列勻齊，
文詞謹嚴周詳，用骨用甲，甲用背用腹，皆有固定規律；卜旬、卜夕
、卜行止、均特別冠以『王』字，王親卜親貞之辭也極常見，可知時
王勤勞聰睿，躬親萬幾。卜旬卜夕辭中的『禍』字前四期皆作『囙』
，借骨字為之，此期加犬旁作『猷』，又以『乩』為占，都是特異之
點。五期卜旬辭，文法之不同者舊舉七例，今增四例，共十一種：

癸丑王卜貞：『旬無禍』？在十月有一。王征人方，在亳。
　　　　金五八四

癸酉王卜貞：『旬無禍』？王來征人方。　後上・三一・八

癸卯王卜貞：『旬無禍』？王乩曰：『大吉』。甲辰肜大甲。
　　　　後上・一九・四

癸巳王卜貞：『旬無禍』？王乩曰：『吉』。在六月。甲午肜
　　　　羌甲，惟王三祀　續一・二三・五　以上王卜貞

癸亥卜，黃貞：『旬無禍』？在九月。征人方，在雇彝。　前
　　　　二・六・六

癸酉卜在云奠河邑，泳貞：『王旬無禍』？惟來征人方。　金
　　　　七二八

癸酉卜，在攸，泳貞：『王旬無禍』？王來征人方。　前二・
　　　　一六・六　以上記貞人

癸未卜貞：『王旬無禍』？　卜五〇九　以下不記貞人

癸卯卜貞：『王旬無禍』？在二月。在上𤰉　前二・一四

• 四

癸未卜，在上𩡏貞：『王旬無禍』？在九月。王廿司。　前二 • 一四 • 三

癸巳卜貞：『王旬無禍』？在二月。在齊次，惟王來征人方。 前二 • 一五 • 三

很顯然的，前四例是『王卜貞』，征人方皆在帝辛世，後二者帝乙時。帝乙與帝辛父子，都是自己能親手灼龜問卜，這是其他各王所不能做的，因為王親卜，所以『旬無禍』上，不冠王字。王雖親卜，但書契卜辭，仍是史臣為之，看下文『王征人方』，『王乩曰吉』都是史臣口氣，便可知之。以上七例，前三者記貞人，後四者不記貞人，但同樣在『旬無禍』上冠以『王』字，這是此時王朝強盛，王權崇高的特殊表現，這七例都是錄自帝辛日譜的。

如果單從卜辭看殷代政治，就是把卜貞之事作為殷代各王庶政的代表。那麼，與其說武丁時人才輩出，百廢俱舉，規模雄偉，有中興賢王的氣象，不如說祖甲有革新庶政的精神，而帝乙帝辛善於繼述先王，對於庶政一一納之軌範，萬幾躬親，有條不紊，二王中尤以帝辛為最。卜辭中證據鑿鑿，這並非故為驚人之論，替殷紂王作翻案文章而已。

乙項『句法』，曾舉田狩為例，二、三、五期，四期武乙皆稱田，一期及四期文武丁皆稱獸（狩），一期的『不絲朱』，『有來艱』，『受有祐』，皆一時習用語句；『用詞』舉『馭𩰫』見於三期，『亡𢦏』見於二、五兩期之類，皆無訛誤。但關於文法，今應補充者多，這裡不再贅舉。

九　字形　在二百七十三年間，因殷王室的文化的日益進步，應付需要，文字自然不免要孳乳增多，所以漸漸由象形字變為形聲或假借字。古代史官世職，父子師弟相傳受，自不免有所訛誤，又有繁簡

迭變，古今異體者。這些問題，都是亟待全部研究整理的。當時我所
列的子目是：

　　甲、甲子表

　　乙、習見字的演變　　子、先後異字例　　丑、附形以足義之例

　　　　寅、增加筆劃之例　　卯、筆順訛誤之例

　　丙、象形變為形聲

　　丁、月夕的互易

自甲子至癸亥，十干與十二支配合而成的『甲子表』，也叫『干支表
』，這是古代日用必需的常識，人們每天所過的日子，都給它一個名
稱。就是甲子、乙丑、丙寅、丁卯：以至壬戌、癸亥等等。任何一片
甲骨文字，很少沒有干支字的。在甲骨文中，常見排列整齊的甲子表
，有完全寫出，分列六行，每行十日的；有只寫前一半三十日的。前
者是一個可以循環使用的活動日曆，後者是初學寫字刻字的人所遺留
下來的成績，我們稱之為『習契』。因為甲子表是結集十干十二支二
十二個字而成的，所以干支字最全，第一期同第五期甲子表，便迥然
不同。據甲子表中字形的不同，斷定時代，可以說是很好的標準。不
過二十二個干支字中，自古以來，形狀沒有大變動的。有一小部分，
例如乙、己、辛、卯等字，從甲骨到金文、小篆、隸、楷，直至於今
，三千多年還存著原始形狀。變動的卻佔著大多數。舊列『干支字演
化表』。現在略加增訂，重寫一遍，附供參閱。

圖四

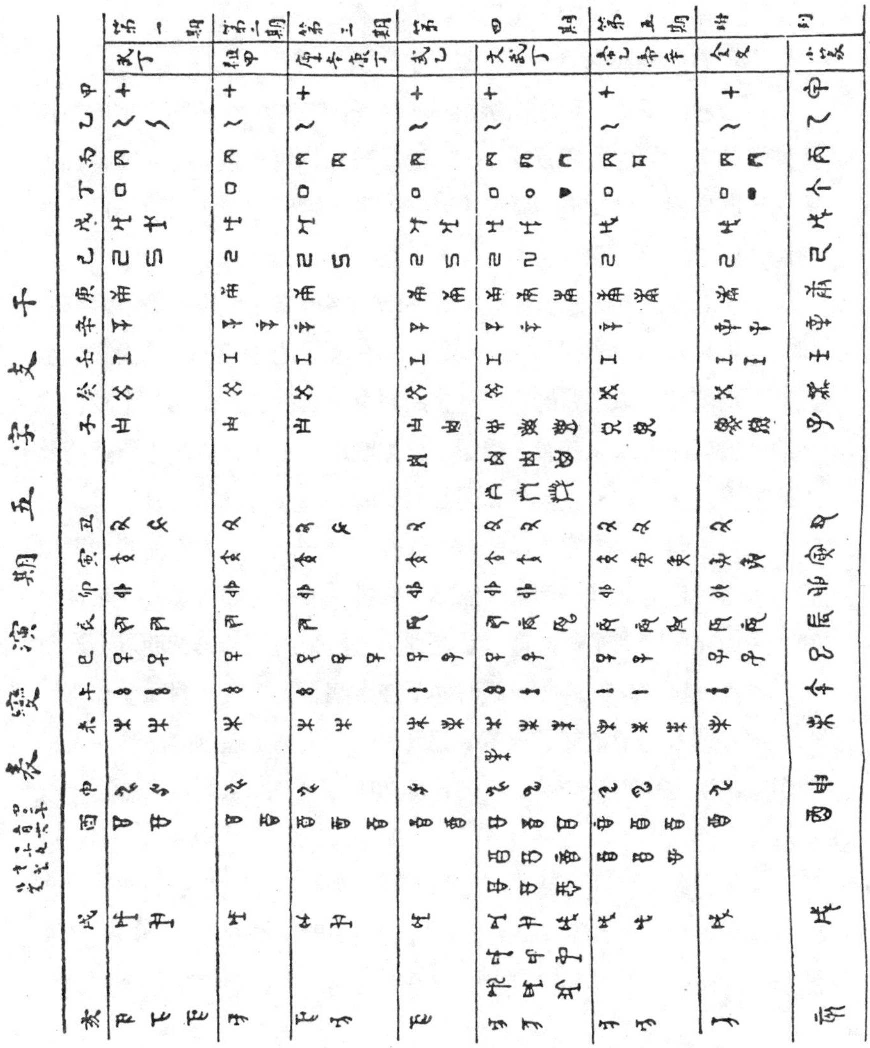

• 甲骨文分期的整理 •

字	出處	甲	乙	丙	丁	戊	己	庚	辛	壬	癸	子	丑	寅	卯	辰	巳	午	未	申	酉	戌	亥
甲骨		十	乀	ⴲ	▪	戊	己	庚	辛	工	癸	子	丑	寅	卯	辰	巳	午	未	申	酉	戌	亥
武丁卜辭	下	十	乀	ⴲ	□	戊	己	庚	辛	工	癸	子	丑	寅	卯	辰	巳	午	未	申	酉	戌	亥
祖甲卜辭	上			ⴲ	▲	戊		庚		工	癸	子	丑	寅	卯	辰	巳	午	未	申	酉	戌	亥
	下	十	乀	ⴲ	□	戊	己	庚	辛	工	癸	子	丑	寅	卯	辰	巳	午	未	申	酉	戌	亥
廩辛卜辭	上					戊	己		辛	工						巳	午			申			
	下	十	乀	ⴲ	□	戊	己	庚	辛	工	癸	子	丑	寅	卯	辰	巳	午	未	申	酉	戌	亥
康丁卜辭		十	乀	ⴲ	□	戊	己	庚	辛	工	癸	子	丑	寅	卯	辰	巳	午	未	申	酉	戌	亥
武乙卜辭	上		乁			戊	己			工							巳			申			
	下	十	乀	ⴲ	□	戊	己	庚	辛	工	癸	子	丑	寅	卯	辰	巳	午	未	申	酉	戌	亥

　　乙項習見字所舉，子、為災字，有 ⫶⫶⫶、⿰、⿰、各體；丑、為菁字加彳加止最後為遘，宀字加止為 宀，萑字加口為雚，羌字加繩索為 ⿰；寅、為其、來、雨、王四例；卯、為自、酉二例。

　　丙項象形變為形聲，舉雞鳳二字為例。

　　以上乙丙兩項，可增新例很多，都是因時代先後不同，字形在逐漸演變的，我曾主張甲骨文字典，應該分期輯錄，以見每一字時代不同，形狀各異，曾試把甲骨文編寫過一遍，遞變之跡，可以一目了然。這裡不再詳述。

　　丁項月夕互易，是訂正以前分不清月字夕字，大家都認為月夕是同文，可以互用隨意書寫的。我舉出月夕互易的證據，以為由武丁至文武丁為前期，以半月形中無直畫為月有直畫為夕；帝乙帝辛時代為後期，恰巧相反。現在看，這還不算太明白，十年之後，才研究清楚：原來殷代夕字讀為夜，夜和月是同文同語，見日之時為日，見月之時自然可以叫月，太陽的日和白天的日，是一個字，太陰的月和黑夜的月，自然也可以是一個字。因為卜辭中『卜夕』和『幾月』是常用的，因而在中間加了一直畫以示區別，這是第一期到第三期以 ⟆為月，以 ⟆為夜（夕）的緣故；第四期不加這個記號，於是月同夕都寫作 ；第五期帝乙帝辛父子，事事認真，又主張加上區別的記號，可是他們記不清古代的辦法了，投一直畫加在月字中間，便以 ⟆為月，以 ⟆為夕了。

　　十　書體　在同一時代，每個人寫字都有他自己個別的作風，考驗字跡，核對『筆跡』，固然是一種專門學問，但在一起稍為熟悉的朋友，往往一見字跡，就可以知道是某人寫的。這道理是古今無二的。

　　殷代二百七十多年，寫刻卜辭有名可考的太史共有七十多人，不記名的不算，我們就可以想見他們各人所表現的寫字技巧應該有多少

不同。如果你見過甲骨文字拓本不少，有了判別時代的眼力，那末你隨便看到一片新文字就可以斷定這是第幾期的字體。因而憑書體斷定時代，成了一個最方便的標準。在這一標準之下，我曾分為三項：

　　甲、工具　子、書契之具　1筆　2　刀　丑、塗飾的朱墨
　　　　寅、甲與骨

　　乙、款式

　　丙、作風　子、第一期的雄偉　丑、第二期的謹飭　寅、第三
　　　　期的頹靡　卯、第四期的勁峭　辰、第五期的嚴整

甲項工具中最重要的是毛筆所寫字跡的發現，這是用硃或墨寫了未刻的文字，筆順起訖，筆鋒收放，十分清楚，因而可以斷定，殷代寫字確是用著精良的毛筆。當時只有三版寫在骨版上的字跡，到十三次發掘，在龜腹甲和背甲上，發現的更多了。乙項款式指卜辭的文例，所舉的只是龜腹甲。現在知道龜腹甲是由中縫分開，左右兩半，文例是『左右對稱』的，而每一龜背甲都是從中部剖開，分為左右各半；牛胛骨則一條牛有一對，原分左右兩版；因此背甲骨版的左右，與腹甲左右對稱的用法是完全一樣的。

　　丙項我在斷代例中，曾作一個概括的敘述，現在看，大體還不差，簡舉如下：

　　　　從各期文字書體的不同，可以看出殷代二百餘年文風的盛衰，
　　　　在早期武丁時代，不但貞卜所記的事項重要，而且當時史臣書
　　　　契文字，也都宏放雄偉，極為精彩；第二三期，史官書契，也
　　　　只能拘拘謹謹，恪守成規，無所進益，末流所屆，漸趨頹靡；
　　　　第四期武乙好田遊，不修文事，卜辭書契，更形簡陋；文武丁
　　　　銳意復古，起衰救蔽，亟圖振作，豈奈心有餘而力不足，『文
　　　　藝復興』，僅存皮毛；第五期帝乙帝辛之世，貞卜事項，王必
　　　　躬親，書契文字，極為嚴肅工整，文風丕變，制作一新。雖屆

　　亡國末運，其業蹟實有不可埋沒者。

這裡只能敘述一個約略的輪廓，至於仔細欣賞或研究殷人親手寫刻的真蹟，只有請你去摩挲甲骨原版或拓本，不是我空口所能形容得來的。

　　現在已把『甲骨文斷代研究例』約略的介紹了一下，但仍然只是一些例子而已。二十年，國家危難，這一門學問也遭了厄運，進步實在有限。實際上應用斷代方法作研究的，中外學者不能說沒有人，也不能說沒有成績，這是可以告慰讀者的。這個方法，現在已經甲骨學者公同認為正確的，不再有『質疑』辯難的異議了。在最近的將來，我願意和有同好的朋友們，合作努力，以期不至湮沒了殷代的文化，辜負了這一堆三千年前保留下來的珍貴史料。

　　　　　　　　　　　　　　　　（文見《甲骨學六十年》）

中國古代文化的認識

董作賓

今天這個題目非常重要，但不是本人所敢講的，本人一向是鑽牛角尖的，即使有時候鑽出來瞻望一下，有些見解，自己感到這見解並未成熟，更談不上發表。承朱（騮先）先生之命，要我講這個題目，不得已，把近二十年研究甲骨文字涉及的古代史上各項問題，綜合起來，向大家作一個簡單的報告，這個「認識」，只可以代表我個人的淺薄的私見，一得之愚，如有錯誤，希望各位先生不吝指教。

我們現在所講的中國古代文化，以先秦為限，也不包括有史以前。在這個題目之下，我打算分三個部分講述：第一是新舊史料的檢討，第二是殷代文化鳥瞰，第三是由殷代文化上下推證中國古代文化。

一、新舊史料的檢討

以前王靜安把史料分作兩部分，一部分是紙上的材料，一部分是地下的材料；紙上的是舊史料，地下的是新史料，王氏在他的《古史新證》一書中舉出：

> 紙上史料：《尚書》、《詩》、《易》、《大戴禮》<五帝德
> >及<帝繫姓>、《春秋》、《左傳》、《國語》、《世本》
> （重輯本）、《竹書紀年》、《戰國策》及周秦諸子、《史記
> 》。地下材料：甲骨文字、金文。

地下材料，本來應該包括地質學上的化石，如周口店的「北京人」，「上洞老人」，舊石器時代的遺物，和考古學上彩陶、黑陶、灰陶的遺址遺物，都是可供研究中國古代文化的重要參考，這些現在暫且撇開不談，只談有文字部分。

古代文化的探求，一方面靠著記載——紙上材料，另一方面靠著

甲骨金文上所載的史實——地下材料，這是必然的。可是最近三十多年，可以說從「五四運動」以後，中國學術界有一個「偏向」，是偏重地下材料而看輕了紙上史料，不但看輕舊史料，而且抱著極端的懷疑態度對付舊史料，這就是近三十年如荼如火的疑古派作風。懷疑，本來是科學家應有的精神，為了追求真理，可疑的自然應該存以待考，孔子所謂「信而好古」，「君子於其所不知，蓋闕如也」。「夏禮吾能言之，杞不足徵也；殷禮吾能言之，宋不足徵也；文獻不足故也，足則吾能徵之矣。」孟子所謂「盡信書則不如無書」，所以說「無徵不信」。有「徵」，就是有史料，有文獻，才可以求「知」，才可以「信」。上古傳下來的紙上史料，史實裡每每夾著傳說，不易區分；過於信，當然不可，過於疑，也要不得。大家都知道，風靡全國，震驚一世的大書《古史辨》，倡之者是我們的老朋友顧頡剛，從民國十五年六月發行第一冊（第三冊分上下兩本），到民國卅年發行第七冊（分上中下三本），前後十六年，共印了書十大本，共有二百八十多萬字，討論偏三皇五帝，夏商周的一切紙上史料，《詩》《書》《易》《禮》諸子百家的書籍，十大本《古史辨》，主要的觀點只是一個「疑」，一個「層累地造成的古史」信念之下的極端懷疑。這當然是屬於革命性，破壞性的。我國古代文化所寄託的一部分「紙上史料」，經過這樣一「辨」，幾乎全部被推翻了；疑古的新史學影響所及，東西洋的漢學家，對于中國古代文化問題，為之四顧茫然，不知所措。謹慎一點的人，只好從商代講起，再謹慎點，最好講春秋以後。當時為什麼對於所有紙上史料下如此無情的總攻擊？這很簡單，大家都在夢想著期待著考古工作的開展，多找地下材料，如甲骨金文之類，再用這些新材料去建設一部上古的信史，這樣想法，也未見得不對。可是，上古史的傳統舊說，存在紙上的史料，至少是春秋以前，全被截下來，丟棄了。西周和晚殷的歷史靠著金文甲骨文，將來研究的

結果，重新再寫，商代前期的史料，還須等待考古家大費氣力用鋤頭挖掘出來。

　　當我們的疑古派興高采烈正做破壞古史系統工作的時候，有許多人卻在試驗著建設一套新鮮的古史系統，有人把商代向上延展，以為「夏世即商世」，根據甲骨文中成湯的父親叫「示癸」，夏朝的最後一代是「履癸」，夏朝的王從禹到桀十四世，商代的「先公」，從「契」到「主癸」，也是十四世，所以說夏代就是商代，顧頡剛既證明禹是爬蟲，查無此人，這更證明了根本也沒有夏朝這一朝代。夏桀（履癸）如果就是示癸（主癸），那麼「湯放桀」的故事，就等於是「大義滅親」了。更甚的是把甲骨文中所有被祭祀的人，按甲乙丙丁排起來，說商朝當有幾千年的歷史。這一類希奇古怪，五花八門，各式各樣的新古史系統，不勝枚舉，就中，乘虛而入，佔著絕大優勢的新古史系統，要數「唯物史觀」的一派。

　　不用說，大家都知道的，唯物史觀派是郭沫若的《中國古代社會研究》領導起來的，這本書民國十八年十一月初版，到廿一年十月五版時，三年之間已印了九千冊。他把《詩》、《書》、《易》裡面的紙上史料，把甲骨卜辭、周金文裡面的地下材料，熔冶於一爐，製造出來一個唯物史觀的中國古代文化體系，他的結論：

　　　　商代是金石並用時代；那時候已經有了文字，但在形成途中，所以左右行不能確定，每個字可以正寫反寫，一個字也可以有幾十種寫法；生產以畜牧為主，農業剛剛開始；社會形態，是原始共產制氏族社會，以母系為中心，所以有「兄終弟及」、「先妣特祭」、「多父」、「多母」的制度；商代才是中國歷史的真正起頭。西周是由氏族社會轉移到奴隸社會，春秋以後，又轉入了封建制度。

大致是如此。郭書所用的舊史料與新史料，材料都是極可信任的，他

所研究的結果，當然可以得到多數人的贊許，還有許多人剽竊他的說法，片段的，綜合的，寫出許多書來，這裡不必多談了。我們研究甲骨金文的人，對於這個新的中國古代文化體系，原是不甚贊同，但一時還沒有找足反證。十年之後，我們對甲骨金文已有更深切的認識時，覺得應該加以糾正了，民國三十三年有胡厚宣的《甲骨學商史論叢》初集發表，其中的＜殷代封建制度考＞，＜殷非奴隸社會考＞，＜殷代婚姻家族宗法生育制度考＞，和三十四年我所發表的《殷曆譜》，都是一方面揭舉甲骨文字「斷代研究」的新方法，一方面糾正過去各家初步研究的許多錯誤。因此郭氏在民國三十五年寫的《十批判書》第一章＜古代研究的自我批判＞中，也很坦白的承認自己錯誤，他說：

> 我首先要譴責我自己，我在一九二九年發表了《中國古代社會研究》那一本書，雖然博得了很多的讀者，實在是太草率，太性急了。其中有好些未成熟甚至錯誤的判斷，一直到現在還留下相當深刻的影響，有的朋友們還沿用著我的錯誤，有的則沿用著我的錯誤的徵引而又引到另一錯誤的判斷，因此關於古代的面貌引起了許多新的混亂。

是的，現在又過五年了，《中國古代社會研究》依舊「還留下相當深刻的影響」。據說這本書在民國三十五年有增訂本，但我還沒有機會看到，增訂以後，是否就會沒有「錯誤的判斷」，卻不敢說。因為在前引一文中，郭氏仍然在堅持著殷和西周是「奴隸社會」的。

　　現在我們應該檢討一下所謂地下材料，給它一個相當的估價。

　　就甲骨文字來說，以前連我也在內，大家認為這是了不起的商代直接史料，奢望著從甲骨堆中鑽研出來一部殷代文化的信史。實在說，大家對於這一堆材料，都是黑漆一團，囫圇吞棗，盲目地在崇拜著，尤其是我們那些疑古派的朋友。西周文化史之期待於金文，也是同

樣的。經過十年的研究，至少我們明白了這一點，就是這些新史料不能估價太高，因為它們並不能代表當時的整個文化。譬如用甲骨文字，它只是殷代王室對於宗教信仰的一種文字記載，貞卜的事項，寫刻卜辭的多少，全在乎當時國王的興致，如果一個王（像武丁）高興玩這一套，他可以命令他的太史問些不相干的事情，他的王后生男育女，他的王子生災害病，今年種什麼可以豐收，老天爺能不能叫多下些雨，不把莊稼旱壞，或者自己牙痛是那一位先祖先妣降下來的災罰？嚕哩嚕囌，問了許多。另外一個王（像祖甲，武丁的兒子）不大相信這一套，他可以全不叫他的太史問這些事，僅只把祭祀、征伐、田獵、出行和卜旬，卜夕，照例的公事辦一辦就算完了。從盤庚遷殷到帝辛，曾把安陽小屯村作為首都的有十二個王，每個王的性情興致不同，因而留下來的卜辭，質與量也就不會相同。像這樣，偶然的因當時王的興致而紀錄下來的又須有關問卜的事項，當然不能代表王朝的一切政治設施，更不能代表殷代全部的文化。如果我們把貞卜的事項，多的，少的平均起來，算它佔著當時文化的十分之一，所有出土的甲骨文字，又佔著那時候卜辭全數的一半，這號稱十萬片的卜辭，我們現在能見能用的又不到五分之一，就這樣「從寬」估計，那末甲骨文字所能代表的殷代文化，也不過百分之一。用這月百分之一的材料，卻希望能寫出百分之百的殷代文化史，那豈不是做夢？金文號稱三四千器，其中但記人名或父祖之名的佔大多數，《兩周金文辭大系》所收比較長的銘文，不過三百二十三件，其中大部分是受王賞賜的紀錄，有些刻上了王的一篇冊命，有些記著自己戰功，有些記著作器的經過，有的陪嫁姑娘，有的頌祝吉利等等，一目了然，一覽無餘，反不如甲骨文字材料中有涵蓄，到如今還有全段看不懂的詞句。

　　甲骨和金文，現在比較可以認識清楚了，平心而論，它們可以代表的殷周文化，實在少得可憐，百分之一的評價，並不算苛刻。

　　話又要說回來，拿甲骨金文比較殷周文化，所表現的不過百分之一，但是我們古代流傳下來的紙上史料，在晚殷和西周，卻比甲骨金文更貧乏，因而甲骨金文足以訂正補充殷周史料之處又不為少，材料既然真實，功用也極重大，所以甲骨金文，一版一器，仍然都不失為研究中國古代文化的瑰寶。

二、殷代文化鳥瞰

　　從甲骨金文初步的粗略的研究，貧乏的零星的資料中，更參證我們發掘殷虛的經驗，試把殷代文化，作一個鳥瞰式的速寫。

　　　　甲、社會組織

　　我們既然明白用龜骨占卜這種事，是屬於殷王御用的專利品，卜辭裡面就不會再有一般社會上的問題存在，有之，也是間接推測出來的。當時的社會組織，可分為：

　　一　封建　殷代是正在實行著封建制度，有的是方伯和諸侯，例如有「惟王來征盂方伯炎」（後上一、八、六），「□祖乙伐□人方伯」（明義士藏人頭骨），也有單稱伯的如「王勿惟昜伯姦從」（前五、十一、六），稱侯的如「命暮示侯」（甲五七），「杞侯杌弗其禍凡有疾」（後下三七、五），「王□不惟侯唐」（庫二〇〇），凡侯伯之上一字是封地，下一字是人名，這些只是有關征伐、獻俘、疾病等事的記載，如此之類，不再舉例。據最近整理的結果，偶然在武丁和帝辛時代表現於卜辭中的，稱「方」的二十六，稱「伯」的十五，稱「侯」的二十七，稱「子」的四，稱「男」的二，稱「田」的一，又武丁時有封地的王后三，將領五。帝辛時常在卜征伐辭中記著王率領「多田與多伯」征某方，我們現在能看見的，只是許許多多侯伯子男的一小部分而已。《史記》〈殷本紀〉說「契封于商」，現在甲

骨文中的「大邑商」,「中商」,就是契的封地。又＜陳杞世家＞「
滕、薛、騶,夏殷周之間封也」,「夏后禹之後,殷時或封或絕」,
可知殷代諸侯,多為前世封建,紙上史料,足資證明。

　　諸侯封國對於殷王室有征伐、守邊、貢納、服役的各種義務,也
可於卜辭中見其一斑:如婦好、婦姘,都是王后有封地的,她們都曾
奉命出師,「婦好伐羌」、「婦姘伐龍方」;敏竹是王后之封於西北
邊境的,曾向殷王報告「土方牧我田十人」;雀是西方侯國,一次貢
龜稱「雀入二百五十」,記于腹甲甲橋部分;王子畫封于東方,貢來
祭祀的犧牲稱「畫來牛」,這是貢納。又卜辭稱「婦好登人」,「登
婦好三千,登旅萬,呼伐羌」,「氏戈人伐吉方」,這是在婦好封地
和戈國徵人去服兵役的。

　　當時殷王室所統治的地域,現在不太清楚,卜辭中地名可識的在
五百以上,殷代疆域的廣大可想而知,不過古今地名變更者多,有今
地可考的卻寥寥無幾。大體上可以說殷代以商邱為中土,稱為「中商
」或「大邑商」(前此均誤以洹邑為大邑商),其餘稱「東土」、「
南土」、「西土」、「北土」、為「四方」,合起中商來,也稱東南
西北中為「五方」。諸侯以外,稱方的也很多,如土方、人方、井方
、羌方、盂方、虎方、馬方等等不下數十;地名有以水為名的河、洛
、洹、淮、潢、澧、灤等二十一;其餘以山為名的如羌山、主山、虎
山等;以山麓為名的如麥麓、中麓、北麓、東麓等;以京為名的如義
京、磬京等;尚有冠以東西南北上下為名的,如上阜、土、門、林、
輈、邑等為名的。從淮、若、齊、周、犬、羌、蜀、洹、井、商、毫
、鄭等地看起來,所謂中商有商、毫、鄭,當指中原地帶,東土有齊
,可至於海,西土犬侯、周、羌、蜀,可及今之陝西一帶,周人嘗自
稱「西土之人」;北土接土方、吉方,有井、洹,可能到河北、山西
兩省,南土有淮、若,可能到長江。

　　從殷虛出土的遺物，也可以知道殷代的交通情形。殷虛出土的青銅器，裡面是含有百分之二十的錫，今知銅礦多散布於滇黔川及兩湖，錫產於雲南兩廣江西湖南各地，都不在長江以北；玉器的原料產于新疆；殷代的貨幣是貝，貝是南海的產品；占卜的龜甲，大部分來自南方，＜禹貢＞說「九江納錫大龜」，卜辭也有「有來自南挈龜」的記載，《竹書紀年》「周厲王元年楚人來獻龜貝」，《詩》魯頌「憬彼淮夷，來獻其琛，元龜象齒，大賂南金」，龜貝歷來是由南方貢入，有記載可證；武丁時代惟一的一塊大龜，腹甲長四十四公分，寬三十五公分，據專家考定此種龜今產于馬來半島，這塊腹甲可以卜用二百零四次（普通腹甲，可用二十至六十次）。從殷王陵墓中殉葬的動物骨骼，可以推知當時必有園囿，園囿中必有遠方進貢的珍禽奇獸之類。這些骨頭，現在只選出研究一部分哺乳類動物，其中就有生在南方山林的「竹鼠」，印度種的「象」，產在陝西三千公尺以上太白山中的「扭角羚羊」，馬來種的「貘」，烏蘇里的「熊」，北亞的「貛」。小屯村出土的「鯨魚骨」，最近也是從東海搬來的，還有華北出產的松綠石，黃金等等。以上都是事實，不容否認，已足以證明殷代國勢的強盛，聲威所及的遼遠了。

　　卜辭是王室專用的紀錄，從王室紀錄，可以見：甲、王權的崇高，乙、政治組織的嚴密，丙、武力的強大。殷王是四方諸侯的共主，當時的「天下」只有一個王，所以有「天無二日，民無二王」之說，在卜辭中，王為太子時稱「小王」，即位後稱「王」，死了稱忌日某甲某乙，都不稱名，已有謚法和避諱的意思。在宮庭時候卜旬，在外面時候卜夕，完全為了王的安全，所以問「王旬無禍」？「王今夕無禍？」一切庶政，全由時王直接處理，庶政都是「王事」，如果某人接受了王命，史臣說是「協王事」，王說是「協朕事」。王自稱為「余一人」，見於祖甲時祭祀的卜辭說「余一人」無禍！這種稱呼，上

起成湯伐桀時的＜湯誓＞，＜湯誥＞，中有＜盤庚＞，下至武王伐紂的＜泰誓＞，以及周初的金文「毛公鼎」，一貫的在使用著。顏師古說天子自稱「余一人」，＜白虎通＞的解釋說「王者自謂一人謙也，欲言己材能當一人耳」，「臣謂之一人何？亦所以尊王者也。以天下之大，四海之內，所共尊者一人耳」。春秋末年魯哀公誄孔子，錯說了一句「余一人」，馬上被子貢斥為失禮。雖然只是一句話，這已夠說明封建時的共主，地位是如何的崇高。在卜辭及殷代銘刻中偶然可以見到的官名，如「御史」、「卿事」、「宰」、「太史寮」、「馬」、「亞」、「旅」、「士」、「畯」、「廩人」、「史」、「射」、「宅正」、「獸正」、「牛正」、「小臣」、「有司」等，多與周代典籍及金文中官制相同，舉一反三，也可以推知當時的中央政府組織必已相當健全。至於武力，殷人已有鋒利的青銅兵器，刀箭戈矛，又有銅盔，可見軍容之盛；每次建軍，步兵，馬兵，全分左右中三隊，卜辭有「王作三師左右中」，「□馬左右中三百人」。平日有侍衛的軍隊，這可於殉葬殉廟看得出的，殉葬的人有武器，且是壯丁，必為軍隊，所以保護「死王」的，「生王」需要軍隊保護，更不用說了。戰時王命征伐某方，少的徵兵「千」人，「三千」人，「五千」人，多的徵兵至「三萬」人，徵兵稱為「登人」或「登眾人」，這人與眾，決不是奴隸，＜盤庚＞篇中有「眾」字十二見，例如說「王命眾悉至於庭」，和武丁時卜辭「王大命眾人曰協田其受年」，並沒有兩樣。當時的兵徵自各地，是諸侯國各氏族的成年男子，平時務農，戰時服役，看不出一點「奴隸」的跡象，至於說奴隸是戳瞎一隻眼睛的「民」和俯伏在地的「臣」，即如解釋對了，也是把語根語認為引申或假借的字義，並且誤以為文字是在商代創造的，所以絕不可信。商代不是沒有奴隸，見於文字的是剃頭辮髮的男「奚」，沉祭河伯的女「嬖」，和帶著手械的「執」，這只是少數的罪犯和俘虜。

　　二　家族　這也只能拿王室作一個例子。看殷代王室的祀典，當時已有了分別大宗小宗的宗法制度，卜辭中明白的記載著「□亥卜，在大宗，又勺伐羌十小牢自上甲」（佚一三一），「丁亥卜，在小宗，又勺歲自上甲」（前八、一五、一）。所謂「大宗」是自上甲始的直系先祖，大乙以下之承繼王位或立為太子者，限于一世一人；祖與妣分別依廟主忌日致祭；「小宗」是自大乙以下的旁系先祖，凡承繼王位或曾立為太子者，一世不限于一人，先妣不祭。宗就是廟，大宗的神主稱「大示」，小宗的神主稱「小示」。殷王立太子限于嫡，長子稱「小王」或逕稱「大子」，這可以舉武丁世為例，武丁曾三立嫡后，初立「妣辛」為嫡后，立其子「祖己」為太子；妣辛死，立「妣癸」為嫡后，又立其子「祖庚」；妣癸死，立「妣戊」，更立其子「祖甲」，是此三人為嫡后，各當有一子繼王位，其次序為「兄終弟及」。祖己早死，故承繼武丁王位的只有祖庚、祖甲兄弟。祖庚無子，祖甲之子廩辛康丁承繼王位，廩辛無子，康丁子武乙承繼王位，殷人以有子繼位者為大宗，故祖甲、康丁皆為大宗，皆祭其配偶；武丁之父小乙，也是以弟為大宗的。《呂氏春秋》稱「紂之同母三人，其長曰微子啟，其次曰仲衍，其次曰受德，受德乃紂也，甚少矣。紂母生微子啟與仲衍也，尚為妾，己而為妻而生紂，紂之父紂之母欲置微子啟以為太子，大史據法而爭之曰『有妻之子，而不可置妾之子』。紂故為後」。這段故事，正可以作為上述武丁三后的注解。

　　殷代已為父系社會，重男輕女，因而在貞卜王后生育時，以生男為「嘉」，生女為「不嘉」。又實行族外婚制，王后統稱為「婦」，婦皆有姓（如武丁時的婦好、婦姘、婦龐、婦楚等六十餘人是）。立為后者。有子繼位，死後即立廟主，得享受各種祭祀。王的配偶，嫡后只限一人，是為「一夫一妻」制，但妃嬪均稱為「婦」，可以有數十人，似又為「一夫多妻」制，＜曲禮＞云：「天子有后、有夫人、

有世婦、有嬪、有妻、有妾」，又云：「天子皇后以下百二十人，膺子姓也」。殷王婚制，或近於此。

族名見於卜辭者，有「王族」、「子族」、「多子族」，似是王室近支，又有稱「游族」的，「三族」、「五族」的，《左傳》（定公四年）所云：「分魯公以殷民六族」，「分康公以殷民七族」，當有上述各族。

乙、生活方式

幸而有武丁喜歡卜問求年受年的瑣事，使我們在三千年下知道一些殷代農業概況。舊以殷代為畜牧社會，農業方始萌芽，現在看來，殷代以農業為主要生產，畜牧只是專以供給祭祀祖先犧牲之用的。至於漁獵，漁的紀錄很少，田獵是王者的一種娛樂，同時也是以野獸為對象而訓練武力。所以牧畜漁獵，都不是為了食物，而主要的食物來源卻全靠農業。由於種植農作物的季節，卜問種何物可以收成，我們可以推知種黍種稻，都在春季，殷正的二月間，如卜辭「癸未卜，爭貞：受黍年」？「貞：弗其受黍年？二月」，「癸未卜，爭貞：受稻年」？「貞：弗其受稻年？二月」（契四九一與後上三一・一一合）。殷代農作物，稻黍之外，還有禾麥，卜辭：「癸丑卜貞：今歲受禾？弘吉。在八月，惟王八祀」（粹八九六），這是殷代晚期當秋收之時卜問穀類是否可以豐收的記載。卜辭：「庚子卜賓，翌辛丑有告麥」？（明二三三二）又「貞□麥？八月」（前四・四〇・五），「告麥」是報告麥子的收成，麥子的收割在夏至前後，當殷正的六七月，所以八月就報告麥收的。

殷人的飲食，主要食品是黍稻禾麥，也就是現在的大米、小米、麥子、高粱。同時他們又用黍造酒，作為飲料，我們看殷王祭祀，任何先祖先妣，任何祀典，都要用「酒」，另外還有帶汁滓的「醴」，加香料的「鬯」。死了還要吃酒，可知祖妣們活著的時候，一定是歡

喜吃酒的。我們再看《尚書》＜微子＞篇，說到他們是如何的「沈酗
于酒」，＜無逸＞篇更指出帝辛亡國的原因，說「無若殷王受之迷亂
酗于酒德哉！」正反映著殷代的酒風。

　　殷代的衣服，表現在文字中的，有衣、巾、裘、幕、帛、蠶、絲
、桑等等。表現在殷虛出土的遺物中的，有石刻人像半段，可見一部
分，男子是交領、右衽、短衣、短裙、束帶，穿著翹尖鞋的服裝。從
一件彫著人形的佩玉上，知道婦女戴著高冠；參證其他的遺物，可以
見殷代婦女額上戴一個鏤空的璜形玉飾，兩鬢和冠上，綴有松綠石組
成圓形飾物，髮中束以圓形骨器，插入玉製或骨製許許多多的笄，更
有雕刻精美的象牙梳子，輕攏於烏雲之上。各種玉佩，如人面、獸面
、虎、兔、象、鴞、燕、鴿、魚、蛙、蟬、蝠之類，常常佩帶在她們
或他們的裙帶間。更由於銅器上為銅鏽腐化而保存下來的紡織物，證
明殷代必有縑帛的衣料。

　　殷人居住的房屋，據殷墟附近發掘的經驗，一般民眾，住的只是
半穴居，向黃土地下挖了直徑丈餘，深約丈餘的圓坑，平底直壁，上
面當然蓋著草頂，只有王室才有地面上建築的房屋——宗廟宮室。

　　十年的發掘經驗告訴我們，殷代王家所建造的宗廟宮室，範圍相
當廣闊，規模相當宏大，雖然當時是土階茅茨，而現在殘餘的只剩了
版築的基址。居中有純粹黃土築成的臺子，還存著臺階數級，南面有
石礎作三座門形，與黃土臺基南北一線，合於磁針方向；環拱著長方
形的版築基址，前後發掘十二次，得此類版築基址五六處，可見當時
地面上建築之多。宗廟的建築，有奠基儀式，以大批車馬人物，殉此
基址，尤堪驚異（可參閱《大陸雜誌》一卷十期十四葉＜殷代建築的
隆重儀式＞一文，不再詳述）。見於卜辭的零星記載，宮室有「大室
」、「南室」、「東室」、「東寢」、「南門」、「公宮」、「皿宮
」等；宗廟有「大宗」、「小宗」、「北宗」、「右宗」、「唐宗」

、「一宗上甲」、「中丁宗」、「祖乙宗」、「祖辛宗」、「祖丁宗」、「武乙宗」、「文武宗」等；宗就是廟，也稱為家、門、亞，如「上甲家」、「祖丁門」、「父甲亞」等；古代明堂的形式相傳是「亞」形，中為「大室」，可見殷代當有「明堂大室」之制，所惜的是遺址多經破壞，又因抗戰而中輟工作，以致無法研究。地上建築之外，在小屯村還有復穴竇窖的遺跡，復穴是半穴居的大圓坑，旁有土階可供出入；穴中有圓井，即是竇，方井，即窖；復穴所以供臣僕百工居住工作，竇窖所以供儲存穀物；在小屯村內，此類遺址前後掘得的共有六百一十七處（詳見《大陸雜誌》一卷九期十五葉＜殷代的宮室及陸墓＞）。關於殷人居住的情形，現在能夠知道的，不過如此。

關于行，水陸交通所用的舟車，見於甲骨文字。在遺址中有一坑埋一人一馬的，似可解釋為有乘馬的痕跡，兵車一乘四馬，也見於陸墓殉葬坑中，一個大墓，殉車至六乘之多。

殷代的工藝，從發掘所得殘存的遺物中，可以看出它已達到最高的境界。就銅器而言，一切的禮器、用器、兵器、裝飾品，都是青銅冶鑄的，製作的精巧，數量的眾多，不能不承認這是銅器的極盛時代。銅的飲食器，陵墓發掘所得，多是成組的銅器，舉四組示例：一組爵二、觚一、觶二、角一、斝二、卣一、彝一、為飲器；二組鼎一、毀一、為食器；三組中間有柱四龍旋轉盂二、盂一、壺三、鏟三、箸三雙、有孔勺一、圓片形器一亦為食器；四組爵、觚、斝、罍、鼎、毀、甌各一，為飲食烹飪器。以外還有極大的圓鼎、方鼎，也是供烹飪之用的。兵器有矢、戈、刀、矛、斧、鉞、斤、戚的，又有銅冑、一如今日的鋼盔，頂上有筒，可插纓飾。銅製裝飾品多不知名，為木製或皮製物上鑲嵌所用，以車馬器為多。銅器以外鑲嵌物有玉、石、蚌、松綠石、象牙、骨、角等原料。石器的製作，以白色大理石造的虎形、鴞形、立體彫刻，最為精美。陶器的製造使用，較為普遍，種

類繁多，無論為手製輪製，均臻高妙。殷虛出土玉器有碧綠青黃白灰黑各色，皆是軟玉，大的有立體碧玉象，小的有各種佩玉、笄頭，作儀仗的戈、斧、琥、璜、瑗、玦和裝飾小品。由此已可見殷代工業發達的一般了。

　　殷代已由物物交易進而有貨幣的使用，貨幣以貝為之。殷墟發現有孔的貝很多，卜辭有「錫多女有貝一朋」的紀錄，這是武丁時把貝賞給他的許多女兒，每人一朋，朋字古有二說，一說是「五貝為朋」，一說是「雙貝曰朋」，王國維以為「古貝與玉皆五枚為系，二系為朋，釋二貝者二言其系，釋五貝者舉其一系之數也」，十貝為一朋，甚合古義。在康丁時「有口取貝六百」，「遠取貝五百」（侯一七），在帝辛時有「丁亥卜光取貝二朋，在正月。取」（侯二七）等紀錄，可知殷代以貝為貨幣，用十進位，「十貝為朋，十朋為百」，也同「十日為旬，十旬為百」是同樣的。金文中，殷代銅器宰虎角有「王錫貝五朋」，周代銅器小臣單觶有「周公錫小臣單貝十朋」，令𣪘有「王姜賞令貝十朋」等紀錄，可見殷末周初，貨幣通行的情形。

　　　　丙、宗教信仰

　　殷人尚鬼，似乎殷代祇有祖先教，其實不然，在卜辭中可以看出殷人對於天神地祇人鬼，同樣視為神靈而崇拜他們，分別舉例述之：

　　一　天神　殷人以為天神具有最高權威的主宰者是「帝」，天上的帝，也像人世的王。帝也稱上帝，他的權能有五種，都可以影響到人間。第一是命令下雨，例如卜辭中「翌乙卯帝其命雨」？「今二月帝不命雨」？「帝命雨，弗其足年」？雨是農業社會的命脈，不雨，就沒吃的，就要餓死，所以只有靠天吃飯。第二是降以饑饉，「庚戌貞：帝其降𦊆」？𦊆就是饉，其實「饉」是「不命雨」的結果，所以卜辭有「不雨，帝其𦊆我」。第三是授以福祐，「我伐𠭯方，帝受我又」，受我又即是授我以福祐，使我勝利之意。第四是降以吉祥，「

我其已賓，則帝降若」？「我勿已賓，則帝降不若」？若訓順，訓善，有吉祥之意。第五是降以災禍，「帝其降禍」？歸納起來，上帝是消極的可以給人降禍，積極的可以給人降福。保祐打仗勝利，下「足雨」使農作物得以豐收，這也就是「若」；「降饉」、「降禍」、「不命雨」，也就是「不若」。殷人又以為他們的祖先在天上是和上帝接近的，如「下乙賓于帝」，下乙就是祖乙。上帝既然可以命令下雨或不下雨，他們的祖先如果要懲罰他們，使他們挨餓就可以告訴上帝不給他們下雨，卜辭中有「惟王亥壱雨」？「惟上甲壱雨」？王亥、上甲都是殷王的遠祖，壱雨意思是阻撓下雨，至少問卜的武丁，他個人是如此想法。上帝以外有風神，稱「帝使風」意思，說風是上帝的使者；有雲神，稱「六云」，六雲是上下四方的雲也，稱「帝云」，如雲為帝使；有日神，於日出日入時祭祀，如「出入日歲，三牛」。有月神，故以「月有食」為有了災祟。有星神，如「新星」，「新大星」，「卯鳥星」，新卯皆祭名，「鳥星」就是＜堯典＞「日中星鳥，以殷仲春」的星鳥，指南方朱雀七宿。

　　二　地祇　卜辭中多有岳、河的祭祀，或以為岳河皆是殷王的先祖，但卜辭又有「于岳求雨」，或「于岳石有從雨」，或「取岳雨」，或「袞河岳，有從雨」。我覺得岳河仍以解作山川為是。殷人不但以為山川有神，並且以為四方都有神，如「寧于四方」是寧為祭名。地祇的代表是社，也就是土，亳土即是亳社，卜辭有「其又袞亳土，有雨」？邦土即邦社，卜辭有「勿求年于邦土」。「阰」是地名，殷人常祭以求年，卜辭有「其延求年于阰」。洹水是灤洹都邑左右的大水，殷人常祭祀它，卜辭有「袞于洹泉，三大牢」的紀錄，又有「袞澠三牢」澠也是水名。凡此皆是殷人對於地祇的崇拜，偶然見於卜辭的。

　　三　人鬼　殷人對於祖先，真作到了「事死如事生，事亡如事存

」的地步。十萬片甲骨文字，大部分是為祭祀卜用的，「國之大事，在祀與戎」，卜辭中「祀」比「戎」似乎更重要，也可以說他們信仰的重心在於人鬼。崇拜祖先的宗法觀念，一直從殷代延續到現在，這也是中國文化的一特點。個人研究了卜辭二十多年，對於殷代祭祀祖先的辦法，還沒有全部弄清楚，僅僅把祖甲、帝乙、帝辛時「祀典」理出一些頭緒（見《殷曆譜》＜祀譜＞一二三），已足夠使人驚異了。這裡不能也不便多談，現在只能講一個大概。

　　殷人對於祖先的看法（對于先臣如伊尹、咸戊也一樣），以為他們雖然是死了，但精靈依然存在，與活的時候完全一樣，地位、權威、享受、情感，也都一樣，而且增加了一種神秘的力量，可以降禍授福於子孫，「厚葬」的原因就在此。墓葬等於他們生時的宮室，宗廟等於他們生時的朝堂，所以營造陵墓同建築宗廟，必須殉以大批人馬、器物、犧牲，以資奉養，又須敬謹的隨時舉行各種祭祀，請他們來格來享。大部份的祭祀卜辭最後都要說「無尤」？無尤就是無怨尤，無過錯，希望祖先不會加以責罰，這是消極的自己希望「無災」「無禍」，也希望祖先「無𡆥」，無𡆥就是不加責罰。帝乙時舉行五種祭祀的開始，必禱告說「無𡆥在禍」，（「在」假借作「災」）是希望「沒有𡆥，沒有災，沒有禍」！祭祀時所表示積極的希望是「受有佑」，意思是「能受到祖先的保佑」。殷人想像中的先祖先妣，都是能降福或降禍子孫的，這裡可以舉幾個例子：例如前節所舉王亥、上甲「𡆥雨」的事，王亥是殷人的遠祖也稱「高祖」，上甲是「大宗」第一人，他們有權力可以不叫下雨，幾乎同上帝一樣。「唯祖辛𡆥王目」，「疾齒，不唯父乙𡆥」，「王疾身，唯妣己𡆥」，是王（武丁）的祖父母和父親都可以「𡆥王」，使他生病。「庚寅唯燮九牛」？燮是殷人的始祖，王國維考定即是帝嚳，「𡆥禾」就是使穀米不能豐收。積極的又好像先祖先妣能夠幫助他們的子孫，反過來又可以向始祖

夒、高祖王亥、大宗上甲等求他們使五穀豐登、風調雨順：如「貞：其求雨于夒，燎九牛」，「求雨于示壬」，「貞：于王亥求年」，「求年于夒」。又可以把疾病報告給祖丁、父乙、妣己、妣庚，求他們的保護，如「貞：告疾于祖于」、「勿于父乙告疾身」、「子漁疾目，福告于父乙」、「疾身，御于妣己及妣庚」。先妣尤有特權可以主管王后生育之事，所以王常向她們求生，如「辛巳貞：其求生於妣庚妣丙，牡牝白豕」，「貞其求生於祖丁母妣己」，妣庚是示壬的后，妣丙是大乙的后，妣己是祖丁的后，這三位先妣，在殷王心目中，有如現世的「送子觀音」。和敵人打仗時候，也要祭告祖先，求他默佑，如「告呂方于唐」，「燎于王亥‧‧‧征下旨」。知道了這些，就可以明白殷王為什麼對於祖先要必恭必敬，忙於舉行各種祭祀了（新派的祭祀，每種祀典舉行一遍，需時十一旬。每年共舉行十八種祀典）。

　　總觀殷代人對於宗教信仰，以為帝（即天帝、上帝）是至高無上的神，他所主管的「雨」，是農業社會的命脈，年歲豐歉，關係雨量的足否，地位何等重要！但卜辭中全不見祭祀上帝的紀錄，誠如孔子所說：「獲罪于天，無所禱也」了。再看「乞雨」之事，只能埋怨自己的祖先，「求雨」之時，也只能運動自己的祖先，不敢向上帝嘮叨，豈不有趣。這裡應加說明的，是信仰一至于此，只有武丁時代為然，到了有科學頭腦，革命精神的祖甲時代，卻把這一類卜事，一概取銷了。

　　　　丁、科學知識

　　卜辭中偶然紀錄的星名，如前所舉的「火」、「鳥星」等，即是＜堯典＞所載的「星火」、「星鳥」、「大星」、「大歲」，「歲」祭之歲，均可能指歲星而言，是商代於恆星外且注意及於行星。卜辭中引以徵驗「王占」有祟的「月食」，有注出殷都不見方國報「聞」

的，可知測候的工作，已由王朝推行到諸侯方國。凡此均可舉一反三，不能以為是出於偶然紀錄而輕忽了它。

殷代值得稱許的科學知識，天文而外當推曆法，在二十二次座談會，討論「中國古曆與世界古曆」時，我已將殷代曆法，作過較詳細的報告，這裏再提出幾個要點：

一　紀時法　武丁時（舊派），分白晝為七段，即「明」、「大采」、「大食」、「中日」、「昃」、「小食」、「小采」。白晝稱「日」，黑夜稱「夕」，一天一夜繫于一個干支，如「甲子日」、「甲子夕」。祖甲時（新派），分白晝為十段：「妹」（昧）、「兮」（曦）、「明」、「朝」、「大食」、「中日」、「昃」、「小食」、「暮」、「昏」，其餘同。

二　紀日法　殷代用干支紀日法，以六十甲子為日名，六十日一週，上承遠古。武丁時，附干支紀日於太陰月內，日名下注出「某月」，同時又以干支紀日為獨立系統，不與年月發生聯繫，如記一事自某一干支起算，即連續計算日數。如自甲午起至丙申，稱「三日丙申」；十日為一「旬」，十日以上以旬計，如自戊辰至庚申，稱「五旬有三日庚申」，十旬稱「百日」，如自辛巳至丁亥，稱「五百四旬七日至丁亥」。祖甲時，廢除干支獨立紀日的辦法，以干支密切聯繫於所在太陰月，如「癸亥」下注「在五月」，「丙午」下注「在正月」，為確定此日名干支所在之月，月名上特別加一「在」字。

三　月法　殷代有大小月，大月三十日，小月二十九日。有連大月，如祖甲時，正月甲子至癸巳，二月甲午至癸亥。由於一百五十二年長時期的推證，知道殷代的朔策，即一個太陰月的平均日數二九‧五三〇八五一〇六日，合於古四分術。

四　年法　仍由一百五十二年長期推證，知殷代曆法，一年之長，即古四分曆的歲實三六五‧二五日，也就是三百六十五日又四分之

一日。又文武丁時「五百四旬七日」的紀錄，也正合於一年半「歲實」的日數。

　　五　閏法　殷代曆法已有四分術十九年七閏的章法和七十六年的蔀法。閏月的安排，在武丁時置於當閏之年的最後，稱「十三月」，平年則從「一月」「二月」以次排至「十二月」。祖甲改閏法，置閏於當閏的月，重一月名，不再置於年尾，不用「十三月」之名。同時把「一月」改稱「正月」（以上摘述《殷曆譜》上編卷一，例證見原書）。

　　殷代曆法的特殊之點，還有：（A）以節氣為月建標準，以無節氣為置閏標準。（B）以建丑為「一月」及「正月」，合於古籍記載。（C）干支紀日法，經過三千二百餘年，直到現在，毫無錯誤，都是值得稱道的。

　　　　戊、文字藝術

　　先談殷代的文字，現在可以估計全部出土的甲骨文字，不同的單字不會超過兩千，可識的字也不過一千三四百。但是不要忘記在卜辭中的只是殷代應用文字一部分。若用「六書」來分類，可以說六種都有：象形字佔大部分；會意和指事字也不少；形聲字正在孳乳中；轉注字沒有嚴格的界說，可是考老兩字都有；假借字尤其常見，也許因為當時字少的緣故（前年寫過一篇＜中國文字在商代＞，曾舉例證）。總之，殷代的文字，已由原始的繪畫，進步到用線條作為符號了，有許多獸類象形字，應該平著畫的，到殷代立直起來，變作四足騰空，這也是因中國文字下行關係，為了行款美觀，不得不直寫。同時書法已成為一種美術，你可以欣賞它的結構和筆力。你可以認為這是文字的美，不是圖畫的美。

　　由甲骨文字上溯中國文字的起源，我們也可以試作推斷：第一、《殷文存》中的銘刻，乃是一種美術體，殷代的古字，是接近原始繪

畫的。如果說甲骨文字是殷代的「今文」，那末，銅器上的象形字，可以稱為殷代的「古文」。第二、中國古文字是獨立創造的。這我們可以用埃及和麼些的象形文字來比較，我們可以看出這三種文字，只有「對象同，造字的心理同」的才會相似；地理環境，社會背景不同，和造字時印象不同的，就絕對不會相似。（這意見寫了部分在「從麼些文看甲骨文」裡，《大陸雜誌》三卷一至三期，埃及文比較部分，還未發表。）

還有兩點，應該校正過去錯誤的：第一、在二十年前，大家都以為殷代只有甲骨文字，我也曾把「冊入」誤解為「冊六」，以為龜甲就是殷代的簡冊。後來才知道殷代文字的應用，已很普遍，發掘所得：牛頭骨、鹿頭骨、人頭骨、白陶、灰陶、王器、石器、骨、角器、都曾有刻或寫的文字，並且從卜辭以內的典冊字，卜辭以外甲骨上抄寫的殷代典冊文字，確可證明殷代是「有典有冊」。第二、過去大家認為甲骨卜辭行文款式，可左可右（即左行右行），字也可正可反，這都是文字幼稚的證據。現在才知道，卜辭是一種特殊的文字，所以有左行右行，為的配合卜兆的對稱，反寫也一樣為了對稱，對稱又為了美觀。卜辭以外的殷代銘刻，我曾找到了牛頭、鹿頭刻辭三件，牛距骨刻辭一件，骨柶銘刻三件，石段一件，玉器一件，骨簡一件，這十件有兩行以上文字的銘刻，全是「下行而左」的文例，和後世文例全同，單字也沒有一個是反寫的，所有殷代金文，還未曾算入。這證明了只有卜辭為的「對稱」，才有「右行」，才有「反寫」，在殷代應用文字中，是一個特殊的例子。

殷代的藝術，除了文字的書法之外，要數雕刻和造型。雕刻以銅器上花紋為最繁多，最精美，在芝加哥曾見一件銅器，全身花紋有二十種不同的動物圖案，真可稱殷代圖案的代表作品。立體雕刻，以殉葬的虎鴞豕象等為代表。繪畫保存下來的最少，陵墓中有類似盾旗物

繪畫龍虎的痕跡。在甲骨上面，偶然有史臣寫字厭倦，作一幅寫生圖象的，有一版是兩個猿猴，一雄一雌。有一版是畫一大象，腹懷小象，小象不畫眼睛，大象腹下，別畫一鹿，襯托象的高大。另一版畫一鳥如鶉，先畫鳥喙，又畫一喙一眼，三畫乃成全形。可見殷代的書家也兼畫家。

　　音樂在文字表現的，如樂字從絲木會意，代表琴瑟，龠字代表管簫，發掘所得還有磬、鐃、塤、鼓四種。磬、石製，屬於特磬。鐃、一組四件，三種大小。塤有陶製、石製、骨製、大小不同而形製孔位無異。鼓已代以泥塗，只存形似，腔上有紋繪，鑲嵌，面上鼉皮文理，清析可辨，出土後攝照、摹繪，即便化為烏有。

　　以上五段，是殷代文化的吉光片羽，個人二十多年經驗所得的一知半解，大致如此。

三、由殷代文化上下推證中國古代文化

　　如何認識中國古代文化的本來面目？這是大家心目中都存在著的問題，也可以說是懸以待決的問題。據我看，現在一般人的態度：謹慎一點的，期待著別人去努力從地下材料建設一套古代文化的信史，而自己卻不願下工夫，又站在疑古的一方面，以為這是科學家立場；老派一點的，讀過許多古書，對於自己所篤信的古史系統被擯棄，被打倒，深感不安，但也沒有工夫去找證據為歷史辯護，只暗地裡替古人叫屈；年青的人們，卻喜好新奇，大都無條件接受了唯物史觀派的新古史，因為這是研究新舊史料的結果，反正新舊史料自己都弄不清楚，不如這樣倒乾脆；參加過疑古派陣營的人，覺得疑古工作大家已做完善了，至於怎樣建設新的古史系統，那是另外一件事，現在只有坐看已往的成績，「大多數的人，不是已失去了他們對本國古史系統

的信心了麼」？如果有人負起責任，肯去做，也能去做，用現代科學方法，整理「地下材料」，對證「紙上史料」，以純粹的客觀研究中國古代文化，似乎很需要，可惜人又太少，甚至於沒有。我個人不敢說做到了這一點，但希望這樣去做，至少是「雖不能至，心嚮往之」的。

現在且把殷代文化作為基石，立在上面，向前向後，瞭望一下中國的古代文化，不要戴有色的眼鏡，也許可以看出一些眉目來。我們何妨試試。

甲、據甲骨文字及天文曆法考定的古史年代

用地下新材料對證紙上舊史料去研究古代文化，我們第一步須要知道：文化建立在歷史上，歷史建立在年代上，年代建立在曆法上，曆法建立在天文科學上，所以首先要用現代天文學的工具，作出一套合天的曆譜。這曆譜須是有天象太陰月與太陽年根據的，是獨立的自然科學的產兒，與新舊史料都毫不相干。如果我們有一個基本的信念，即是我們的古聖先賢，曾用過「觀象授時」的方法，他們過日子並不含糊，不會離開當時天象太遠。也就是說他們過的每月初一日不見月亮，十五日月亮是圓的；他們過的每年要有春夏秋冬溫涼熱冷的一週，然後他們才能夠春耕夏耘秋收冬藏，盡力農業。如果這樣，我們就可以把新舊史料中有關年曆的紀錄，與曆譜相對證，以求歷史上的年代。這樣作，就不能說是造一種曆法來附會歷史和年代，只能說是借天文科學去證明歷史和年代了。詳細的例證，這裡不便多說，只能舉出幾個要點：

一　周代的始終　中國歷史上有確定年代的是共和元年，西元前八四一年辛酉，周代的終結是周赧王五九年西元前二五六年乙巳，這是沒有問題的，問題卻在周年的開始武王伐紂之年。現在用新曆譜證明了武王伐紂是西元前一一一一年庚寅，這是唐代一行和尚曾用大衍

曆推算出來的，舊史料是真古文《尚書》＜武成＞篇和《逸周書》的
＜世浮解＞所記殷一月二月和周四月的日子對證起來，完全符合。這
年是武王的十一年，向上推是西元前一一二二年己卯，文王的五十年
，文王崩，武王即位。史家算周年，從這一年開始，叫作周受命年。
所以舊有的周年，是由一一二二年己卯到二五六年乙巳，共計八六七
年。其中侵佔了殷帝辛十一年，是把帝辛的六十三年減為五十二年，
實際上周代有八五六年。在這里應該表彰一下《逸周書》，為曆譜所
證明的，《逸周書》＜酆保＞篇「維二十三祀庚子朔」，是文王二十
三年（一一二五年壬子）殷正月庚子朔；＜小開＞篇「維三十五祀正
月丙子」，是文王三十五年（一一三七年甲子）殷正月十七日丙子，
十六日乙亥有月全食，食甚在周酆京夜十時半；＜寶典＞篇「維王元
祀二月丙辰朔」，是武王二年（一一二一年庚辰）殷正二月丙辰朔。
這些證據至少可以證明《逸周書》中有文王、武王為殷代諸侯時，尊
奉殷代正朔的事實。

　　二　商代的始終　商代本來應該說終於西元前一一一二年己丑，
史家截去十一年給周代，因而只能算到帝辛五十二年西元前一一二三
年戊寅為止，向上推，成湯放桀是西元前一七五一年庚戌，下至帝辛
五十二年共為六二九年。（實際上是六四〇年）成湯在位十三年崩，
次年太甲元年，古文＜伊訓＞篇「十二月乙丑朔」，合於曆譜西元前
一七三八年癸亥，殷十二月乙丑朔。盤庚以下，由甲骨文中研究出來
的武丁、祖甲、文武丁、帝乙、帝辛時代的年月日、月食，都和曆譜
吻合，考證詳在《殷曆譜》，不再贅述。

　　三　夏代的始終　夏代的新材料是沒有的，舊史料也非常貧乏，
我們可以用中康時代的日食作為標點。這是一次日全食，在中康元年
西元前二一三七年甲申的夏正九月壬申朔，食甚為夏都安邑十一時半
，日躔在房星四度，與今文＜胤征＞篇「季秋月朔辰弗集于房」卻巧

合，中康以前（據《帝王世紀》）有太康二九年，啓十年，禹七年共四六年，所以禹元年是西元前二一八三年戊戌。推至湯元年，共為四三二年（以上周、殷、夏總年，都見於《世經》）。

四　夏代以前　堯舜禹的年代相近，由禹上推，不過一百五十年，就是堯的元年（西元前二三三三年戊辰？）。舊史料的證據，只有＜堯典＞裡的星象。近人盧景貴的《高等天文學》，曾據黃道附近星座二十八宿宮度，推算堯元年西元前二三五七年甲辰（按所據為《皇極經世》之堯年）下距民國十五年，為四千二百八十餘年，以為「彼時黃經較現時約少六〇度，故冬至日約在虛七度三十二分，春分日在昴一度三四分，夏至日在星三度四一分，秋分日在氐一五度五三分，是＜堯典＞之記事於時於天均相合」。盧氏用歲差求堯時的日躔，堯時冬至日躔在虛七度三二分，日落時昴星正在南天，合於「日短星昴，以正仲冬」，其餘全同。古代計算天文曆法，皆用平均數，所以於仲春仲秋，說明是「日中」，「宵中」，意思說這是晝夜平分；於仲冬仲夏，說明「日短」、「日永」，意思說這是「夜長日短」，或「日長夜短」，有伸縮性，又概括著一個月的時間。以前竺可楨曾作過一篇「論以歲差定尚書堯典四仲中星之年代」，結論是冬至初昏昴星中天合於帝堯時代，其餘鳥火虛三星於春分夏至秋分初昏中天，乃是殷末周初時的天象。竺氏推算方法，失之太密，他既限於分至的本日，又限於測候地點的緯度和日入朦影，也像以「定朔」、「定氣」推證古曆，同樣不能適用。盧氏又推定堯時冬至夜半的天象：青龍七在東、朱雀七宿在南、白虎七宿在西、玄武七宿在北，是二十八宿分為四象的創始，尤有卓見。＜堯典＞中所載「期三百有六旬有六日」的紀日數方法，已有甲骨文中武丁時紀日法可為證明，「以閏月定四時成歲」，也可由殷代行用的「四分術」，證明置閏之法來源甚古，本來曆法的創始，當以含有冬至之月為第一月，即建子月（十二支第一

支）為正月（唐虞時曆舊有建子之說），殷正建丑，夏正建寅，決不是曆法的起頭，稍明天文曆法者，都不能否認。又＜堯典＞稱「平秩東作」，「厥民析」，甲骨文有「卯于東方析」，可資證明，胡厚宣因作「甲骨文四方風名考證」，並舉＜夏小正＞、《山海經》、＜周語＞互相證明。＜堯典＞「寅賓出日」、「寅餞納日」，在卜辭中也有祭「出入日」的記載；而火星，鳥星見於殷人祭祀，前節亦已言及。顧頡剛曾考證＜堯典＞是漢人所作，我們看以上所舉各例，漢朝人怎能知道又怎能寫得出來？

　　向上再推，我們索性推到黃帝，可是，年代已不可考。我們從地下新材料看，金文中，陳侯因𡢃𣊟銘有「紹統高祖黃帝」，陳侯是齊威王，據丁山考定，舜是黃帝的八世孫，陳是舜後，當然也是黃帝的後人，所以稱黃帝為高祖。《竹書紀年》，《世本》、《史記》皆列黃帝為首，古代流傳下來的紀錄，也是不應該輕易一筆抹煞的。

　　　　乙、甲骨金文中所見的殷周禮制的關係

　　過去大家把殷周兩代看作兩種不同的文化，這是錯誤的，我們就新舊史料看，他們之間，多見其同，少見其異。孔子說「殷因於夏禮，所損益可知也。周因於殷禮，所損益可知也。」孔子所說，著重在「因」，意思是「損益」的有限，就是同的多，異的少。試把甲骨金文比較，就可以明白這一點。

　　一　文字的承繼　最常見的，像干支紀日這件事，就是三代相因的。二十二個干支字的寫法，殷代二百七十三年間，一部分是由簡而繁，演變甚多的，例如丙丁午，甲骨文早期鏤空，晚期填實，金文是承繼著填實的寫法；戊庚辛癸子寅辰巳未申酉戌十二個字，甲骨晚期和早期不同，金文承繼著晚期的繁體。名詞及數目字「合文」，各為格，眾為及，妹為眛，乎為呼，令為命，尤、茲、既、咸、諫、聞、朕、汝，許多字用法全同，餘可類推。

二　成語的沿用　甲骨文字中偶然寫上册命中的成語，如「王若曰」，「余一人」之類，周金文中常見，《逸周書》、《左傳》都有，《尚書》中尤其多。甲骨文紀時的「大采」、「小采」，到周代還存在《國語》＜魯語＞；「日有食」，「月有食」，「日月有食」，春秋以下，記載交食都用它；至於「大邑商」，「錫貝若干朋」，「自今至于某日」，「惟王幾祀」，「王命」，「王呼」，「王步」，「有事」等等，甲骨金文古籍中習用語相同的，觸目皆是，不勝枚舉。

三　禮制的因襲　册命的程式，首冠「王若曰」，這是周代公文的因襲商式。祭祀典禮中的歲、烝、祭、䄛、䄉、衣等各種祀典；小臣、有司、太史、卿事、宰、史、侯、田、男等各種官爵；師、士、亞、旅等各種軍制；鼎、鬲、爵、觚等各種禮器；大宗、小宗的宗法；金文和典籍中所常見的，無不與殷代一脈相承。如此之類，已足見周代文化，淵源殷商。

至於「損益」，試以曆法為例，如用「既死霸」，「既生霸」，「初吉」，「既望」，以指示干支在太陰月內一個定點的辦法，似是周人所「益」，而舍去「大采」、「小采」、「大食」、「小食」等紀時方法不用，又像是周人所「損」。

丙、甲骨文字中的商代世系

由甲骨文中的商代世系，向上推求，可以直到唐虞以前。商人稱為「高祖」的「夒」，就是典籍中的帝嚳，相傳帝嚳在堯以前；商人的「先公」，從太乙的父親示癸向上數，六世到了上甲微，是夏代的諸侯，據《竹書紀年》，他和王亥，相當於夏帝泄時代；再向上，季（冥）相當於夏帝杼時；土（相土）相當於夏帝相時。這至少可以證明夏世等於商人先公的時代，新舊史料是相融合的。

丁、竹書紀年所涵的古史年代

　　現在流傳的《竹書紀年》本子，稱今本，是經過後人重編的，年代錯誤，材料卻多有根據。原書有輯佚本，稱為古本。武王伐紂年的根據，就是唐人所見的古本《竹書》。夏商的年代，也不可據。它是一本最早的編年古史，而又是從黃帝開始的。

　　戊、考古發掘所得地下材料的約略時代

　　許多歷史教科書都採用的史前文化材料，從「北京人」到舊石器時代，以至新石器時代的彩陶黑陶，這確是嶄新的學問，重要的考古發現。但取以對照有史以來，卻沒辦法確定它們相當的年代。有些人把新石器時代，接在殷代上面，這是毫無根據的。據我們在安陽後岡的遺址發掘證明了上層灰陶（殷代），中層黑陶、下層彩陶，三種文化先後的次序，但是層與層之間的距離，卻又無法估計。小屯村上層是隋唐墓葬，下層是殷代遺址，相差兩千年；侯家莊上層是漢墓，下層是殷陵，相差一千年；這都是可以斷定的。後岡的殷代文化層雖在上面，我們卻無法斷定它和下層的黑陶、彩陶相距的年代。

　　　　　　　　　　　　　　　　（文見《大陸雜誌》三卷十二期）

五十年來考訂殷代世系的檢討

董作賓

卜辭研究了五十年，卜辭中大部分是卜祭祀之辭，祭祀的對象幾乎全屬殷代先公先王，祖妣父母，似乎殷代王室的世系，應該已經可以考證得清清楚楚的了，而事實上並不盡然。

現在可以談的，只是五十年來研究殷代世系的結果，並不是最後的定論。這同別的問題一樣，都是需要用新的觀點，新的方法，重新整理全部的卜辭，然後分別作各方面專題研究，纔能得到最後結論的。但是話又說回來了，只這五十年粗略的研究殷代世系的結果，已經夠證明我國傳統的上古史有它的真實性了，詳細的研究、敘述，自然還都是尚有所待。在這里，也只能討論到一個大略。

殷人世系，應該從帝嚳數起，契在唐虞，相土至王亥，上甲至示癸在夏代，大乙以至帝辛是商代。據卜辭中的新材料，證明了書籍上的舊材料，從帝嚳到陽甲，是見於祭祀的人證，從盤庚到帝辛，是見於各時代直接遺留下來卜辭的物證，新舊史料的融合，建設起來了中國上古信史的系統。從距今四千三百六十四年起，至距今三千零六十三年止，即帝嚳元年至帝辛六十四年，歷唐、虞、夏、商四代，前後一千三百零一年，這一段上古史，是憑借著甲骨卜辭中殷人世系而證明了，這其間固然還須有天文曆法的旁證，但殷人的世系則是其中重要的骨榦。五十年來的研究工作，這也算是一個小小的貢獻。

就甲骨卜辭的本身說，還有許許多多的問題待研究，主要的在乎研究者的觀點和方法，我曾在斷代分期的研究法之後，提出了一個分派的研究法，發表過一篇「殷代禮制的新舊兩派」（刊入《大陸雜誌》六卷三期），以下要隨時提到這個問題。過去的研究，例如王國維氏「殷卜辭中所見先公先王考」，「續考」，吳其昌氏「三續考」，

朱芳圃氏「再續考」，陳夢家氏「商王名號考」等專題論文，其餘尚有中外人士的零星考證，但是通同犯著兩個毛病，就是一、籠統含糊，時代未分；二、斷章取義，不成體系。縱然其中也有不少的驚人發現，總未免支離破碎，不著邊際。因此，現在需要用分派研究的眼光，對於五十年考證的結果，加以檢討。

以下我們仍借用《史記》＜殷本紀＞作為藍本，把殷代世系分為四個段落：

第一段　殷代先公遠祖：

　帝嚳―契―昭明―相土―昌若―曹圉―冥―振―（微）

第二段　殷代先公近祖：

　―微―報丁―報乙―報丙―主壬―主癸―（成湯）

第三段　殷代先王前期：

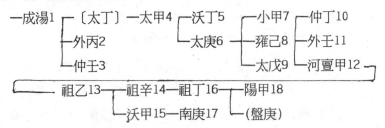

第四段　殷代先王後期：

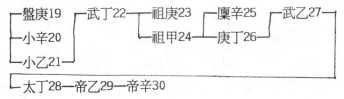

以上四段所列，完全根據＜殷本紀＞原文，先公先王之名，採用王國維說。三、四兩段數字，代表卅王繼位先後的次序。現在把五十年來考訂的結果，分段略述如下。

甲、第一段　　殷先公遠祖

　　這裡需要首先敘明的是分派研究時舊派與新派的關係。所謂「舊
派」，是指盤庚、小辛、小乙、武丁、祖庚五王，和武乙、文武丁（
即＜殷本紀＞之太丁）二王；所謂「新派」，是指祖甲、廩辛、康丁
（庚丁）三王，和帝乙、帝辛二王。殷代祀典，經過祖甲改革，與前
王迥異，至武乙、文武丁時，廢棄新法，恢復舊制，而帝乙、帝辛時
則又廢除舊制，再行新法。明白了殷代祀典的新舊兩派相互起伏的關
係，纔可以談到殷代卜辭中所見的世系問題。因為我們列入第一段的
先公遠祖，是只見於舊派祀典中的。舊派史臣貞卜記事，不分事類，
祭祀卜辭，不記月名，很難找出「祀典」的系統和所祀先祖間相互關
係，因此只能斷章取義，任取一名，以意附會，漫無標準了。

　　先公遠祖八人，除了五人可以確定之外，其餘的就異說紛紜，見
仁見智，各自比附，莫衷一是。分別論述如次：

　　一、帝嚳。　　王國維氏以卜辭中的夋當之，初釋為夋，考云：

　　　　夋者，帝嚳之名。《史記》＜五帝本紀＞索隱引皇甫謐曰：
　　　　「帝嚳名夋」。《初學記》九引＜帝王世紀＞曰：「帝嚳生
　　　　而神異，自言其名曰夋」。《太平御覽》八十引作逡，《史
　　　　記正義》引作发，逡為異文，发則訛字也。《山海經》又屢
　　　　稱帝俊，帝俊當即帝夋，郭璞注於「帝俊生后稷」下曰「俊
　　　　宜為嚳」，餘皆以為帝舜之假借。

　　　　嚳為契父，乃商人所自出之帝，故商人祀之。＜魯語＞曰：
　　　　「殷人禘舜（韋注舜當為嚳字之誤也）而祖契」，＜祭法＞
　　　　亦曰：「　殷人禘嚳而郊冥」。然則卜辭所記，乃係特祭，
　　　　與相土、王亥、王恆　諸人同。（《觀堂集林》卷九）

後又改釋為夔云：

　　　　予曩釋為夋，今按當是《說文》之夔。《說文》夂部「夔，

貪獸也。一曰母猴似人，從頁巳，夊止其手足」。（《觀堂
別集補遺》四十葉）

王氏據卜辭「癸巳貞于高祖夒」一則，又考云：

此稱「高祖夒」，按卜辭惟王亥稱高祖王亥（後上二葉）或
高祖亥（戩一葉），大乙稱高祖乙（後上三葉），則夒必為
商先祖之最顯赫者。以聲類求之，蓋即帝嚳也。帝嚳也。帝
嚳之名，已見《逸書》。＜書序＞：「自契至於成湯八遷，
湯始居亳，從先王居，作帝告」，《史記》＜殷本紀＞「告
」作「誥」，索隱曰「一作俈」，按《史記》＜三代世表＞
、＜封禪書＞、《管子》＜侈靡篇＞，皆以「俈」為「嚳」
。偽孔傳亦云：「契父帝嚳都亳，湯自商丘遷亳，故曰從先
王居」。若＜書序＞之說可信，則帝嚳之名，已見商初之書
矣。諸書作俈若嚳者，與夒字聲相近；其或作夋者，則又夒
字之訛也。

　　王氏＜殷卜辭所見先公先王考＞及＜續考＞，首先倡此說，治契
學者多從之，其後吳其昌氏作＜三續考＞，加以疏證，以帝嚳、帝俈
、帝舜為一人。郭氏《卜辭通纂考釋》，也認為「帝俊與帝嚳固是一
人，即帝舜與帝嚳亦同是一人。」

　　今按夒字有頭有手有足，與卜辭形相合，王說自可成立。但吳、
郭二氏雖承認夒就是帝嚳，但只看作是商代的神話。不作為實有其人
，又以為帝嚳和帝舜是一個神話人物的分化。大部分疑古派史家的見
解多是如此的。楊寬氏更對王說加以攻擊，說：

王國維謂夋即帝俊，既而因證帝俊即帝嚳，乃又改釋為夒，
謂與嚳音同，又與夋相近，究何所見而云然耶？王氏為學尚
稱審慎，其末流乃舉古史上之問題，一一以卜辭穿鑿附會之
，地下之新史料誠較紙上之舊史料為可貴，實物之史料誠較

　　　　　傳說之史料為可信，但考釋必須觀其會通，然後能增高新史
　　　　料之價值，若任情附會穿鑿，其與偽造新史料，相去僅一間
　　　　耳。（《古史辨》第七冊下編）
這段話似乎有一部分道理，但是一定要指斥新史料之合於傳說記載而
足以證明古史舊系統的，都是穿鑿附會，就未免門戶之見太深了。

　　　關於帝嚳，以為不相當于夒的，有楊樹達氏，以為嚳相當於卜辭
中的「羔」（舊釋為岳），說云：「古音羔在豪部，嚳偌在覺部，二
部音相近，羔嚳又皆雙聲也。」楊氏以羔告音近，為說並不優於王說
，而且楊釋為「羔」，舊釋為「岳」，也不能作為定論。

　　　王氏所據稱「高祖」的王亥、大乙、帝嚳三人，都是第四期武乙
、文武丁時的卜辭，這是舊派復古以後新增的稱謂，不見於武丁時卜
辭中的。現在大體上說，夒為帝嚳是可信的，這是殷人的重要遠祖之
一，他也是實有其人，不是神話人物。

　　　二、契　以卜辭人名比附契者，計共有五說：

　　　甲、楊樹達說。以王國維釋為夒字者不為夒而為禼。據「說文禼
　　　　　下云古文偰，廣韻云禼殷祖也。知偰契本當作禼。余疑甲文
　　　　　𠙹字殆即禼也。」此說似無確證，後又以從夒從戉之字為禼
　　　　　，以「禼為純象形初文，𢽳其後起加聲旁字也。知者禼與戉
　　　　　同屬古音月部，一也。禼為古文偰，讀與偰同，殷先王名。
　　　　　漢書作禼者經傳多作契，偰字從契聲，契字從㓞聲，㓞字又
　　　　　從丰聲，而戉字實從乀聲，乀與丰古音實相同，二也」（皆
　　　　　見所著＜古文字學研究＞，湖南大學講義）。

　　　乙、于省吾說。前條楊氏所舉 𢽳字，于氏釋夏，以為相當於契
　　　　　。云「夏之初文，象人倒持斧鉞，小篆訛省從百，乃會意非
　　　　　形聲」。又云：「《說文》契從大㓞聲，㓞從丰聲，丰讀若
　　　　　介。又《說文》忩 忽也，從心介聲，孟子曰孝子之心不若是

　　　仫，按今孟子仫作愬。朱氏《說文通訓定聲》契字下云，契
　　　假借為割，《爾雅》＜釋詁＞契絕也。按夎割契古韻並隸脂
　　　部，音近字通，例證至顯。夎之讀割讀契，一字兩用，音義
　　　咸符，益可知夎之當為契矣。（《雙劍誃殷契駢枝》校補）
丙、高鴻縉說。于氏釋夎之字，高氏釋襲。以為「字正象人匿斧
　　　於身後走以擊人之狀，應是襲擊之襲之本字。」又云：「契
　　　與襲古音同（原注既為雙聲而韻之相通亦猶之昔之與借，即
　　　之與節），契為殷之始祖，殷人祖契而郊冥，卜辭中既恆見
　　　季，不能不有契，而此外無足以當之者」。（油印講義本「
　　　殷之始祖在卜辭中」）
丁、董作賓說。以卜辭中的兕當之（見《斷代研究例》）。
戊、郭沫若說。以卜辭中的萬當之（見《卜辭通纂考釋》）。
　　　上所舉五說，董說已自撤銷，郭說萬當是地名，釋為离，亦誤。
前三說，楊氏原以夒為契，誤，後以夎為契，與于高二氏意見全合，
但三人的解說各異，孰為正確，尚成問題。楊氏以為應從戉聲與　同
屬月部，于氏以為應隸定為夎，與契並隸脂部，高氏則讀為襲擊會意
字，以為襲契古音可通，三氏解說不同，而目的皆在附會以同一之字
於契，可見考釋卜辭之困難。
　　　今按卜辭中從人首及手足之夒，既稱「高祖」，可能為嚳，夒音
奴刀切，與告音近，其聯繫其徵耖，姑且維持王氏舊說，以待再行考
定。而從夒倒持斧之字，確為另一先祖之名，也同屬「舊派」的祀典
，此字在武丁時，也用為征伐之義，故楊于高三氏之結論，大可信從
，隸定自以作夎為便。
　　　三、昭明。　以卜辭人名比附昭明的，只有丁山氏一人，丁氏在
他的《新殷本紀》中，以王吳相當於昭明，云：
　　　亥王卒，子昭明立。昭明者，王吳也。初居砥石，再遷于商

。

　　　王吳卒，子相土立。（《史董》第一冊）

在他的附注中，說明了他的考證方法：

　　　襄九年《左傳》：「陶唐氏之火正閼伯居商丘，祀大火而火
　　　紀時焉，相士因之，故商主大火」。又昭元年傳：「昔高辛
　　　氏有二子，伯曰閼伯，季曰實沈，居於曠林不相能也。后帝
　　　不臧，遷閼伯于商丘，主辰，商人是因，故辰為商星」。高
　　　辛，《楚辭》謂即帝嚳，嚳在卜辭，有謂即帝夒者，則閼伯
　　　應即商人之祖。證之《荀子》＜成相＞云：「契玄王生昭明
　　　。居於砥石遷于商」。商之為商，始於昭明，與《左傳》之
　　　說正合；是知閼伯即昭明。閼從於聲，於于古字通用。春秋
　　　有鮮于國者，經傳或作鮮虞。晉唐叔虞，字子于。是于虞亦
　　　音同字通。虞古文作吳。卜辭常見王吳。以於于虞吳聲音通
　　　轉言，當即《左傳》所謂昭明矣（《史董》第一冊＜新殷本
　　　紀＞注六）

丁氏似乎尚能自圓其說，不過，既然閼伯是高辛氏子，高辛又是帝嚳
，則在＜殷本紀＞中閼伯實相當於契，不相當於契子昭明。所以郭氏
在《通纂考釋》中，列「閼伯」即等於契。這是一個問題。其次卜辭
中王吳的吳字，頭向右側，也可能當釋為 夨（羅振玉氏有此說），不
當釋吳。所以此說還未能成立。

　　　四、相土。　　王國維氏以卜辭中之「土」當之，說契者無異辭。
王氏云：

　　　土，疑即相土。《史紀》＜殷本紀＞：「契卒子昭明立，昭
　　　明卒子相士立」。相士之字，詩商頌、春秋左氏傳、世本、
　　　帝繫篇、皆作士，而周禮校人注引世本作篇：「相士作乘馬
　　　」作士（楊倞荀子注引世本此條作土），而荀子解蔽篇曰「

乘杜作乘馬」，呂覽勿躬篇曰：「乘雅作駕」注：「雅一作
持」，持杜聲相近，則土是士非。楊倞注荀子曰：「以其作
乘馬故謂之乘杜」，是乘本非名，相土或單名土，又假用杜
也（《觀堂集林》卷九）

王氏於《戩壽堂所藏殷虛文字考釋》云：「土，殷先公相土也」。又
云：「然則卜辭之土，當即相土」，皆作肯定語。今按祭土均在舊派
祀典，新派無之，因相土為上甲以前的遠祖，王說無可易。

　　五、昌若。　曾記有人以卜辭中「止若」比附昌若者，忘其出處
。（一萍按：見於吳其昌《三續考》）容庚氏以 $\bigvee$ 當之，見於于省吾所
引：

　　　容庚謂 $\bigvee$ 為若字之形訛，以當昌若。（《雙劍誃殷契駢枝三
　　　編》）

胡光煒氏有＜卜辭中之羔即昌若說＞一文，其說未見。但皆不足依據
。

　　六、曹圉。　以卜辭比附曹圉者，有四說：

甲、郭沫若以王吳當之，云：「王吳者，當即糧圉。《史記》＜
　　殷本紀＞云：「相土卒子昌若立，昌若卒子曹圉立」。索隱
　　云「系本作糧圉也」。糧王圉吳，各為疊韻字。曹字古作 $\bigvee$
　　與糧形近故訛也」。

乙、于省吾初以卜辭中「根司」合文當之，取世本「曹圉生根國
　　，根國生冥」，曹圉與冥之間多根國一世，以為根國與曹圉
　　本是一人，「曹圉糧圉並根國之訛，國又為司之訛」，洋洋
　　二千言，說極迂曲（《雙劍誃殷契駢枝續編》）。

丙、于省吾後又取消根司說，以卜辭中之「河」當之，仍以與根
　　國相比附，以為：「根國二字，並屬見紐一等，國字古文作

或，或與河並屬匣紐一等，古讀見匣並歸群紐，河與根為雙
聲，古字之通，與其言韻，不如言聲。且曹圉二字，祇圉字
與河音近，當以作根國為是」。說更迂遠。于氏所以委曲附
會者，別有原因，見下節。（同上三編）

丁、饒宗頤有＜𦥑為根圉說＞，（責善半月刊一卷十三期），未
見。

以上各種附會之說，未能令人滿意，今皆不取。

七、冥。　王國維氏由王亥、王恆的考定，進而推求王亥之父，
以卜辭中的「季」當之。云：

季亦殷之先公，即冥是也。《史記》＜殷本紀＞「相土卒，
子昌若立。昌若卒，子曹圉立。曹圉卒，子冥立。冥卒，子
振立。」振，索隱云「世本作核」。卜辭謂之王亥。《楚辭
》＜天問＞云：「該秉季德，厥父是臧」，又曰：「恆秉季
德」，則該與恆皆季之子，該即王亥，恆即王恆，皆見於卜
辭。則卜辭之季，亦當為王亥之父冥矣。（《觀堂集林》第
九）

以王亥證季即是冥，是王氏的重要發見，治契學者多從之。但于省吾
氏於民國三十二年作《殷契駢枝三編》時，不從王氏，別創異說，以
「芈」當冥。著論四千餘言以解說之，為《三編》全冊中最吃力的文
字。于氏作此文的動機有二，其一，因見有「高祖河」一辭，決定「
河」為殷之先公（胡厚宣氏也持此見解，曾在《戰後集》序文中提及
），其二，因見《粹編》有「田率叟土犬兄犬沔叀犬」一辭，遂以「
土兄河叀」，附會殷先公遠祖的「相土、昌若、曹圉、冥」之四世。
不得不曲為解說。不知此實大誤。近見胡君《戰後寧滬新獲甲骨集》
，摹有「高祖河」一版，牛胛骨僅缺上端，卜辭甚為完好。此骨計共
有丁卯、辛未、乙亥三日所卜之事，凡九辭。辛未一日所卜者六辭，

抄錄如下：

> 辛未貞：「求禾于岳」（于作夒）？（一）
> 辛未貞：「其求禾于高祖」？（二）
> 辛未貞：「于河（于作河）求禾」？（三）
> 辛未貞：「求禾于高祖，夒五十牛」？（四）
> 辛未貞：「求禾于河，夒三牢，沉三牛，俎牢」？（五）
> 辛未貞：「求禾高祖，河，于辛巳酒夒」（六）　　　　寧一
> 　　　一九

很明白的，「高祖」是人鬼，河岳是地祇，高祖省日名，雖未詳何人
，當有所指（同書一五九、一六九片，均有「高祖」）。「高祖河」
應分為二，觀（二）（三）（四）（五）四辭，即可知之。（二）（
三）是決定是否向高祖及河求禾？第（一）辭是決定了不向岳求禾）
，所以接著又問（四）（五）二辭，如何祭法。祭法中「沉三牛」的
沉字是最可注意的，不是祭河，將向何處去沉？第（六）辭是並舉高
祖與河而卜祭之日，辛未距辛巳十日，因為祭品須用四牢五十三牛，
所以需要準備一些時候的。如果只是斷章取義，以「高祖河」為一詞
，豈非不思之甚，並且辜負了這塊完整的骨版？丁卯二辭中皆有父丁
，由文法字形看，可以斷定這是武乙時的卜辭。求禾就是求年，和祭
祀河岳，都是「舊派」的制度。推之《粹編》中土兄河岳一辭，也屬
武乙時之物。就不必浪費筆墨，搜索枯腸，苦心比附了。所以現在的
看法，還是王氏舊說以季為冥，是較有根據的。

　　八、振。　從一個「振」字，考證出是「亥」，是「王亥」，這
算得王國維氏在甲骨學研究的程途中，最為驚人的表現。王氏考云：

> 按《史記》〈殷本紀〉及〈三代世表〉殷先祖無王亥，惟云
> 「冥卒子振立。振卒子微立」。〈索隱〉「振世本作核」，

《漢書》＜古今人表＞作垓。然則《史記》之振，當為核或
垓之訛也。＜大荒東經＞曰：「有困民國句姓而食，有人曰
王亥，兩手操鳥，方食其頭。王亥託於有易，河伯僕牛，有
易殺王亥，取服牛」。郭璞注引《竹書》曰：「殷王子亥賓
于有易而淫焉，有易之君綿臣殺而放之。是故殷主甲微假師
于河伯以伐有易，克之，遂殺其君綿臣也」。今本《紀年》
帝泄十二年「殷侯子亥賓于有易，有易殺而放之。」十六年
「殷侯微以河伯之師伐有易，殺其君綿臣」。是《山海經》
之王亥，古本《紀年》作殷王子亥，今本作殷侯子亥，又前
於上甲微者一世，則為殷之先祖，冥之子，微之父無疑。卜
辭作王亥，正與《山海經》同。

王氏從《山海經》和《竹書紀年》中找到了「王亥」之名，與卜辭完
全相合。證明了《山海經》雖是荒唐不經之書，《竹書紀年》也不為
世所重，但其中記載的「王亥」，在卜辭中乃確有其人，可見古代傳
說，存於周秦之間的，並不是絕無根據，這已足以喚醒一般極端疑古
人士好以神話解說古史者的迷夢了。

　　王氏於王亥之外，又考定「王恆」一人，當為王亥的兄弟行，不
再備述。

　　楊樹達氏以為「王亥」之名，乃成湯追尊其先祖之稱，卜辭尚有
王諺，王吳皆是，謂「中庸篇曰：「武王未受命，周公成文武之德，
追王太王、王季，上祀先公以天子之禮」。今王亥、王恆皆殷之先公
而其稱號皆曰王，卜辭記王亥祀典之隆重，與殷先王無異，然則周公
追王太王、王季之禮，亦因於殷禮矣」（＜古文字學研究＞講義），
見解極是。

　　我們把由帝嚳到振，分出為殷世系中的「先公遠祖」，敘述得嚕
囌一點。也就是為的這八世乃是舊派祭祀所及。舊派祭祀的對象極為

複雜，且不成系統，所以五十年來總是糾纏不清。比較可以相信的，當如下表。（未可信從之說，皆不列入，仍列《史記》原文，加以括號）。

契―夒―〔昭明〕―土―〔昌若〕―〔曹圉〕―季―王亥

乙、第二段　殷先公近祖

從此至第四段，比較可靠，所據的是「新派」祀典，又據帝乙、帝辛兩世，先祖先妣多已完備的祀典，所以敘述也從簡要。實在說，這是分派研究的結果，又賴祖甲革新禮制後，新派各王能夠認真實行，這是應該首先提到的。

先公近祖六人，可以說均見於卜辭中，除了與《史記》<殷本紀>次序稍有不同，和文字有古今之異外，大致是相合的。略述如下：

一、微。　上甲即微，也是王國維氏所考定。其說云：

<殷本紀>：「振卒子微立」。<魯語>：「上甲微能帥契者也，商人報焉」，是商人祭上甲微，而卜辭不見上甲。郭璞<大荒東經>注引《竹書》作主甲微，而卜辭亦不見主甲。余由卜辭中有匚乙匚丙匚丁三人，名其乙丙丁三字皆在匚或匸中，而悟卜辭中數十見之田，即上甲也。卜辭中凡田狩之田字，其中囗中橫直二筆，皆與其四旁相接，而人名之田，則其中橫直二筆，或其直筆，必與其四旁不接，與田字區別較然，田中十字，即古甲字，甲在囗中，與乙丙丁三字在匚或匸中同意。（《觀堂集林》卷九）

王氏後又發見田上有一橫及二橫畫者，更證明確為上甲。

二、報丁、報乙、報丙、主壬、主癸。　王氏發見上甲時，同時也發見此五世。王氏曾接合劉鐵雲舊藏胛骨一版，與《殷書契後編》骨一版，得較完全的卜辭，文為：乙未酒茲品：上

甲十、匚乙三、匚丙三、匚丁三。示壬三、示癸三（下略）
。

於是殷人先公近祖六世，全見於一版，次序井然不紊，足可徵信
。至於上甲何以作囗甲，報乙、報丙、報丁之報，何以均作匚，說契
者皆以囗匚匸為方，即祭名之祊，《史記》假報為之，是報原為祭名
。《國語》＜魯語＞「商人報上甲微」，上甲稱報，與報乙、報丙、
報丁稱報相同。又示壬、示癸，《史記》作主壬、主癸，示即廟中神
位，主為神主，音義皆通，所以上甲也有「主甲」之稱。

《史記》＜殷本紀＞列報丁於報乙之前，乃是後世傳鈔倒誤，順
序自當以卜辭為準。近人呂思勉氏作先秦史，猶信＜殷本紀＞次第，
謂王氏「以《史記》報丁報乙報丙為誤，其所得先公之次，適與十干
之次同，明係作偽者不閑殷代掌故。亦曲說為諸公生卒之日，湯定祀
典時已不可知，即用十日之次追名之」云云，可謂泥古之甚。

今可考定見於卜辭的「殷先公近祖」即為：

上甲─匚乙─匚丙─匚丁─示壬─示癸─（唐）

丙、第三段　殷先王前期

此以盤庚遷殷之前為先王前期，舊說稱之為商，盤庚以後始稱殷
。殷先王分前後兩期，即以盤庚為界。

前期先王十七人之中，只有仲壬，沃丁二王不見於卜辭，第五期
祀典中外丙祭祀的次第，在大甲以後，湯及外丙，雍己、河亶甲、沃
甲、陽甲，用字有古今之不同而已，分述於次：

一、成湯。　成湯之名，《史記》作天乙，卜辭中作「大乙」，
天大通用，在卜辭大戊也作天戊，大邑商也作天邑商。齊叔弓鐘銘作
「成唐」，卜辭作「唐」，作「湯」者後世假借同音字為之。舊派祀
典在祖庚以前，皆稱「唐」，新派自祖甲始，改稱「大乙」，列入祀

典，武乙文武丁復古，但對于「大乙」之名，未復稱「唐」，這是一個特點。說詳《殷曆譜》。

　　二、太丁、外丙、仲壬、太甲、沃丁、太庚。　太丁卜辭作大丁，太皆作大，古今書寫不同。新舊派皆入大宗祀典。外丙作卜丙，卜兆分向內向外，卜引申為外，即外的本字。在新派祀典中，外丙之次序在太甲之後，下接太庚，無仲壬及沃丁地位，因此中壬沃丁二王，不見於第五期祀典。（論證詳《殷曆譜》上＜祀與年＞，帝乙帝辛時祖妣世次表）由太丁至太庚，其間祀典的次序外丙在太甲之後，太庚之前，是值得注意的問題，我在「殷代文化概論」（民國卅六年芝加哥大學講義油印本）中曾約略論及，茲徵引於下：

　　　　「其異者，外丙之次在大甲以下。如「庚子彡日大庚」，其前五日「丙申彡日外丙」，兩辭密接，其間不容有「丁酉彡口沃丁」之地立，其間亦無壬日可以「彡日仲壬」也。「庚子彡日大庚」，必為「甲午彡日大甲」，故外丙之次乃在大甲後。卜辭中世次，無不與＜殷本紀＞合者，獨此為異。殷人以有子承繼王位者為大宗，必入祀典；其小宗之入祀者，一為曾承繼王位，一則曾立為太子（如祖己）。外丙為大丁之弟，仲壬為外丙之弟，《史記》＜殷本紀＞，＜三代世表＞，《漢書》＜古今人表＞均同。湯時太子為大丁，大丁死，若復立外丙為太子而傳位外丙，則外丙應在大甲之前。若外丙未立為太子，亦必曾繼王位，方能列入祀典也。其繼王位，又必後於太甲，方合祀典之序也。欲解答此問題，不能不求之於《孟子》一書。《孟子》稱「外丙二年仲壬四年」，又稱「伊尹放太甲於桐三年，太甲悔過自怨自艾，於桐處仁遷義三年」，《史記》亦以為先後六年。此六年正合于外丙、仲壬之六年。意者湯崩而太甲立，不遵湯法，伊尹乃放

之於桐六年，初立太丁弟外丙，二年而崩，更立外丙弟仲壬，又四年而太甲復位。故故事流傳，述太甲而兼及外丙、仲壬也。若然，則外丙雖輩次長于太甲，而繼位在太甲既立之後，宜卜辭祀典如是排列也。這不過是對於外丙在五期祀典中地位問題的一種解說，至今猶未有歧見。」

近編商年代，列太甲在位十二年，其中前六年包括外丙、仲壬，後六年乃太甲親政，仍本此說。

三、小甲、雍己、太戊、仲丁、外壬、河亶甲、祖乙、祖辛、沃甲、祖丁、南庚、陽甲。　從小甲到陽甲六世十三王，世數次弟與新派第五期祀典，完全相合。不再一一論述。不過卜辭中以大戊、中丁、祖乙、祖辛、祖丁為五世的大宗，陽甲一世及其餘各王為小宗而已。其中有古今異字者，如：

甲、雍己。卜辭作「呂己」，呂即早期宮字，宮雍音近，在商人稱宮己，後世假雍為之。

乙、外壬。卜辭作「卜壬」，與外丙作卜丙同例。

丙、河亶甲。卜辭作「戔甲」，戔為兩戈相同，古戰鬥字，與亶音近。

丁、沃甲。卜辭作「羌甲」，舊誤以羌甲為羊甲，謂即陽甲。今按世次，羌甲應是沃甲。或謂沃乃羌之形訛。郭釋為苟甲，非是。

戊、陽甲。卜辭作「虎甲」，武丁時稱為「父甲」，新派祖甲時始稱虎甲。虎甲之虎，或加口旁。陳夢家以為逸甲，郭沫若以為象甲，皆非是。

這一段的考定，當為：

```
一唐、（大乙）─┬─大丁─大甲─┬─大庚─┬─大戊─┬─中丁─┬
　　　　　　　└─卜丙　　　　└─(沃丁)─小甲　└─卜壬─┤
```

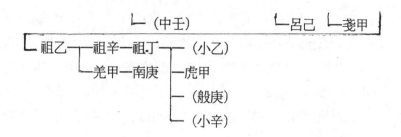

丁、第四段　殷先王後期

這一段的世次名稱，也以新派第五期祀典為據。八世十二王之中，帝乙、帝辛在卜辭中為時王，不見祀典，僅帝辛時稱帝乙為父乙。廩辛也不入祀典，僅在庚丁時稱兄辛，武乙時稱父辛。第五期祀典中如「甲申祭祖甲」，「丁亥祭庚丁」，兩辭一版密接，知道決無廩辛地位，也無辛日可以致祭他。小宗中有祖己入祀典，祖己為武丁時太子，早死，他的入祀典與大丁同，不過大丁為大宗，祖己為小宗，有所不同而已。

文字的異者：

甲、盤庚。卜辭作「般庚」。

乙、庚丁。卜辭作「康丁」或「康祖丁」，明《史記》庚是康字的訛誤。

丙、大丁。《竹書紀年》作文丁，卜辭作「文武丁」，也稱「文武宗」，「文武帝」。《史記》大為文之訛誤。

由此，可據卜辭以重訂此第五段：

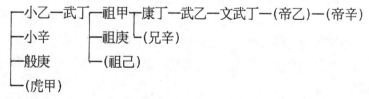

以上很簡略的把五十年來研究考訂殷代世系的結果，檢討了一下。關

於大宗小宗的問題，祭祀先妣的問題，這裡均未暇論及，將於另文述說。從新舊派的觀點看殷世系，我覺得這是現在研究卜辭唯一的途徑，只有從新派的祀典中，才可以考得出嚴整的從上甲以來的世系。如果卜辭中僅有「舊派」的卜祀之辭，這個系統的考證，是不可能做到的。因此我們對於不見于新派的「先公遠祖」，重新考證，似乎並不能存太大的希望。

　　把《史記》＜殷本紀＞與卜辭的對校之後，有兩點值得我們一提的：

　　第一、是太史公作＜殷本紀＞，所根據漢代流傳的史料，距殷商在一千年以上了，文字正在演變之中，多經傳鈔，自然不免多有錯誤，但是大體上說，這個前後一千三百年的殷人譜系，十分之九又是不誤的，這還不該改變我們對於古代記載的一種不信任態度麼？

　　第二、是古今文字既多差異，根據殷代晚年寫成定本的先公先王世系譜—第五期的祀典，經過了一千一百年之久，對照漢代流傳的古籍，已經有很多不同。例如：

　　同音假借者：夒與夒　契與戛　報與方　主與示　湯與唐　雍與
　　　　　　　　唐　亶與夋
　　古今異體：太與大　仲與中　祖與且　外與丁　盤與般
　　字形訛變者：振與亥　冥與季　天與大　沃與羌　陽與虎　庚與
　　　　　　　　康　大與文

計殷世系所列者才共有四十五人，除了不見卜辭和未能考定者七人外，見於卜辭者共為三十八人，其中無上列三項問題的，只有土、小甲、南庚、小辛、小乙、武丁、武乙七人而已。這足見研考古史的不易。用地下新材料以對證紙上舊材料，問題之多猶且如此。那末吾人之看待我們的文化遺產古籍，應如何的加以珍惜，愛護，而審慎研究它呢？

（文見《學術季刊》一卷三期）

論商人以十日為名

董作賓

一、商代重視「旬」和日「干」

春秋昭公五年《左氏傳》云「日之數十」，又七年傳 云「天有十日」，「十日」即是「十干」，在遠古，但以十日為一旬，用「甲乙丙丁戊己庚辛壬癸」，十天的小周期為紀日的名子。後來因為十天期近，重複太多，又配合了十二辰，即十二支，如甲子、乙丑、丙寅、丁卯、以至壬戌、癸亥，共六十天為一大周，稱為「六十甲子」或「六十干支」，就是所謂「干支紀日」。這種辦法，相傳是黃帝時代大撓所作，現在就所見的甲骨文字，已可以證明三千年以前的殷代，確實是正在普遍而且嚴格的行用著。《淮南子》＜天文訓＞說「數以甲子始，子母相求」，《史記》＜律書＞稱「十母十二子」，《白虎通》說「甲乙者幹也，子丑者枝也」。干支原稱幹枝，也稱母子，由幹生枝，由母生子，因此也可以知道十日之名應該在前，配合十二辰為六十日的干支紀日應該在後。

商代雖然用六十干支紀日，但是仍有偏重十干的傾向，因為他們過「日子」，同時也過「旬」，卻並不注意「六十天」的大周。每一個王從他即位到老死，無時不替他「卜旬」，卜旬就是在每旬最末一日，要問「下一旬內，王是不是沒有災禍」？簡稱作「旬無禍」？每旬卜一次不放心，還要卜到五次六次之多。這足以表示當時王的地位是如何的重要而且尊貴，所以規定「卜旬」為國家的禮制之一。例如武丁時代，在他的二十九年（西元前一三一一庚午）一月十三日癸巳「卜旬」，有下列一段記錄：

癸巳卜，𣪊貞：「旬無禍」？王占曰：「乃茲亦有祟！若（汝）稱」。甲午、王往逐兕，小臣屮車馬，峨馭王車，子央亦墜。

（菁一）

意思是癸巳這一天占卜，（癸巳是甲申一旬最末的一天），穀是武丁時的史臣，貞是問。「旬無禍」？是「下一旬（從甲午到癸卯的十天），王將没有災禍罷」？卜旬照例只記卜日，貞人，「旬無禍」一句話，這一段所附記的卻有占驗之事。這時武丁已屆七旬的高齡，他還親自到太卜的公事房裡監視卜旬的工作，他在占了之後便搖著頭說：「那麼這一卜怕也不會太好罷」？回頭又望著太史穀說：「如果下旬有什麼災禍事故發生，你把它揭舉出來，寫在這裡」。老王分咐之後，穀自然是唯唯從命。不幸而老王的言中了，下一旬第一天甲午，就發生了禍事，這一天武丁出外打獵，追逐兕牛，坐的是小臣叶所御的車馬，忽然車子被路上的石塊所阻而翻倒了，陪伴老王的子央也摔下車了。一輛兵車只能載三個人，當然只有王同叶央，不言王墜車，只言「子央也墜」，是為尊者諱的意思。像這一類在卜旬時附記占驗，是武丁時代的特殊風氣。再舉一例，可以知道這「旬無禍」一句話是專為王卜的。如帝乙二十年（西元前一一九〇辛未）六月十八日癸丑的一次卜旬：

　　癸丑卜，泳貞：「王旬無禍」？在六月。甲寅，酒翌上甲，王
　　廿祀。（前三・二八・五）

在帝乙帝辛兩世，禮制經過改訂，大致是相同的。這是附記祭祀的系統，兼記年月的一例。其中和前代重要不同之點，是凡史臣卜旬，必特別提出一個「王」字，稱「王旬無禍」？如果王親卜親貞，則仍稱「旬無禍」？可見王自卜貞，意思是「我在下一旬無災禍麼」？史官貞問，必說「王在下一旬無災禍麼」？前代省去王字，意思當然也是一樣的。

　　以上所舉，是証明商人對于「旬」，看的特別重要，他們過的是由甲至癸的「旬」。至于平常用的，自然是六十干支紀日之法，但有

時只提到日干不提日支。相反的，卻沒有只記支而不記干的，這就表明了「十干」的重要性。例如文武丁六年（西元前一二一七）三月二十五日癸亥卜旬，把「旬無禍」一句簡省到只寫一個「旬」字，但又附記月名和下一旬的氣候：

> 癸亥卜，鼎（貞）「旬」。三月。乙丑夕雨，丁卯明雨，戊小采日雨風，己明啓，壬申大風自北。

附記在癸亥卜旬之後的，是下一旬由甲子至癸酉十天的氣候。意思是除了乙丑夜裡，丁卯天明時，戊（辰）旁晚下過三次雨（或雪）之外，都是晴天。所記的還有己（巳）天明時又晴了，壬申刮了一場大北風。所舉的五個日子，只有戊辰己巳兩天，省去辰巳字，這是習慣上重干不重支的一例。在武乙時記田獵的日子，也有此例，如「王異，戊其射在榆兕」？（甲三六八六）「乙，王其踐于喪，無戈」？（粹一〇一八）同樣只記日干，不記日支。

固然，商代承襲者「干支紀日」的方法，用六十天的大周期，過著日子，不過在上舉各例中，我們可以看出他們是在過「旬」，他們是重視日「干」。這就容易解釋為什麼商人要用十日為名的理由了。

二、商人以十日為名的解說

本刊一卷十期載有趙虛吾先生名與字的研究，在命名的時尚節目之下列有「甲、以生日名子」，所舉見《白虎通》〈姓名篇〉，原文云：

> 殷人以生日名子何？殷家質，故直以生日名子也。以尚書道殷家太甲，帝乙、武丁也。不以子丑為名何？甲乙者幹也，子丑者枝也。幹為本，本質，故以甲乙為名也。

趙先生也覺得這種解釋，「不無牽強之處」。司馬貞《史記》〈殷本紀〉索隱引皇甫謐《帝王世紀》之說，也從《白虎通》。皇甫解

釋上甲說：

> 微字上甲，其母以甲日生故也。商家生子，以日為名，蓋自微
> 始。

司馬貞同時又引古史考的另一說：

> 譙周以為「死稱廟主曰甲」也。

　　這是在唐代所流傳商人以十日為名的兩種解釋。商人以十日為名，是事實，漢晉人的解釋，只是一種揣測，並沒有什麼證據。

　　甲骨文字發現以來，商代直接的史料，是漢晉人所不能見的，但是一般人卻多從《白虎通》的舊說，解為「生日名子」。王國維氏在他的<殷禮徵文>中，獨標出殷人以日為名之所由來，而加以申辨，云：

> 然則商人甲乙之號，蓋專為祭而設。以甲日生者，祭以甲日，因號之曰上甲，曰大甲，曰小甲，曰河亶甲，曰沃甲，曰羊甲，曰且甲。以乙日生者，祭以乙日，因號之曰報乙，曰大乙，曰且乙，曰小乙，曰武乙，曰帝乙。蓋出子孫所稱而非父母所名矣。上甲之名曰微，大乙之自稱曰：「予小子履」，周人稱辛曰商王受，曰受德。可知商世諸王，皆自有名，而甲乙等號，自係後人所稱。而甲乙上所冠諸字，曰上，曰大，曰小，曰且，曰帝，尤為後人追稱之證矣。

王氏斷定甲乙名號為後人所稱，非父母名子，本子譙周死稱廟主之說，但同時又承認了甲乙原為生日之說。我們現在再加以考索，覺得與其說為生日，不如說為死日直截了當，如果甲乙等是生人的名，自然以生日為標準，比較合理，若生前不用甲乙，死後才用甲乙作神主之名，又在甲乙日祭祀，則把甲乙說為以死之日為標準，更覺恰切。現在把各種解說，對照如下：

　　解說者　命名的來歷　標準　使用時期

　　白虎通　　父母名子　　　生日　　生前
　　譙周　　　後人稱廟主　　（？）　死後
　　王國維　　後人追稱　　　生日　　死後
　　今定　　　後人稱廟主　　死日　　死後子孫祭祀用之隨時更易

由現在進一步研究甲骨文字的看法，應該採最後一種解說，不過取名甲乙的標準，卻是不易決擇，因為生日、死日，皆沒有切實的證據。死日說一個反證就是帝辛的死日相傳是甲子，這就是屈萬里先生寫「謚法濫觴於殷代論」的時候，所以從王靜安說而不採死日說的緣故。對於帝辛的名子，我有一種解釋，而其他商人世系，在甲骨文字本身上，近二十年也有新的觀察，與王氏當時大有不同。現在不憚煩瑣，論述在下面。

三、商代以死日稱廟主的論證

（一）　這種辦法的淵源

　　以十日為神主之名，淵源當在夏代。夏代十七王，最後的四王是：

　　　　孔甲—𦔫—發—履癸

孔甲也稱胤甲，履癸就是桀，中間兩世，稱名不稱神主，當是後人傳述訛失。大概夏代的晚年，纔訂立了以十日為神主的制度，有忌諱直稱先生名號的意義。到夏桀，行之四世，就亡國了。

（二）　成湯時代的六世神主

　　成湯放桀，為天下共主，首先立了六世之廟，因襲夏制，以十日為神主之名，取名的標準，自然是死之日，成湯的父母祖妣，死日當能知之，再上四世，便無從查考，不得已乃借用甲乙丙丁的次序，以為代表。現在甲骨文中，上甲字從囗中甲，也有更加上字的，報乙報丙報丁，從匚中乙丙丁，囗即是匚，即是方，也即是後世的祊祭。主

壬主癸作示壬示癸。原來這六世當只作甲乙丙丁壬癸，囗和匸是後世
所加的區別字，方形象神主在石室中，示壬示癸，《史記》作主壬主
癸，很明白的為神主壬，神主癸。方礿後來改用同音的報字，＜魯語
＞稱「商人報上甲微」，《孔叢子》引逸書稱「惟高宗報上甲微」，
和報乙報丙報丁之報，義意全同，報祭就是礿祭，言藏于方形石室中
的神主。上甲古本《竹書紀年》作「主甲」，與主壬主癸又同。所以
前四名是表示在石室內的神主，石室方形，因知囗匸以為表識，後二
名示壬示癸，是于壬癸上加神主的表識。

　　商代祀典，隨時在改訂著，我們若根據祖甲時所修正的祀典，可
以知道他的制度是自上甲以來，一世一人為大宗，大宗又必察祀他的
配偶，這是一定的辦法。祖甲時，這六世的祖妣如下表：

　　　　上甲—報乙—報丙—報丁—示壬—示癸
　　　　　　　　　　　　　　 ‖　　 ‖
　　　　　　　　　　　　　 妣庚　妣甲

示壬的配偶有妣庚、示癸的配偶有妣甲，何以獨上甲至報丁無配偶？
這是因為當時的先世譜牒中不載，因而失考。這先世的譜牒，應當追
溯到成湯時代，大概是這樣：

　　　甲—乙—丙—丁—壬(祖壬)—癸(父癸)
　　　　　　　　　　 ‖　　　　 ‖
　　　　　　　　　庚(妣庚)—甲(母甲)

甲自然是代表上甲微，其餘五位先祖的本名，皆不可考。無論以生日
或死日為名，成湯的祖母庚，母親甲，必是真有其日，因而祖壬，父
癸也必有其日。妣庚以上的高祖母，曾祖母等四代的日子不知道了，
高祖曾祖等四代也當然不會知道，因此只把甲乙丙丁作為前四世先祖
的神主代表，而不再造四世先妣的神主了。到了武丁時代（也許以前
就有），神主多了，不能不加以區別，於是把這六世在石室中的甲乙

丙丁虛擬日名的神主，加以方匡，叫作□甲、□乙、□丙、□丁，把
真日名的神主壬癸、叫作示壬示癸（主壬主癸），先妣也就從真神主
開始祭祀，稱為妣庚妣甲。壬癸偶然兩天相連，是可能的，像祖己祖
庚兄弟二人，就死在相連的二日。至於甲乙丙丁，四世相連，死之日
合於十干順序，似乎是不可能的，而這四世不祀先妣，也是日子無從
查考的一個旁證。

　　成湯為了模仿夏代禮制，在他的六世之廟，供奉著祖妣父母四位
真神主，而造了甲乙丙丁四位先祖的假神主。

　　六世以上的先祖，見於武丁時祭祀者，如夒、土、季、王亥，皆
不復追稱以十日之名。

　　　　（三）　唐・大乙・高祖乙

　　成湯本人，在卜辭中作「唐」，也作「大乙」，也作「高祖乙」
，《史記》作「天乙」，因天大形近易訛。《白虎通》說「天乙」之
名云：

　　　　湯生於夏時，何以用甲乙為名？曰：湯王後乃更名，（為）子
　　　　孫法耳，本名履，故論語曰「予小子履」，履，湯名也。

這仍是本於「以生日名子」之說而曲加解釋，以為成湯生時，先自己
改用生日為名，以「為子孫法」。其實，以死日名神主，纔是成湯採
用夏制，以為子孫法的。成湯的神主是乙，但在武丁及祖庚時代，卻
用他的尊號（也可以說是謚法）一個「唐」字，而不用乙。唐，《說
文》云「大言也」，《玉篇》云「堯稱唐者，蕩蕩道德至大之貌」，
蕩也訓大，成湯的神主所以稱「唐」，意思只是偉大。武丁，祖庚兩
世，所以都稱「唐」，原有特別尊崇的意味。例如：

　　　　甲寅卜，㲄貞：「侑於唐一牛，其有曰□」？（前一、四七、
　　　　　　一）

　　　　乙卯卜，尤貞：「侑礿歲於唐，亡他」？十二月。（同上三）

甲寅一辭，武丁時，乃是前一日卜的，祭之日是乙卯。乙卯一辭，祖
庚時，乃是祭之當日所卜。稱號是「唐」，祭以乙日，可知乙是唐的
死日，忌日，同時也是祭日。

　　祖甲時將祀典大加修訂，一律稱神主以十日之名，把祭祀依神主
次序排定，不必再卜祭日，於是把「唐」也改稱「大乙」。這時成湯
以下的大宗祖妣稱呼如下：

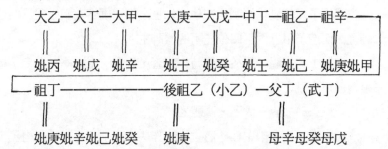

到祖甲時代，商人以死日名神主的辦法，才算是徹底實行了。前五名
皆加大宗，重了三個丁，以中祖父為別，重了兩個乙，以祖及後祖為
別，這是很明白的表現，所以這時把開國的先王「唐」，也為了整齊
劃一，換作「大乙」的神主了。

　　稱高祖乙，只是文武丁時代的辦法，文武丁恢復了古制，兼祭上
甲以前的遠祖，把王亥，夒，稱高祖王亥，高祖夒，所以也把大乙稱
為高祖乙。如：

　　「甲戌其侑于高祖乙」？（後上三、七）
同時仍沿祖甲時辦法，稱大乙，不再稱唐。

　　「辛未福于大乙」？丙子卜：「求又于大乙」？（甲二九○七）
祖甲以後，直至帝辛，皆稱大乙。

　　　　（四）　武丁和文武丁

　　　　商代的神主但稱日干，日干上的區別字，是在隨時變動，這例
子非常之多。時天對于親屬的稱謂，是非常嚴格的，王的父母，在日

干之上，一定是父某母某，下一代必稱祖某妣某。因此我們才能分辨出某一卜辭屬於某王。把武丁作例，武丁死後，祖庚即王位，稱武丁為「父丁」，稱武丁的配偶妣辛為「母辛」，祖甲時是一樣的。到了廩辛，康丁兄弟即位，稱武丁為「後祖丁」，本來應稱祖丁，因為以前有祖辛子祖丁，所以再加後字以示區別。武乙，文武丁之世，同樣稱後祖丁。帝乙時，康丁己是曾祖了，所以諡後祖丁為武丁，諡康丁為康祖丁。帝辛時，文武丁也是祖丁了，於是諡之為文武丁，文武帝而不再稱祖丁了。商代先公先王先祖，死在丁日的到帝辛時共有九人：

匚丁（這是虛擬之名）	大丁（成湯子）
中丁（大戊子）	祖丁（祖辛子）
武丁（小乙子，帝乙定名）	兄丁（武丁兄，後世不祀）
康丁（祖甲子，帝辛定名）	文武丁（武乙子，帝辛定名）
兄丁（文武丁兄，後世不祀）	

這九丁，除了兩位兄丁之外，最特別的是武丁和文武丁，武丁的武，是帝乙替他上的尊號，武乙文武丁的文武，又是帝辛給他們送的美諡。屈萬里君舉武丁，武乙，文武丁等號，以為「諡法濫觴於殷代之證」，極有見地（原文載歷史語言研究所集刊第十三本二二三葉）。不過這里還有一個矛盾背景。因為武丁，武乙，文武丁這三個王，和帝乙帝辛父子們的政見，根本是不同的，帝乙帝辛，反對他們的作風，完全承繼著祖甲的革新精神，制度典章，一一遵循祖甲所改訂的辦法，而武乙，和文武丁，卻都是武丁式守舊派的信徒。所以他父子們給祖宗追加的美諡，表面上看是表示尊崇，骨子裡卻含無著限的諷刺。這是殷代二百多年兩派政制起伏消長的新花樣，這里且不必贅敘。

　　（五）　此制不用於諸侯臣民

　　《白虎通》謂諸侯不用此制，云：

何以知諸侯不象王者以生日名子也？以太王名亶甫，王季名歷
，此殷之諸侯也。

周侯之名，見於卜辭，自武丁始。周人不以十日為名，見於＜周本紀
＞，自不窋至文王，十四世皆然。武王伐紂，由諸侯進而為王，追王
太王王季文王，改革殷制，不用甲乙為神主之名，這都是很顯然的。
《白虎通》又稱：

于民臣亦得以甲乙生日名子何？不使亦不止也。以尚書道殷臣
有巫戊有祖己也。

巫戊今本作巫咸，王引之《經義述聞》謂巫咸為古文，今文蓋作巫戊
。卜辭中後王祭祀有咸戊，「貞：侑于咸戊」（前一、四一二）。咸
為名，戊為神主，巫為官，故稱巫咸，巫戊，咸戊皆合。祖己見於卜
辭，武丁子，祖庚祖甲之兄，本是王子，後人追尊為祖。大概以十日
為神主之名，限於王室及王族近支，與臣民自然不同，以祖己推之，
巫戊也可能是王族近支。

殷代所祀先臣，除咸戊之外，尚有伊尹。在卜辭中武丁世稱「黃
尹」，即衡尹，當是保衡伊尹的簡稱。文武丁時稱「伊尹」，伊尹非
王族，不用甲乙之名。見於載籍中的，如成湯時的仲虺，義伯，仲伯
，咎單，大戊時的伊陟，臣扈，武丁時的甘盤，帝辛時的比干，膠鬲
，箕子，商容、祖伊，伯夷、叔齊等人，也都不用甲乙為名。

（六） 王族用甲乙為名當有限制

商人用甲乙為神主名，在王室者：一為時王的先世，如成湯時追
尊六世之廟主；二為大宗之配偶，如示壬配妣庚；三為承繼王位者，
如大乙以下各王；四為曾立太子者，如大丁，祖己；五為時王之近支
，如武丁時的兄丁，康丁時的兄丙，子癸，文武丁時的兄戊等。王的
近支分出者為王族，在周初投降新朝的技術人才同各項專家，多是殷
室王族，所以他們仍沿用以十日為神主的風習，西周的銅器銘文中，

表現得甚為明白，例如：

（人名）	（職務）	（時代）	（所祀先人）	（器名）
令	作冊	成王	父丁	令彝
睘	作冊	成王	文考癸（父癸）	睘卣
大	作冊	成王	祖丁	作冊大鼎
衛	御正	成王	父戊	御正衛段
遹	御者	穆王	父乙	遹段
員	犬人	成王	父甲	員鼎
辰	臣	成王	父癸・父乙	臣辰　・鼎
獻	臣	康王	父乙	獻彝
競	武人	穆王	父乙	競卣
中	武人	成王	父乙	中解中甂
虎	武人	恭王	烈考日庚	師虎段
休	走馬	恭王	文考曰丁（父丁）休盤
匡	樂師	懿王	文考曰丁	匡卣
守宮	司林	懿王	祖乙・父辛	守宮尊・爵
懋	史	懿王	父丁	史懋壺

周初金文以甲乙為名者，不下百數十見，但皆在前期。自武王克殷以至懿王，不過六世，懿王以下，即已少見。孟子稱「君子之澤，五世而斬」，古代宗法，或以五世為一個階段，狠可能是殷代王族，沿用十日為神主之制，也以五世為限。

　　（七）　商人生前之名不用甲乙

　　周初商代王族生前各自有名，不用甲乙，已見上節所引金文。在甲骨文中所表現的，生人絕無以十日為名著。例如武丁時：

　　貞人（即史臣）有賓，㱿等二十四人

　　王后　　　　有婦好，婦姘等六十四人

王子	有子漁，子畫等五十三人
小臣	有小臣古，小臣𠂤 等三人
諸侯	有庸侯虎，杞侯烮等
方伯	有易伯𤔲，歸伯□等
將領	有𢦏角，沚馘等

凡是生人，沒一個以甲乙為名。（詳見《甲骨文斷代研究例》及＜殷代封建攷＞。）歷代商王，生時也各有其本名，如外丙名勝，大庚名辨之類（見古本《竹書紀年》），不再列舉。

再舉祖庚為例：祖庚是武丁第二個嫡子，曾於祖己死後，被立為太子。在武丁時代，他的名子可能就是「央」，（《竹書》作曜）照例別人應稱他為「小王」，對他的父親稱「子央」。武丁崩，他繼位為王，就單稱他一個「王」字。他死了，死在庚日，即忌日，為了避諱直稱其名，就把這個忌日作為他的神主之名，也在庚日祭祀他。祖甲即位稱王了，祭祀他的時候，稱「兄庚」；廩辛、康丁繼位了，稱他為「父庚」，武乙繼位了，稱他為「祖庚」，以後因為沒有相重的神主，也就永遠稱為祖庚。所以祖庚一名，是武乙時所稱，若說武丁或祖甲時就叫他作祖庚，豈非笑話。

（八） 神主當以死日為標準

漢人以為甲乙乃生人之名，所以解為「以生日名子」，這是合理的。現在既由甲骨文字證明了甲乙不是生前的名子，只是死後神主之名，當然以死日忌日為神主之名，祭祀之日，最為合理，若說甲乙是死後的神主之名而取生日為標準，就未免迂遠而不近人情。固然，從殘缺的貞卜文字裡，找出某人的生日，以證明神主甲乙命名的來源，是絕不可能的事，找死日也同樣不可能。

有人舉紂以甲子日死，不名帝甲而名帝辛，來反証以死日為標準之說，這的確是一個問題。但是周朝人記載下來的伐商史料，縱屬真

實，也須打個折扣，所以讀史者早已代抱不平而有「惡居下流」之嘆。我們看甲骨文中，帝辛時代的制作，征伐，田獵，祭祀，無不整齊嚴肅，可以想見時王的英明，決不像亡國之君。又在年代學上定他在位六十三年，武王伐商之時，帝辛必甚耄老，當已在八十歲以上。因此很可能的伐商一役的成功，其間尚有許多隱情而史跡湮沒無考。周人記載見於《周書》＜武成＞，＜世俘＞，＜克殷＞諸篇者．史公採入殷周本紀，謂在殷二月甲子一日之內，誓師，會戰，倒戈，紂反而登鹿臺自焚死，武王戮屍等，作了許許多多事。即令可信，只能說明了周人所見的乃是死王，北方嚴冬天氣，帝辛是否即日焚死，或是早死幾天，並不能證明。

如果死日可說信，我們可以猜想帝辛的真正死日，可能是在甲子前三天的辛日，而妲己名己，必是正后，可能又早死兩天。師辛以耄耋之年，聽到了姬發造反，可能因氣憤而致病，病而危殆，於是己未日妲己先殉，辛酉日帝辛乃崩，崩四日而武王來。國王新喪，人心惶惑，三軍無主，一戰敗北，武王乃能僥倖成功。此雖臆測，足備一說。

（文見《大陸雜誌》第二卷第三期）

日譜敘說

董作賓

　　日譜之作，所以試為「斷代研究」更進一步之新方案也。此種方案，乃余所認為今日整理甲骨文字之正當途徑，示其凡例，願與治契學者共商討之。

　　日譜凡三：一武丁日譜、二文武丁日譜，三帝辛日譜，三譜皆以年曆譜為基據，而各求其相當之年月日。其本身之組織，則運用上述之新方案，連貫卜辭，使之成為堅實之系統，而顛撲不破者也。三譜以一，三兩譜輯材為久，用力為勤，其考定年代，尤以譜一為難，而卜辭之整理，應用新方案，亦以譜一為多。

　　所謂新方案者，不外兩種原則，六種方法。兩種原則，其一，即分期。余發表《甲骨文斷代研究例》時，僅分為粗略之五期，十餘年來，更可據其他標準，辨析各王之卜辭，如本編祀譜之別祖甲，帝乙，帝辛，交食譜之別小辛，小乙，武丁，是。故精細之分期，為整理工作之第一步也。其二，即復原。現存甲骨殘版，同出於一地，如未毀滅，自當有破鏡重圓之一日，吾人倘能作精密之分期，則復原亦屬易事，本編各譜拼合之版，是其倒也。惟須預作準備之工夫，即甲與骨實物之認識，及甲骨上卜辭文例之熟悉也。

　　六種方法，為研究卜辭史料所必用，用之，則可使斷骨殘甲，得其連絡而化為殷代重要之史實，本卷武丁日譜，皆應用之。茲分述於次：

　　一、同文異版。　殷人貞卜，一事不止一次，少者二三卜，多者乃至五六卜，而以十卜為限。本編旬譜七、八，所舉「同文互綴法」，即利用此類卜辭。同時卜同一事，卜非一次，刻辭亦不止一版，凡同文之版，其卜兆上記卜次之數字必異，而貞人間有更易，字句間有

繁省，然大體則同，一覽可知。同文異版，其文辭殘於此者，未必不
存於彼，故互相補苴，所知益多。郭沫若氏所謂「殘辭互足」之例也
。以武丁日譜為例，（以下同）如六六至六九四辭，同文異版，互相
參證，而知「丁卯」王狩于敝，從者祝●二人，皆因駕車之馬逸去而
受災，所謂「祝陷在車」，「●亦有●」也。僅據一版，則末由得其
詳矣。其例甚多，均可於譜中求之。

　　二、同版異文。　凡甲骨之刻辭，在同一之版者，其貞卜，記載
之時期必不遠，多則一年之內，少則一月之內，如旬譜三卜旬骨版，
祖庚元年八月與二年八月，錯雜用之，不多見也。故載在同版之卜辭
，均可互證其月日之相近，如六六辭，癸亥卜旬後，追記丁卯王狩于
敝之事，其同版癸未卜旬追記壬辰●呼告四邑被●事，記于骨背，與
此相關者，為癸巳卜旬追記●親至報告呂方所●為●夾方呆四邑，而
其事在十三月之丙申，因知丁卯王狩敝，當不出此一年之內。又如「
伐土方」與「伐下旨」同見一版，（辭一一九，一二〇，圖52）由同
文異版之一二一辭，記有「十二月」證之，知伐下旨及土方為同時事
，當不出十二月也。

　　三、同事異日。　一事而一日數卜，數記者，即同文異版，已見
上述。一事而連日或相距數日復卜之者屬此，即以事類相聯繫之一法
也。如六六辭之丁卯狩敝，出於追記，同一事項，有七〇及七一辭，
於乙丑日卜問丁卯狩敝有否禽獲之事，其下記有「八月」，因知此癸
亥，丁卯，皆在八月，而同版之癸未，則在十三月，蓋同年之事也。
又如乙卯卜「王往于●」（辭一一，一三）因雨不果行，辛酉更卜之
（辭一五），是必乙卯後六日之辛酉矣。

　　四、同日異事。　干支六十而一周，同在一版，同一干支之日所
卜，未必在六十日之後，故干支同者，可斷定其為同日。同日而卜兩
事，則兩事均可以類相及，連鎖穿插，各成一組也。如辭一一六與一

一七，同在己酉日而一卜伐土方，一卜伐下旨，辭雖殘損，亦可以同文互綴之。同版有「勿从望乘」之貞，可知從老望乘，「从望乘」，即所以伐下旨也。此版益可證武丁之于下旨，土方，蓋同時撻伐之矣。

五、面背相承。　骨面或甲面之卜辭，往往因地位之限制而繼續刻之於甲骨之背者，此例甚多，如交食譜月食四第二，三卜，祀譜三帝辛四十二祀十一月甲申之「翌日小甲」皆是。如武丁日譜辭五八，癸丑卜旬下追記之丁巳日至「鬼亦得疾」，在骨面，而骨背之「四日庚申」正承丁巳日數起，而同在癸丘一旬之內。有此認識則卜辭篇章，益見完具矣。

六、正反兩貞。　卜事每有問及正反兩方面者，此其定例。如辭一〇七，一〇八，一貞「庚子其雨」？一貞「庚子不雨」？此事以骨背證之，知將于庚子「酒祭」，蓋冀其「不雨」，而復卜「其雨」者，例當「正反兩貞」也。由此推證，凡同日同事而所貞有正面反面之不同，辭雖不在同版亦可互相聯繫。如八三，八七兩辭同于辛巳卜伐下旨，一正一反，不在同版，然其必為同時所卜，則無可疑。

以上六法，為整理卜辭者所應注意。惟分期必須認真，復原必須盡力，然後月日可以聯繫，事類得其貫通，同版以證時期之近，重文以輔彼此之關，更以人名地名為之線索，如綴百衲文衣，如穿九曲之珠，規矩粗備，運用之妙，在於人為，本譜一，即應用兩種原則，六種方法之一例，驟視之似茫無端倪，細審之則條理自見。惟所憾者，復原工作，尚未能盡最大之努力，考釋文字，多屬隨手寫出，不遑深究，補訂之任，留待將來而已。

（文見《殷曆譜》下編卷九）

殷曆譜的自我檢討

董作賓

今天承聯合國中國同志會把第一百次的座談會讓我來講演，這樣大熱天，又勞動各位惠臨，都是非常感謝的！

提起《殷曆譜》這部書，我應該向大家敬致歉意！這是十年前在四川李莊手寫石印的，當時只印了二百部，所以在國內外很少流傳，現今存在台灣的不多，我自己也只有一部稿本，不能給在座的各位先生閱看，我相信看過這部書的，一定很少，所以今天的講題，就未免太空洞。因為許多朋友熱心，要我講《殷曆譜》，也只好借此機會，把《殷曆譜》作一番自我的檢討，還希望在座的諸位先生，不吝指教。

《殷曆譜》這部書，雖然我曾下過十年研究工夫，在西川李莊，手寫了一年又八個月，印成了四大本，連圖表共佔有七十萬字的篇幅。在我看這算不得一回事，這只是「甲骨學」裡，研究方法進一步的一個小小的嘗試。若把甲骨文字的總數作十萬片計，這部書用的甲骨，九譜共約五百八十片，佔全部材料，不及千分之六。研究的結果，也不過殷代「年」與「曆」的兩個問題而已。如果我自己認為：我的一生，此一研究即是重要貢獻，即是重要著作，以此為滿足，實在有點瞧不起我自己。今天所講的，打算分為三段：一、先談甲骨學。二、《殷曆譜》是怎樣寫成的。三、十年來的自我檢討。

一、先談甲骨學

以金石學為例，當然甲骨文字的研究，也可以稱為「甲骨學」。不過甲骨文研究雖然有了五十多年的歷史，研究的中外學者雖已有二百八十九人，所作的專書論文，雖已有八百七十六種（據胡厚宣君三

十八年的統計），實在還談不上已成為一門重要的學問。據我的看法，這一門學問，正規的研究，並沒有開始，在最近的二十年，剛剛摸出一點研究的途徑，這途徑尚在試驗之中，第一步方法是「斷代」研究，第二步方法是「分派」研究。二十多年，大家已接受了第一步，在此一期間的論文，已和以前的大有不同了。可是第二步方法，是在《殷曆譜》發表以來，許多人還未能接受。所以我覺得今天的甲骨學，研究的方法，還在試驗探求之中，有方法才能研究，能研究才有結果，這時候僅可以說是甲骨學的啓蒙時代，現在應該做的工夫，不外下列的四種：甲、總集材料，乙、綴合復原，丙、編製索引，丁、研究專題。下面約略談一談這四種方法。

甲、總集材料

截至今天為止，殷墟出土的甲骨文字，以片數計，總數量大大小小，不會超過十萬片的。我在去年寫過一篇「甲骨文材料的總估計」（刊《大陸雜誌》六卷十二期），估計的結果是如此。大概已於著錄的共有四萬二千零五片（近承饒宗頤君校正為三萬九千六百零四片），未著錄的約為五萬四千一百十三片，總數是九萬六千一百十八片，十萬片只是舉一個整數而已。當然我們現在能見到的只是著錄的一少半，這其間近十年前發表的要佔多數。我常對朋友和同學講，希望人人注意搜輯甲骨材料，無論多少，照像，摹寫，或墨拓，能夠流傳一片是一片，這是甲骨學最基本的工作。在台灣，研究甲骨學第一道難關，是甲骨文字的材料不易看見。我在民國三十年曾計劃把甲骨文字分期分類編纂起來，名為「甲骨彙編」，全都由我摹寫，照原大小付石印，以供整理時拼合復原之用，北平國書館長袁同禮先生願意替我刊印。當時我曾先作了一本，共一百葉，外有釋文考證一本，已送上海付印，以後停頓了，原稿也就一去不返，渺如黃鶴了。許多經我摹寫過的孤本，也都跟著犧牲掉。現在香港大學的饒宗頤教授，正編著

一部「甲骨文匯編」，旨在集中資料，統一編號，除了殷虛文字甲乙編四冊所收的一萬三千零四十七片，不再重印之外，把其餘的所有已著錄的材料，影照、墨拓、摹寫，照甲乙編大小，一概編印，去偽去複，可得二萬九千三百九十片。這確是現今甲骨學界的重要工作，值得大書特書，向熱心甲骨學的朋友們報導的。

乙、綴合復原

綴合復原，是整理甲骨文字的第一步重要工作。以前的甲骨學者，偶然遇到可以綴合的殘片，莫不沾沾自喜，固然，這如果是比較重要的資料，在拼合以後，就可以得到不少新的知識。在民國二十八年，曾毅公君作過一本「甲骨奻存」，收了綴合的甲骨七十五片，聽說他最近擴充為「甲骨綴合編」，共得四百二十六版。現在看，這是應該做的而又極容易做的事。用斷代分期之法，再加以分類，範圍既小，復原的機會就多。大部分甲骨是出土在小屯村的，多數原是完整的，在出土時候打破了，土人又分售到各地，現在集攏一起，如果懂了龜甲牛骨的組織，又能分期分類，可以接合的片子，自然易於破鏡重圓。還有同在一版而殘辭不相密接的，根據分派研究的標準，在新派的分類專用，固定地位，文例，文法，各項嚴密的組織之下，這是絕對可以做到的。例如我在《殷曆譜》祀譜二帝乙祀譜十四葉所錄的一塊復原的龜腹甲，原列殘辭四片，三片密接，一片在左上方，右上方我曾補了「癸酉五月甲戌宦虎甲兮羌甲」各要點，三十五年胡厚宣君摹寫本「戰後平津新獲甲骨集」，元嘉造象室所藏甲骨文字第二六二片，是龜甲的右上方，正和我所擬補的部分，文例，文法，地位，完全相合。這是研究甲骨學進一步的工夫，只能為知者道，不能與淺學者言的。

丙、編製索引

我在作《殷曆譜》時，為了摹寫第五期祭祀的卜辭，翻徧了所有

的材料書，發現《鐵雲藏龜》一系，絶無第五期卜辭，才知道出土坑位是相當重要的（據考出是出在小屯村北劉家二十畝地内）。那時候我們發掘的材料還没有印出來，檢查孫海波的「甲骨文編」是不夠用的，這是甲骨學者所共有的感覺。二十年前曾見明義士先生擬編的甲骨索引，將每一卜辭所見的文字，分隸于每字之下，如一辭十字，必備十卡片，檢查甚為方便，但是積稿極多，因為工作繁重，終於未能完成。此法採自王襄，王氏於民國九年作「簠室殷契類纂」一書，實為甲骨字典的第一部，依《說文》分部編列，每字下摹抄全辭，頗便研考，惜不能詿明出處，因其中多為未見著錄的實物或拓本。且彼時材料尚少，還易於辦到。至十餘年後，明氏已不能為之。今則著錄材料日多，即以四萬片計，已屬不易著手。只有仍用商承祚孫海波的成法，列出每字的書體及所見之出處，以供檢尋而已。現有台大文學院的金祥恆君從事此項工作，成「甲骨文續編」十四卷，補孫書未收各項材料，其初稿所錄，已倍蓰子「甲骨文編」，將來與孫書合而為一，更加詿饒宗頤氏的統一編號，則將是甲骨學界的重要索引工具，從事全部甲骨文研究，方便多多了。

　　丁、研究專題

　　研究專題的範圍甚為廣泛。這裡我需要先介紹研究的方法。所謂研究方法，應該分兩個步驟：

　　第一步的研究方法是「分期」。　所謂「分期」，就是民國二十一年我所發表的「甲骨文斷代研究例」，分卜辭為五期。這方法已為治甲骨學學者所採用了。用這方法最有成就的是胡厚宣君，他曾發表過論文五十四篇（據他的「五十年甲骨學論著目」），但是我們當時見到的第四期卜辭，往往誤列混入第一期。直到我寫《殷曆譜》時，才能分辨出來，所以我在殷虛文字乙編序文裡，就寫出來一段「揭穿了文武丁時代卜辭的謎」。分期的十個標準，在「甲骨學五十年」的

第十篇裡，我也曾有所補充和刪改（見《大陸雜誌》四卷八至十期）。這是研究方法的第一步，走過的人比較多，可是未走過的人也還不少，譬如我的老友徐中舒，他在接到「殷曆譜」時，曾有信給我，說「曆學既鮮素養，而甲文方面欲自斷代以迄識別文字，得以自信無疑，亦覺非短期可望。」這是實情，他是第一步的研究方法斷代分期，還沒有能做到，所以不了解我的書。

　　第二步的研究方法是「分派」。　所謂「分派」，乃是認識了文武丁時代卜辭的結果和整理五期祀典的啟示，這可以說，我在研究方面，又已邁進了一步。最初只是斷代分期，把帝乙帝辛時卜辭輯錄出來，找到了祀統祀系，找到了乙辛祀典的不同，找到了卜旬附記先祖名甲者的五種祭祀，寫成了帝乙帝辛兩個祀譜。在同時又發現了祖甲時代，也有同樣的卜辭，同樣的五種祀典。這種辦法當然是祖甲創製於前的。而在第四期的祭法，又多與第一期同，不與二、五期同。又在曆法上，文字上，貞卜事類上，所祀的對象上，看出一與四期，二與五期，各自成為一派，於是才有新派與舊派的解釋。並且把第二期的祖庚列於舊派，第三期的廩辛康丁，列於新派。就是盤庚小辛小乙武丁祖庚為舊派，祖甲革新禮制，廩辛康丁從之，為新派；武乙文武丁恢復舊制，為舊派，帝乙帝辛又恢復新制為新派。自遷殷至紂亡國，終殷之世，二百七十三年之間，十二王在政治上，經過了這四次的大變動。有了這一種觀察，對於甲骨材料的認識，便是清楚些。我曾在《殷曆譜》上編卷一第一章裡，寫過一節，「論殷代禮制之新舊兩派」，分為祀典、曆法、文字、卜事四項論之。我在去年二月又寫過一篇「殷代禮制的新舊兩派」（＜甲骨學五十年＞之十二，刊《大陸雜誌》六卷三期）說明舊派與新派，即是保守派與革新派。在政治上經過四次波動，互為起伏，顯然是新舊兩派之爭。這種研究，我認為是很重要的，但是第一步分期法不懂，便談不上第二步。也有第一步

做了，第二步尚不能做，同時對於《殷曆譜》也不能了解，這是必然的。胡厚宣君就是一個好例子。

要從事研究甲骨文字，如何研究，用甚麼方法，是先決的問題。像二十年以前把甲骨看作一堆神秘的東西，胡亂東撫西拾，附會牽強，斷章取義，寫成東西，固然可以自圓其說。如果擺在全部整理研究的步驟中，價值是有限的。雖然近十年我自己不曾按著理想作專門研究，但是無時無刻不在注意於分期分派方法的是否能夠成立？是否需要修正？我至少是有自信心的。

所謂研究專題，第一件事要問到怎樣去研究？如果方法錯了，工夫不到家，結論一定是錯誤的。例如研究殷代氣候，當然是一個專題了。民國二十九年魏特夫氏根據有月份的卜辭三百十七片，研究殷代的氣象，寫了一篇「商代卜辭中的氣象紀錄」，載在美國地理學雜誌，陳家芷有譯文刊在「大學」第一卷第一、二期（三十一年），衛氏的結論是「殷代氣候比現在稍為和暖」。胡厚宣擴而充之，作「氣候之變遷與殷代氣候之檢討」一篇論文，（刊入《甲骨學商史論叢》第二集下冊），他的結論是「殷代氣候，不特稍暖，且遠較今日為熱。」此一專題，涉及現代的氣象學，我曾在《殷曆譜》下編卷九，日譜二文武丁日譜論證中，寫過一篇「殷代氣候與現代無大差異說」，重新加以論定。衛氏不懂第一步分期法，胡君不懂第二步分派法，所以他們研究的結果，都不能得到正確的結論。

再舉一個專題研究的例子，這裡有一張長表，是「分期」「分派」研究的結果，請諸位先生一看：

這表的標題是「殷帝乙七祀及八祀『五種祀典』逐日舉行表」，這是約在西元前一二○三年至一二○二年的時候，殷王帝乙的七祀（上一欄）八祀（下一欄）兩年之內，對于五種祀典彡翌祭𥛠舂，逐日舉行的詳細日程，從帝乙時的先祖上甲，先妣示壬配妣庚，以至於他

的父親文武丁，他的母親母癸。一年舉行一次，每種祭祀，須要祭父祖三十三人，母妣二十四人，共五十五人。五種，就是二百七十五次。這樣詳細的排列，不是隨便臆造的，是根據兩塊骨版的復原，上有殘辭，計七祀一片（佚五四五），八祀三片（新一，庫一六六一，金三八二）。可見「綴合復原」的重要。根據這兩版卜旬附記祀典的牛胛骨，參考祀譜中的祀統祀系，增補排列而成的。我們看，這幾乎是每天都有祭祀，可以考見帝乙時代每年每月每日祭祀的具體情形。這只是殷代祭祀的一部分，帝乙時還有又、勺、歲、䄟、彡侖、夕福、彡夕…等十一種祭祀，沒有列入。在祀譜二，帝乙七祀八祀的譜中，只舉先祖名甲的，並未列得如此詳細。（原表太佔篇幅，從略。）若不是「五期」與「新派」的關係，這個表是寫不出來的。

　　甲骨學的研究，現在只是初得門徑，才有方法，先把材料集中，儘可能綴合起來，再作成索引工具，以便應用。這樣，再用新方法去開始研究它。這些，都是期待於將來的。

二、殷曆譜是怎樣寫成的

　　為了實驗我自己所提出的甲骨文斷代研究法，是否可用，我最初的研究是專刁搜輯「第五期」祭祀卜辭，找到了帝乙帝辛的祀典以後，因為有許多卜辭，把祀典，先公先王，記的很清楚，有日的「干支」，有「在幾月」，有「惟王幾祀」，我才決計要研究殷代曆法。

　　說到研究殷曆的重要啟示，不能不推崇我們殷虛發掘工作的重要。是民國十八年的十二月十二日，中央研究院歷史語言研究所考古組主任李濟先生親手從小屯村北大連坑裡距地面深達六公尺半以下，掘出了四塊有字的龜版，這四版已見於安陽發掘報告第三期「大龜四版考釋」。其中第四版卜旬版，編號三、〇、一八六一，這實在是斷代研究和曆法研究的第一手材料。斷代是根據卜旬有五位不同名的「貞人」，曆法是找到了大小月的關係，有大小月是太陰月，有「十三月

」的閏月，是太陽年，可見殷代用的是陰陽合曆（說詳《殷曆譜》下編卷五閏譜三）。因為這是小心謹慎發掘出來的東西，接兌起來，比較完整，可以知道前後九個月卜旬共有二十四次，又因為十二月和二月都有癸酉，又有十三月的癸巳，可以知道十三月和一月共只有從癸未到癸亥五個癸日，是十三月和一月，必有一個月是二十九日。又因為同是卜旬，而卜下貞上的字，有賓咼等五種不同的名字，可知這些都是人名，都是太史問卜的人，我叫他們「貞人」，在九個月之內，大家是來輪值的。受了此版的啓示，引起我對於斷代和曆法的極大興趣。我們看，過去的著錄，例如這本《殷虛書契後編》，都是碎片，卜旬的辭，接連在一起的，絕不會有此二十四旬的完整，在破碎的片子上，那能得到這個發現？所以我不能不表彰殷虛發掘工作的重要，不能不感謝今天在座的親手挖出這塊寶貴材料的李濟先生。

　　　　甲、坦白的陳述在「自序」中

　　三十四年四月三十日，《殷曆譜》全書共三百八十七葉，寫印完畢，我又作了一篇自序。這部書為的少寫字，用淺近文言，不用白話，所以傅孟真先生給我作序，也用文言。同樣的關係，自序也是文言，這並不能和故意賣弄文筆者可比，我曾說過：

　　　　每見朋輩為文，字斟句酌，清繕再四，乃成定稿，殊覺赧顏。

　　　　然余書為史料之論證與敘說，但期能明白如話，達其意旨，即

　　　　已滿足。若以潤色修飾見責，余將遜謝不遑矣。

　　此書並無成稿，僅有已編定的三種祀譜，兩種日譜而已。自序云：

　　　　此書之編輯材料，始於民國二十三年，終於民國三十二年，凡

　　　　十閱寒暑。而寫印之時，隨手增刪，亦近兩載。其初僅作第五

　　　　期材料之彙錄及分類整理，乃有帝乙帝辛時祀統祀系之發現，

　　　　因進而求其年曆，故祀譜之編製為最先。二十六年初製乙辛兩

譜各二十祀，稿經數易，三十年而定。祖甲祀譜，乃在其後。年曆譜之作，起於二十七年，訖二十九年而寫定。日譜中武丁帝辛兩譜，亦同時所編。此皆本書中最費工力之部分，擴充之以成殷曆譜之原動力也。交食譜之編，著手於二十八年。其次六譜，均逐漸輯錄，以至於今日之寫定。編輯經過。大略如此。

編輯既然如此草率，寫印時候，正值抗戰末年，國難嚴重，在四川南溪縣李莊鎮上，一個小小的石印館中，他們的工作，粗笨無比。我曾在序文中發過牢騷，說：

> 今之所謂石印，於原稿落石後，滾墨敷紙而刷之。墨色之濃淡無常，故字跡之模糊者多。手民任意描繪，住往有清清楚楚而不成字形者。加以趕寫趕印，且編且寫，匆促之間，不免筆誤，皆余所深感懊惱而應致歉意者也。

一種著作應該審慎將事，不應該出於匆促，古人名山著作，往往用畢生精力，猶不願妄災棗梨。近代因為印刷方便，許多著作，多是粗製濫造，被別人逼出來的。我在當時也未免不是如此。我應該感謝傅孟真所長，雖然他是勤勉督促我寫印《殷曆譜》的，如果那時候不寫，復員以來，實在也沒有工夫一氣寫上二十個月了。當我寫的時候，確是一種尚未成熟的東西，我曾敘述此事說：

> 寫印此書，亦頗滑稽。前年之秋，傅孟真先生曾殷殷見詢，「此書共若干字，印若干葉，需若干紙？曷早為之計，物價且飛漲也！」余漫應之。蓋余亦不自知其預算之各為若干。余所能計者，僅為年曆譜、祀譜、及日譜之三，此皆有成稿在。其餘各譜，祇是架上之數堆紙片，而全部論文，亦祇是余心中展轉縈迴之許多問題而已。余發憤手寫付石印，在三十二年之九月，訖今寫印完畢，凡一年又八月也。

大部分既無定稿，因之上編論文部分，無從著筆，乃不得不先從下編寫起。下編除年曆等五譜圖表之外，皆隨手編錄，且編且寫者。上編論文，則自卷四至卷一，逆行寫之，各卷亦僅列大綱，未作細目。故全書之寫印，實係初稿。有時公私瑣務蝟集，每寫一句，三擱其筆。有時興會淋漓，走筆疾書，絮絮不休。有時意趣蕭索，執筆木坐，草草而止。每寫一段，自加覆閱，輒搖其首，覺有大不妥者，即貼補重書，故漿糊剪刀乃不離左右。箇中甘苦，只自知之。

這都是實在情形。抗戰中孟真先生不常在李莊，歷史語言研究所所務，我是代理人，也可以說是研究所的老看家奴才。書是這樣寫成的，當然我自己也看不起它。我的意思是只要把我們嘗試的研究方法，明白的告訴甲骨學者，請大家指教，所以寫的不太詳細，不太淺顯，也不是給一般人看的，這都是實話。在芝加哥，有美友商量翻印，照像印刷是很方便的，可是許多地方要我自己描。我笑了，我說，如果描，不如我自己再寫一本好的。在這裡我要聲明一下，傅孟真先生看我稿子替我作序的時候，是三十四年的二月十五日，我寫完是四月三十。這兩個半月我在寫上編，所以他說「余讀是書已寫之太半」。其實下編只是編錄些材料，上編才是論文的本身。孟真先生的序文，他自己謙虛說：「余於古曆法與夫甲骨文字，皆未有入門之功」，也是實情。固然作序必須恭維作者，但是我並不感到他是我這種研究的知音者，也同我對於別位朋友感覺是一樣的。

　　　　乙、介紹殷曆譜的目錄

　　這部書，裝訂了四冊，有一張目錄表在這裡，介紹給大家，請大家看一個約略的輪廓。（原繪系統表太佔篇幅，改排如下）

殷曆譜上編

卷一殷曆鳥瞰　第一章緒言　一斷代研究法　　（一）十標準

　　　丙、曆和譜

　　這部書名為《殷曆譜》，實際上是「殷代的曆法和由各種卜辭排列的譜」，自當首先加以說明，不說明便易使人誤會，以為只是「殷代曆法的譜」。記得在華盛頓國會圖書館唔恆慕義博士，他告訴我他們有這部書，當時我參觀到殷虛書契一類架子上偏尋不見，後來才知道是擺在天文歷算書一類的架子上了。其實是應列入甲骨文字書一類的。我在自序中說：

　　　此書雖名《殷曆譜》，實則應用斷代研究更進一步之方法，試作甲骨文字分期、分類、分派研究之書也。余之目的，一為藉卜辭有關天文曆法之紀錄，以解決殷周年代之問題；一為揭示用新法研究甲骨文字之結果，以供治斯學者之參考。前者在曆，後者在譜。蓋由譜以證曆，非屈曆以就譜；曆求合天，譜徵信史；曆自曆，譜自譜，一而二，二而一者也。

下編的十譜，年曆譜屬於「曆」，其餘九譜屬於「譜」，序中也均有說明。本書所用以考定年代之方法，我定有三個原則。序云：

　　　曆者，古史年代學之基石也。余嘗為研究古史年代定三原則，

曰線、點、段。線者往古來今之一縱線，即合於天行之曆；點者據真實之史料，在時間之縱線上可以確定之一據點；段者由據點推證線上之一段，即所謂年代也。段之構成在點，點之寄託在線，故三者之中，線尤重要。歷來推考古史年代者，必以一種曆法為依據，如劉歆世經之用三統，一行曆議之用大衍是也。殷周年代，異說孔多，以總年論，殷有四五八，四九六，五〇八，五一〇，六〇〇，六二九，六四四各說，周有七七五，七九六，八〇二，八一〇，八一一，八二八，八六一，八六七各說。夫推殷年者，必基於周，周年之異，在共和以前，共和前年代之推求，固學者所望而卻步者也。然前人之考定古史年代，輒不敢超越六曆三統之範圍，由今日天文學精密之數字證之，六曆並同四分，三統疏於六曆，以四分上推周初，氣朔均失之先天。故今欲憑曆法以考定古史年代，非有合於天行之真曆不為功。以今測歲實朔策，推步三千年以上之古曆，此「年曆譜」之所以作也。於此，吾人須具一信念，即所謂曆者，在太陰月與太陽年，而月有圓缺，歲有寒暑，時無古今，為人類所同感者也。本此信念，以合天之「線」，定真實史日之「點」，求準確年代之「段」，則庶幾近之。更執此三原則以衡一切異說，其是非真偽，亦未有不可立辨者矣。

本譜考定殷周年代的結果，在序中也曾提及：

（上編）第四卷，為本書研究目的之一，蓋欲憑藉甲骨卜辭中曆日之紀錄，徵之合天曆譜以考定殷周之年代也。考定結果：殷總年為六二九，遷殷後之年為二七三，周總年為八六七，皆舊說之所有；而殷周之際，有犬牙交錯之十年，則余之新見解也。

舊說以文王崩武王即位之年西元前一一二二，為周受命年，即周年之

始，乃截帝辛年為五十二。今知武王即位之次年為其元年，至十一年
伐商誅紂，是為西元前一一一一年庚寅（據大衍曆議，一行考定），
周人當始於此，所以商年實為六四〇，周年實為八五六，帝辛在位年
實當為六十三。至於譜的部分，見於序中者，略述如下：

　　下編十卷，分列十譜。十譜之中，「年曆譜」為其總綱。舉盤
　　庚遷殷至帝辛之亡，二百七十五年之朔閏月日，列十二目，參
　　用現代天文年曆學之工具，以便檢校。朔期合天，閏重史實，
　　殷代之行用古四分術，亦於長時期之推步中得其證明焉。此余
　　之所謂「曆」也，年曆譜之下，別有九譜：

　　「祀譜」者，以彡翌祭𡥘劦五種祀典為骨榦，祖甲實創其制，
　　帝乙帝辛，加以增訂，五種祭祀之一週，適足一年，此稱年為
　　祀之所由來也。帝乙帝辛兩世卜辭之區分，亦以祀典為其確證
　　。（今有修訂，見後）

　　「交食譜」者，考定卜辭中武丁文武丁兩世日月食之紀錄，附
　　以帝辛世之月食。其中以武丁時十二月庚申之月全食，及帝辛
　　時正月乙亥之月全食為尤重要。一足以證殷正建丑，及舊派「
　　十三月」之閏制；一足為殷周年代之連鎖，皆年代學上之標準
　　點也。惟余短於天算，未能作更精密推步，校訂之任，有俟專
　　家。（按今已修訂全譜，詳後。）

　　「日至譜」者，考武丁文武丁時之兩夏至，以文武丁卜辭尤足
　　珍異，其所紀「五百四旬七日」之數字，四分術一年半歲實之
　　僅存者也。（按今刪武丁日至一譜，詳後。）

　　「閏譜」者，鉤稽卜辭中閏月之關係，以考殷代新舊兩派置閏
　　之異致，「無節置閏」法之發現，實足與顓頊曆之古制相證。
　　而武丁二十九年之十三月，帝辛十祀之閏九月，尤為新舊兩派
　　閏法不同之重要關鍵所在也。（按今改動其一，見後。）

「朔譜」者，舉卜辭中朔日所在之例，亦天象標準之一。

「月譜」者，列每月朔日卜月之特例，辭僅一見，吉光片羽，至可珍異。

「旬譜」者，示卜旬之例，卜旬之辭數見不鮮，然如能應用新法以整理之，亦可得年曆、地理、祀典、文例等重要之材料也。（今有增補，詳後。）

「日譜」者，彙集同時之卜辭，依次逐日排比之，以武丁帝辛兩譜為繁重，由是而解決伐鬼方征東夷兩大故事之懸案，以見其真象之一斑。兩譜之整理研究，亦足示新法之要例也。文武丁一譜，於卜旬附記一旬內之氣象，為後世測候紀錄之濫觴，殷代氣候之概況，於此見具體之實例也。

「夕譜」者，舉卜夕之例，亦所以備一格耳。

以上九譜，涉及天文、星象、地理、方國、農業、制度、文物之研究者，隨在而有，雖屬一管之見，亦足供參考之資。

右之十譜，除「年曆譜」屬於曆之外，以下九譜皆甲骨卜辭中重要資料，經過整理研究者。此刻雖不願加以翻印，供人參考，但如時間許可，或將分別改作，以餉讀者。

三、十年來的自我檢討

從發表《殷曆譜》到今天，已是十個年頭了，這十年雖然我並没有專力於甲骨學的研究，但無時不注意到殷曆譜中的各項問題。我自己的感覺，這裡面的方法和結論，大致都是不錯的，有時覺得需要修改一小部份，有時居然得到更有力的證據，這都足以加強了我自己的信念。學問是千秋大業，真理是永不磨滅的，此時縱然無人領略，若干年後總有能領略者。所以我在四十年十二月二十日同志會第三十六次座談會講「中國古代文化的認識」時，就是本於這一信念作出發點

的。從新法研究甲骨文字的結果，認識了甲骨文在殷代文化上的價值，得到了殷代曆法的輪廓，證明了「殷正」是「建丑」，使我深信「三正」，深信曆法起源之古，我們傳統的年代學說，從唐虞起算，距盤庚不過九百多年（堯元年西元前二三三三至盤庚十四年一三八五，共九四九年）。從傳說中的黃帝到唐堯，不過三百多年（黃帝元年西元前二六七四）。中國的文字曆法，相傳創自黃帝，去殷不過千餘年，從殷代所使用的文字和曆法看，演進之久，決不止於此數。這使我們對於古代文化和古代史的看法，應該改變五四運動以來的輕蔑的態度而易以鄭重的客觀的態度。在《古史辨》自序中，顧頡剛曾一再聲明，他是採用積極的疑古方法，超過了今文家，打倒一切的傳統古史，惟一的希望是從甲骨文字研究中，建設起來一部真實而有科學證據的古史。我今天可以正告頡剛：甲骨文已不是三十年前黑漆一團的東西了，據我粗淺的研究結果，它在古史上的價值並不太大，它又處處證明了古代殘存史料大部分是真實可信的，傳統的古史，是應該恢復的，不過傳到後世，有了矛盾之處，須要加以研考而已。你的態度應該更變了。至關於《殷曆譜》，我自己在這十年之內，無時不在細心檢討中，現在可以分刪、改、增補三方面略談一談：

甲、應刪的

這是些無關重要的地方。應刪的實在只有兩處。

一是上編卷三「祀與年」第一章殷代之紀年法，曾舉《殷契遺珠》第四六五版中之「得四年」為例，後得孫次舟君函云：

大著卷三論年祀所引中村不折所藏骨片，摹圖「得四年」，是否「得四羌」之誤？祈與原照片核正。

我當即檢查原書，果然是我誤認羌字為年字了。這在三十四年十二月，我寫「殷曆譜後記」時，立為一節，「四，關於得四年」，加以刪正，說「祀與年篇自應刪去此例」。

　　孫君在成都，那時指謫我這一錯誤的當然是在齊魯大學的胡厚宣君，他必到處宣傳，孫君便好意的告訴了我。傅孟真先生也非常關心我的書，他在三十四年十月十七日，寫信給我，告訴我他在重慶看到了胡厚宣，曾問他對於殷曆譜的意見，胡君先不肯說，孟真強之再三，他說如下：

　　（一）他根本不信你對（兌）甲片法（按指拼合補充同版而不聯接的龜甲之法，這是胡君懶於做的），他說凡是沒有字銜接的，不可專靠地位，因為用這個方法對（兌），所以可如意湊成。

　　（二）劉朝陽曾作晚殷長曆。

　　（三）他說大約是吾兄年老眼花了，抄錯了好多，例如《殷契遺珠》一段「得四羗」誤為「得四年」而大發議論。他說中舒也有此說。

　　他又說他一定不批評，而要寫一封長信給你。我笑說你批評也好。特此奉聞，以供一笑。

我很感謝孫先生的這一番好意。我現在可以說，胡君第一件的不信，是工夫不夠，在本文前面所舉「綴合復原」的一例，就是胡君在次年發表的摹本龜甲殘片，足以證明我擬補的正確，可惜到現在他自己還不知道。第二件舉劉朝陽旳晚殷長曆，足證胡君沒有曆法的常識，也不曾注意到劉氏處理甲骨文的謬誤，他並且反對過「一甲十癸」之說。劉君很清楚的是受了顧頡剛的請託，專門對我發表的殷曆論文加以駁斥抨擊的，他曾作「殷曆質疑」，「再論殷曆」，「三論殷曆」，這篇「晚殷長曆」，便算是劉氏的最後結論。為的是我每次論文講殷曆都有過於替傳統古文張目的嫌疑，我卻並非故意的。第三件我承認。但他所說的「好多」，也終於未寫「長信」給我。

　　二是唐蘭的意見，我贊成他所說日至譜之一，是記某人之至。把

「日至譜一武丁日至」即下編卷四第三葉，全葉刪去。這我是接到他信的時候，已決定了的。信是三十四年八月十五日寫的，有一段說：

> 若第以粗讀一過之感想，則祀譜日譜具見功候，日至譜則不敢苟同。以第一例恐仍是記某人之至，第二例，則恐是殘辭也。
> 其實尊者不妨缺此一譜。

第二例是「文武丁日至譜」，前面殘缺，當然是殘辭，但此片的重要，在乎它記有「五百四旬七日」，這是一個夏至，可以證明殷代所行用的四分曆一年半的「歲實」。當時我寫了此譜，便把武丁時一片「今日至，吳御于丁」，作為陪客，此辭當然可以解說為「吳於今日來，乃命其御祭於丁。」現在我尊重朋友的意見，接受了一半，打算把此例刪去，但仍須保留「文武丁日至譜」。

　　　　乙、應改的

　　《殷曆譜》中應加改定的地方：第一是交食譜。我在三十九年寫過一篇「殷代月食考」，根據德效騫博士推算的「四百年間安陽及中國所見月食表」，修訂了譜中全部交食譜（集刊第二十二本），這是第一次修訂。前年因為嚴一萍先生拼合了五片卜旬版，使一個八月乙酉的月食完整了，我又寫了一篇「卜辭中八月乙酉月食考」，推定在西元前一二七九年九月二日丙戌二時六分的月偏食，正是殷曆的祖庚二年八月（建申月於夏正為七月，周正為九月）十五日乙酉之夜（今推丙戌二時六分，在殷代全夜屬於乙酉）。又考定交食譜的「月食五」，月食考的「丁、乙酉月食」，乃是此片的同文異版。這是第二次的修訂。

　　同時也修訂了年曆譜中祖庚元年至五年的閏月安排。（均見本文，載大陸雜誌特刊第一輯下冊四十一年七月出版。）

　　這樣修訂，使「殷曆譜」的基礎，更穩固，更堅強了。同時卻又有德效騫博士根據月食以考定殷商年代的異說出現了。德氏本不是研

究甲骨文字的人，他用了他的亡友白瑞華博士的意見，寫了一篇「商朝年代」在通報上發表，把我所考定的武丁時代西元前一三一一年的「庚申月食」，搬下來到西元前一一九二年，為的要將就高本漢所列武王伐紂年為一〇二七之說。他主要的根據是白氏之說，把一夜中分為兩個干支，如此才搬得下來。但這種辦法，卻是殷代所絕無的。我曾在「卜辭中八月乙酉月食考」第六段「由月食考殷商年代的異說不能成立」文內，有所辨說。又見於我所寫的「殷代的紀日法」。這裡都不再贅敘了。

第二是祀譜。祀譜是費過大工夫研究得來的結果，在全譜中是我所堅決自信不疑的部分。這裡所舉修訂之點，原是祀統祀系中無卜辭可證而又可以游移一二旬的地方。帝辛二祀，原列正月甲午工典，甲辰彡上甲，今改訂為甲申工典，甲午彡上甲，移彡祭錯前一旬，則合於二祀正月丙辰彡日大乙配妣丙之一商器，此應修訂者一。帝辛五祀之閏三月，如改為失閏，於六祀七月補之，則又合於六祀四月彡日乙酉彡日武乙之另一商器。此應修訂者二。如此更合以四祀四月乙巳翌大乙，則新出商三器銘文無不密合。此三器，曾由馬叔平先生自重慶摹寫見示，已詳見於「後記」七，「據新出商器銘刻三事補證帝辛初葉祀譜」一節。

關於祀譜，尚有「帝乙八祀祀典之修訂」一節，也見於「殷曆譜後記」，此乃接兌新一、金三八二，庫一六六一合為一版的證明，不影響及于年曆。

以上皆是我自己修改者。近十年來，陳夢定氏曾於四十年寫「甲骨斷代學」一篇，把我的祖甲帝乙帝辛三個祀譜，改編而成。他主要的辦法是把祀典與年曆分開，只講祀典不講年曆，這就未免奇怪。他又稱祀典為「祀周」稱年月為「農曆」，結論是「我們只可能重構與年曆無關的『祀譜』，而尚未可重構殷代『曆譜』」。（見《燕京學

報》第四十期）。最近看見澳國一位漢學家拜納氏所攜來的《奴隸制時代》，載有郭沫若在三十九年所寫的一篇叫做「蜥蜴的殘夢」，中間罵到我的《殷曆譜》，說：

> 以前倘田野考古的人，大抵缺乏社會發展史的知識，有的人更根本不相信社會發展史的階段劃分，故他們對於這些史料不加重視（指殷代殺人殉葬而言）。或則兢兢於古器物尺度輕重的校量（指李濟之先生所研究的銅器陶器），或則根據後來的曆法推譜所謂「殷曆」（當然是指本人），真可以說是捧著金碗討飯了。

他不懂我的《殷曆譜》，這是當然的。記得在三十四年，傅孟真先生送給他一部殷曆譜之後，他寫信給我，說「惜尚未能過細拜讀」，我想他不但那時沒有過細看，直到現在也不會看過，就是看了，也不一定會瞭解的。因為他只接受了「斷代研究法」，只走過第一步。抗戰期間，他已捨棄了金文甲骨之學，專門替共產黨作宣傳工具去了。到此時，我才明白：陳夢家為什麼在四十年寫《甲骨斷代學》的時候只抄我的祀典，不敢談曆法。這樣也好，算是給他一個藏拙的機會。

日前接到日本弘前大學的一本研究論文，是最近出版的，共三百餘葉，題「甲骨卜辭之研究」，副題是「祭祀卜辭之研究」，著者是島邦男氏。島邦氏是未見過《殷曆譜》的，但是他用了斷代法分為五期之後，所得結果，關于五種祀典部分，幾乎和我的祀譜相同。這種深入鑽研的精神，令人驚佩。據他的序文說這篇論文是經過貝塚茂樹和平岡武夫兩教授指導的。我曾見到貝塚茂樹，伊藤道治，白川靜諸位的甲骨學論著，都能用斷代研究方法，審慎取材，詳密討論，真是很難得的甲骨學同志。反觀我們中國的甲骨學研究，能不慚愧。

第三、是閏譜。為了修改「交食譜」，把甲午月食排在西元前一三七三年三月二十七日，即是殷盤庚二十六年三月十六日，下距武丁

元年尚有三十四年，若是此版的史臣賓，活到八十歲以上，他最多也不過供職六十多年，他是在武丁中葉（三十年左右）還在職掌著貞卜之事的。可是絕不能供職到武丁的五十年，因為在大龜四版的卜旬版中有「賓」作貞人，此版我在閏譜中列於閏譜三。這是我寫「殷代月食考」時，早已感到不妥的地方。四十年六月，香港一位甲骨學者康培初先生，曾惠書談到此事，我很佩服他思慮的周密。於是我寫了一篇「大龜四版之四卜旬版年代訂」（《大陸雜誌》三卷七期），修改閏譜三武丁五十年，為閏譜一小乙三年，改（乙）式排法為（甲）式，解決這個年代學上的困難問題（說詳該文，不再複述）。

　　　　丙、應增補的

　　《殷曆譜》只是殷代年曆的一個檔案架子，經過我十年的細心檢討，這架子已由木的變為鋼的了，所謂增補，是應該把架上的殷史檔案，充實起來，但可惜我近十年並未能做這一工作。至於譜中應增加的資料及說明，也並未做過多少。例如我所寫的「殷曆譜後記」，除了上節修訂的部分之外，還有：「二、文武丁日譜補記」，應補在原譜殷代氣候說明之後。為向唐蘭、陳寅恪解釋他們的疑問，作「六、殷正與無節置閏問題」，應補在年曆譜敘說之後。「三、劉朝陽氏庚申月食之推算」，「八、德效騫博士庚申月食之推算」，均應補在「殷代月食考」之後。

　　嚴一萍先生在《大陸雜誌》三卷七期，寫了一篇「殷曆譜旬譜補」，根據他所拼合的甲編三片三六二五，三六三三，三六三五，得卜旬辭自十二月癸巳至翌年五月癸巳，其間一月只有癸卯癸丑兩癸日，知是年一月小甲午朔，應補在祖庚四年，為「旬譜四」。原譜四至八，改為五至九。本來「旬譜」和「夕譜」，在年曆學上的價值，並非重要，且可容納于「日譜」。因為殷代王室無世不有卜旬和卜夕的例行公事，所以列為兩譜，用備一格。

　　近年著手整理周金文中西周史料，已成論文三篇：一是「周金文中生霸死霸考」，二是「武王伐紂年月日今考」，三是「西周年曆譜」。這三篇是互相關聯的，第一篇是繼「四分一月說辨正」而作的，確定了生霸死霸的解釋，才能進而研考武成月日，於是以伐紂年月日來確定周年之始，從而才能據金文以考定共和以前的年代及各王之年。這都是上編卷二第四章「周總年及共和以前之年」一個題目之下，應加補充研究的問題。以後全部整理金文銘刻，則屬於西周史料，和殷曆譜無關了。

　　凡是與《殷曆譜》有關的意見：以勤懇的態度研究甲骨文字，以建設的目標整理古史年代，以科學的工具推求古代曆法，我是極端歡迎而樂與討論的。傅孟真先生在他的序文中說：

　　吾見彥堂積年治此，獨行踽踽，備感孤詣之苦。故常強朋友而說之焉，朋友知此，亦常無義而強與之辯，以破寂焉。吾亦偶預此列，則故反其說，說而不休，益之以怪，彼我之所以為樂也。

　　歷史語言研究所的朋友們確是如此。大家平常歡聚，如一家人，若為一個小問題而互相爭辯，必會面紅耳赤，抬個不休，最後抬出一個「真理」，雙方同意，才能停戰。譜中許多問題，都向各方面的專家請教過的，只是一件，很多熟朋友，都怕我找他們談《殷曆譜》。在我想，這部書印成之後，有書的朋友，一定很少有人從頭至尾看上一遍的。有一次，足以鼓勵我使我興奮的一件事，是在三十五年六月，忽然接到了朱自清先生十二日寫給我的一封信，裡面說：

　　我寫這封信，表示對於您的殷曆譜的敬佩。我差不多從頭到尾讀完了這部大著，得到了許多殷代史的知識，也得到了許多曆法的知識。最感謝的是您「肯」說得詳細，「能」說得明白。這種深入顯出的工夫，是頂難得的。我在這部書所討論到的各方面，十足外行，但讀時津津有味。這就是您寫的好的證據。

書中的結論，我自然不敢贊一辭。但覺得大體都可信，特別是
祀統，真是個大發現！我最感興趣的是武丁日譜和帝辛征人方
日譜。這兩個譜使我們親近殷代，而漸漸減少那渺茫之感。從
前讀您的甲骨文斷代研究例，開始對甲骨文和殷史發生興趣，
後來讀武丁父子的健康一文，也很喜愛。我對曆法的興趣，也
是從您在讀書通訊中一篇論太平天國的曆法的文字引起的。倘
使甲骨學者都「肯」都「能」像您一樣，寫書不但給專家看，
也給素人看，那就不僅是我們素人的福氣，甲骨學也會更長足
的發展的。

書成的第二年，我接到此信，感到了非常的欣慰與興奮。這並不在乎
有人來恭維我，只在乎世界上竟會有一位自稱「素人」的，從頭至尾
讀完了我的書而且說是可以全懂的。這樣，也算沒有枉費了我研究十
年，寫印二年的工夫，而且寫的也並不算失敗。原信用幻燈放映在這
裡，請大家一看。我應該附帶的聲明，這不是作廣告宣傳，因為《殷
曆譜》早已沒書可賣了。

（文見《大陸雜誌》第九卷第四期）

卜辭中社會基礎的生產狀況

郭沫若

物質的生產力是一切社會現象的基礎。這已經成為社會發展上一般的公例了。

要研究商代的社會，第一步當然要研究商代的產業。

商代的產業狀況由舊有的史料可以得到一個大略的概念，例如：

(一)《史記》＜殷本紀＞言商之先人"自契至湯八遷"。自湯至盤庚又遷徙過五次。

(二)《商書》＜盤庚＞係盤庚遷殷時的訓告，那裡也說："茲猶不常寧，不常厥邑，於今五邦。"

(三)盤庚以後在＜殷本紀＞中尚有遷移，然張守節＜正義＞引真本《竹書紀年》云"自盤庚徙殷至紂之滅七百七十三年，更不徙都"（即見＜殷本紀＞）。卜辭中殷室帝王之名盤庚以後僅末二世帝乙與帝辛未見，，當以《紀年》為是。

這個現象在前人是忽略了的，但這正是遊牧民族所必有的現象。

由這些史料來觀察，大抵商民族在盤庚以前都還是遷移無定的遊牧民族，到盤庚時才漸漸有定住的傾向。《尚書》＜盤庚＞上開始便有一句話：

"盤庚遷于殷，民不適有居，率籲，眾戚出矢言。"

這正很明白地表示著當時的時代性，因為一方面表示著遊牧民族的遷移性質，另一方面也表示著人民已有了定住的傾向。定住傾向的產生當在牧畜的末期，有農業種植發生的時候。在盤庚當時初步的農業是必然有的。篇中也有像下面的關於農業方面的話：

"若農服田力穡，乃亦有秋。"

"惰農自安，不昏作勞，不服田畝，越其罔有黍稷。"

　　這都是用來做譬語，表現著當時的農業好像已經有很高度的發展，但這些文字是不敢過於信任的。大抵＜盤庚＞裡面只多少有一些史影，大部分是後世史家或孔門所潤色出來的東西。不僅＜盤庚＞這篇是這樣，凡《商書》以前的＜帝典＞、＜皋陶謨＞、＜禹貢＞都是孔門做的歷史小說。在商代以前絕對不能有那樣完備的文字，這由卜辭的發現已成為一個鐵案了。

　　由舊史料中所得到的約略的推測，商代自中葉以後已由牧畜時代漸漸轉入農業時代，在新史料裡面更可以得到無數的證明。我們現在分作漁獵、牧畜、農業、工藝、商賈五項，先作一個一般的分析。

第一節　漁　獵

　　卜辭中記載田獵的事項極多。羅（振玉）輯卜辭一千一百六十九條，分作祭祀、卜告、卜享、出入、漁獵、征伐、卜年、風雨、雜卜等九項。除五百三十八條的祭祀佔最大多數外，一百九十七條的漁獵佔次多數。這很可藉以知道當時的一個大概的情形。但這樣的數目很容易使人發生一個錯誤的判斷：便是商代的社會是一個漁獵時代的宗教迷信的社會。這個誤斷應該要先加以禦防。

　　羅《釋》的基本方針乃是"第錄其文之完具可讀者，其斷缺不可屬讀者不復入焉"（《考釋》＜卜辭＞第六）。所以他所考釋出的成績不能作為統計上的根據，不過在便宜上就根據他所考釋出的成績也可以得問題的答案。

　　第一，一百九十七條的漁獵中有一百八十六條是田獵，十一條是漁。在這一百八十六條的田獵當中每次差不多都書明了"王"；而且當王親自出馬時還每每書明著"茲御"的字樣。田獵時已在用車馬，

這是可斷言的。

第二，田獵所獲的數目於卜辭中屢有登載，但獲物到了百匹以上的，就我所見僅得下列數條。

"丙戌卜丁亥王 𥄂鹿（二字合書），𢏚。允𢏚三百又十四十八。"（後下四一，一二）

"壬申卜×貞圃。𢏚鹿，丙子𥄂鹿（二字合書），允𢏚二百又九，一×。"（前四，四，二）

"獲鹿二百。"（餘一二，三）

"（缺）田稌〔往來亡〕災，茲御。××二百五十×，雉二。"（前二，三〇，四）

"丁卯〔卜貞王〕狩正×𢏚獲鹿百六十二，□百十四，豕十，兔一。"（後下，一，四）

"××王卜貞田稌往〔來亡災，〕王固，曰吉，茲御。〔獲〕×百四十八，兔二。"（前二，三三，二）

上了百數的就只有這六項，此外有"狩獲𢏚鹿五十又六"（前四，八，一），"獲狐四十一"（見前），"獲狐二十五"（前二，三四，六）的紀錄，其餘的便僅在十匹上下了。

第三，被獵的獸類，無論是被獲的次數乃至每次被獲的匹數，都以鹿為首位。一百八十六條的田獵中，各種被獲的獸類，每類被獲的次數以及被獲匹數的最高紀錄，有如下表：

被獲物	次數	最高紀錄匹數
鹿	二四	三四八
狐	一一	四一
羊	八	（無紀錄）
馬	六	六
豕	三	一一三

| 兔 | 二 | 一〇 |
| 雉 | 二 | 六 |

雉兔是原始人極應多獲的，而在這表裡卻極佔少數。虎豹是原始時代極應多有的，而卜辭中少見。（後下五頁十二片有"獲虎"二字，又遺六頁十三片云："甲申王其✦虎。"此二條羅釋未收。）有獲象的一例（前一百八十六條中亦未收，但羅王二氏已早言及）：

"今夕其雨，獲象。"（前三，三一，三）（夕字前人釋月，非。）

這是極重要的一項紀錄，這證明三四千年前的黃河流域，居然還有象的存在。

第四，獵用的工具有弓矢犬馬網羅陷穽。這從下面一些文字及其組成成分可以得到實證。

圖五

由射字可以看出弓矢的使用。𥁊網𥄉三字在字面上已經鮮明。從網之字有兔網之罝，在網下畫一小兔；有豕網之羅，在網下畫一豕；有鹿網之罞，在網下畫一鹿頭。這些字本來看不出它的時代性，但如狩御二字，則鮮明地表現著它們的時代。在御字中可以看出馬的使用，而且御字第四形還有服象的痕跡。狩字古本作獸，可以看出獵犬的使用。這些都是牧畜發明以後的文字。

第五，羅《釋》關於漁的一項列舉了十一條，但這十一條有如下的六條的確是錯誤：

　　"貞乎子漁又于祖乙。"（前五，四四，四）

　　"貞×漁又于祖乙。"（此條未知所出）

　　"×乎漁又于父乙。"（前一，二六，二）

　　"丁亥卜貞子漁其有疾。"（前五，四四，二）

　　"貞御子漁。"（前七，一三，三）

　　"貞子漁亡其從。"（後上二七，二）

子漁是人名，除這六條外卜辭中尚屢有所見，如下：

　　"貞㞢子漁登于大示。"（後上二八，一一）

　　"×貞子漁有冊于娥，酒。（鐵二六四，一）

　　"壬申卜賓貞乎子漁侑于××。"（鐵一八四，一）（戩四三，八）

　　"貞御子漁于××。"（鐵一二四，二）

　　"子漁有從。"（前五，四四，三）（戩四三，九）

古金文中呼字多作乎，此所謂"貞乎子漁"即"貞呼子漁"，卜辭乎字用作呼字例亦屢見不鮮，如：

　　"乎多臣伐呂方。"（前四，三一，三）

　　"王戌貞乎子伐又于𧱳，犬。"（餘四，一）

皆是呼字，此第二例的子伐亦即人名，與上"貞乎子漁"同例，

又與"貞御子漁"同例者有下二例：

　　　"丁巳卜賓御子伐于父乙，賓御子伐于兄丁。"（鐵二五四
　　，二）（後上二二，六）

此外人名子某者，辭中屢見不鮮。

漁的十一條中除去六條。只剩下下邊的五條：

　　　"辛卯卜貞今夕〔亡〕田，十月，〔在〕漁。"（前五，四
五，二）

　　　"貞弗其屮。九月在漁。"（前五，四五，四）

　　　"癸未卜丁亥漁。"（前五，四五，四）

　　　"貞其雨在圃漁。"（後上三一，二）

　　　"在圃漁，十一月。"（後上三一，一）

此外羅氏所未收入者也還有一二條：

　　　"貞眔有災。九月，魚。"（前五，四五，五）

　　　"王漁。"（前六，五〇，七）

　　統計所有關於漁的紀錄連殘缺者一並計算亦不過數例，這已經可
以證明漁在當時確已不視為主要的生產手段了。

　　由上五項的分析，我們可以得出下面的幾項結論：

　　一、當時的漁獵確已成為遊樂的行事，即是當時的生產狀況確已
超過了漁獵時代。

　　二、獲獸至百以上者僅僅六七次，其它均在十匹上下。由此可以
窺知當時畋獵有大小規模的兩種。大規模的畋獵如周代的春蒐、夏苗
、秋獮、冬狩，在卜辭中雖無明文，但在殷代應該是有的。

　　三、獲獸多狐鹿，且有野馬、野羊、野豕、野象，這可見三四千
年前的黃河流域的中部，還很多未經開闢的地方。舊史料中如《孟子
》"周公相武王誅紂……滅國者五十，驅虎豹犀象而遠之，天下大
悅"；又《史記》＜周本紀＞"維天不饗殷……麋鹿在牧，飛鴻滿

野"；可知也是當時的實在情形。

第二節　牧　畜

　　和田獵成反比例的是卜辭中極少專為牧畜貞卜的事項。羅《釋》僅列出"芻牧"四條，附在六十一條的"征伐"之後：因為都是往芻或來牧之類戰爭開釁的原因。此外余曾遍搜卜辭，僅得下列幾條殘缺不全的文例。

　　　　　"庚子卜貞牧×艿。从于丁×用。"（後下一二，一三）
　　　　　"×辛卜賓貞牧稱冊（下缺）。"（同上一二，一四）
　　　　　"辛巳王貞牧×燕××。"（同上一二，一五）
　　　　　"卜貞从牧，六月。"（林一，二六，一）
　　　　　"辛酉又，其𢑟。"（餘六，一）
　　　　　"貞于𡊎，大芻。"（前四，三五，一）
　　　　　"卯卜王牧。"（前六，二三，五）
　　　　　"來芻陟于西示。"（前七，三二，四）
　　　　　"告芻，芻十一月。"（戩三六，一四）

　　比較上意義可以領會的就只有這幾條。假使單從數字的多少來作判斷，好像當時的牧畜還不甚發達的一樣，但這卻是大錯。當時牧畜發達的程度真真可以令人驚愕。從文字上來說，後人所有的馬牛羊雞犬豕的六畜在當時都已經成為了家畜，而在這六種普通的家畜之外還有後人所沒有的象。

　　商代有象由上文"獲象"一例已得到證明。商人有服象由上文御字的第四字更明白地可以看出。《呂氏春秋》〈古樂篇〉："商人服象，為虐於東夷。周公遂以師逐之，至於江南。"這項舊的史料在新的史料裡面又得到一個鐵證了。服象畜象的事情在中國是幾時消滅了

的，無從查考。被驅至江南的象隨著氣候的轉變當然是更往南方法了，目今印度緬甸猶有服象的習俗，這在中印兩國古代文化的交通上當得是一個重要的樞紐。

服象的證據除上御字之外還有一個很有意義的"為"字。據羅《釋》"為字，古金文及石鼓文並作象，從爪從象。……意古者役象以助勞，其事或尚在服牛乘馬以前"（類編三，九），這可以說是很重要的一個發現。故卜辭中有下列諸字羅氏即釋為"為"，這更表現得十分明白。

　　　　（前　V.30）　　　　　　　　　（後下. 10）

六畜乃至七畜均已存在，其應用也很繁夥。例如服御田獵如上舉諸字已可看出有用馬用象用犬的痕跡。

用作食物者有羞（從羊）、豚（從豕）、鑊（從隹，隹者禽也）諸字可以證明。

服御食用而外，六畜用途的繁夥其令人驚愕的便是用作犧牲。羅《釋》卜祭的五百三十八條差不多每條都有用牲的紀錄。羅氏對於此項的研究比較詳細，我們先把他的成績揭在下邊，不足的地方在後再加以補充。

（一）用牲的種類

　　"其牲或曰大牢，或曰小牢，或牛或羊，或豕或犬，其中又曰牡曰牝，曰𩠐曰獄。"

（二）用牲的數目

　　　　"其用牲數或一或二，或三或五，或六或九，或十或十五，
或二十或三十，或三十三，或三十七，或四十，而止于百。"

　　（三）用牲的方法

　　　　"其用牲之法曰燎，曰埋，曰沈，曰卯，曰俎。祭時或僅用
燎，或僅用埋，或僅用沉，或僅用卯；或兼用燎與埋，或兼用燎與沉
，或兼用燎與卯，或兼用燎與俎，或兼用埋與燎與卯，或兼用卯與沉
。"（《考釋》下六〇—六二）

　　就這樣已經是一個驚人的現象了。六畜中的牛羊犬豕者用作犧牲
，其他的馬與雞羅氏雖不曾列舉，但在卜辭中也有用作犧牲的痕跡。
《殷虛書契》中有一片（前一，一九，六）上端有下列二辭：

　　　　"羊用。"

　　　　"癸巳卜貞祖甲丁其牢茲用。"

　　下端整整齊齊的駢畫十馬，上五下五。這十馬當然便是馬牲。祭
牲用馬在春秋時的宋人都還有此遺習，左氏襄九年傳："春宋災，..
....祝宗用馬於四墉，祀盤庚於西門之外。"

　　用雞的痕跡在彝字中可以看出，彝字在古金文及卜辭均作二手奉
雞的形式。雞在六畜中應是最先為人所畜用之物，故祭器通用的彝字
竟為雞所專用，也就是最初用的犧牲是雞的表現。

　　用牲之數羅氏也有遺漏：

　　（一）有用四者：

　　　　"辛巳卜×貞埋三犬，燎五犬五豕，卯四牛，一月。"（前
　　　　七，三，三）

　　　　"（缺）貞燎四羊四豕，卯四牛，四（缺）。"（戩二五，
　　　　八）

　　（二）有用七者：

　　　　"貞求×宗其七牛。"（戩二四，一二）

"又于甲七牡。"（拾遺一，四）

（三）有用八者：

"又于祖辛八𠂤。"（林一，一二，一七）

（四）有用五十者：

"五十犬　　　　五十羊　　　　五十豚

三十犬　　　　三十羊　　　　三十豚

二十犬　　　　二十羊　　　　二十豚

十五犬　　　　十五羊　　　　十五豚"

（前三，二三，六）

"貞挈牛五十。"（前一，二九，一）

（此四"五十"字羅氏均譯作十五，非。詳《甲骨文字研究》＜釋五十篇＞。）

（五）有用三百四百者：

"貞御 𠂤 牛三百。"（前四，八，四）

"丁亥卜×貞，昔日乙酉，簋武御〔于〕大丁、大甲、祖乙，百𡆥，百勺，卯三百×。"（後上二八，三）

（凡卜辭用卯字例限於牛羊，偶言"卯麑"，僅一例，見下一九九頁第二十一行。此例已有百羊，"故卯三百"下所缺一字當係牛。百羊與三百牛相合，則為四百。）

由上的分析，六畜均用作犧牲，且一次確實有用到三百四百的時候，這不是牧畜最盛的時代決難辦到。用三百牛的紀錄，後來的文獻中曾見一例：

"秦德公……用三百牢於鄜時，作伏詞。"《漢書》＜郊祀志＞上，又見《史記》＜秦本紀＞

但這已要算是很少見的一例了，而在卜辭中則不僅一次。故即由此祭牲一項破天荒的濫用，已可斷定商代是牧畜最蕃盛的時代。

　　商代是牧畜最蕃盛的時代，舊史料中所得到的一些史料，可算得到了古物上的證明。但這裡有一個疑團，在本章的開端即已曾提及的，便是在這樣蕃盛的牧畜時代，為甚麼專為芻牧貞卜的紀錄卻很少見？

　　我對於這個問題有兩個解答。

　　第一，卜辭中卜年卜風雨的紀錄很多。卜風雨者多至不可勝舉，其卜年者有言明是"卜受黍年"，當然是屬於農業種植一方面的事情，但亦有單言卜年者，如：

　　　　"貞于王亥求年。"（後上一，一）

　　　　"壬申貞求年于夒。"（後上二二，四）

　　　　"貞求年于岳。"（前一，五〇，一）

　　　　"癸丑卜×貞求年于大甲十牢，祖乙十牢。"（後上二七，六）

　　　　"壬申貞求年于河。"（後上二二，三）

　　像這些紀錄，我想，和牧畜一定大有關係，芻牧也應該求年。《詩》小雅＜無羊篇＞專詠牧人生活，但末章便有"眾維魚矣，實維豐年"的話。

　　風雨和牧畜也大有關係，那是可無須乎敘述了。

　　第二，當時牧畜已有用奴隸擔任的痕跡。例如《藏龜之餘》第二頁有下列一片（戩三三，一五同）：

　　（一）「戊戌卜大占奴。"

　　（二）"癸巳卜令牧坐。"

　　坐字原文象二人相向而坐，張口而言，應即坐訟坐獄之坐。二事相隔僅六日，且同在一片，一條言"牧"，一條言"奴"，二者應係同樣的性質。牧在春秋成為最下等的奴隸，所謂"天有十日，人有十等。……王臣公，公臣大夫，大夫臣士，士臣皁，皁臣輿，輿臣隸

，隸臣僚，僚臣僕，僕臣臺。馬有圉，牛有牧。”（左傳昭七年，楚無宇語。）在殷代雖不必如此過甚，但用奴民牧畜是有存在的可能性的。

牧畜用奴隸經營，則支配者少為牧畜貞卜的理由便可以迎刃而解了。

以上二說，我覺得均可適用。結論是：殷代毫無疑問是牧畜最蕃盛的時期。

第三節　農　業

牧畜愈見蕃盛，則牧畜的芻料必然成為問題；這是使農業出現的主要的契機。大抵在牧畜最初發明的時候，牧畜的芻料只仰給於自然生的野草，所以當時的人民是逐水草而居，古代民族的發展多是隨著河流而下。但到牧畜太多，自然生的野草會到了不能敷給的時候，而屢屢遷徙亦不勝其煩，當時的牧人必漸漸有芻秣的種植。所以在中國的文字上最初的田字不是後來的禾黍粟麥的田，而是供芻牧狩獵的田。這在卜辭中很可得到不少的證據。

“土方牧我田十人，”（菁華二）

“舌方亦牧我西鄙田。”（同上一）

“舌方出牧我示𤓰田七人，五月。”（同上）

田中栽的是芻秣，豐草蓬蓬因而可以誘致不少的禽獸，這樣便最宜於狩獵。芻秣蹂躪了原是不關緊要的，故即於田中行獵，因而行獵的樂事也就稱為田。卜辭中言“田于某地”之例多至不可勝數，前面已舉一二例，茲再舉二三事以示例：

“壬子卜貞王田于㪔，往來亡災，茲御。獲鹿十一。”（前

二，二六，七）

　　"戊申卜貞王田雞（地名），往來亡災。王固，曰吉，茲御，獲狐二。"（前二，三六，七）

　　"壬申卜貞王田雞，往來亡災，王固，曰吉。獲狐十三。"（前二，四二，三）

　　像這些都可以表明田字的古義，就是最古的田是種芻秣的田，也就是最早的種植是以牧畜為對象的芻秣。

　　芻秣的種植既已發明。由天然的果實本有可以充飢的經驗或其他偶爾的機會，必然地會發現以人為對象的禾黍。於是而真正的農業便逐漸出現。

　　以上是農業出現的應有的經過。

　　卜辭中的農業如上舉已有以牧畜為對象的芻秣的種植之外，以人為對象的禾黍的種植也已經發現。

　　從種植一方面來說，於文字上有圃，有囿，有果，有樹，有桑，有栗，和種植相關連的工藝品則有絲有帛，大約養蠶的方法在當時是已經發明了的。

　　從耕稼一方面來說，則有田，有疇，有禾，有嗇，有黍，有粟，有來，有麥。和耕稼相關連的工藝品則有酒有鬯。酒鬯多用於祭祀，祭鬯之數有多至一百卣之例。（鬯據後來的字義就是酒的一種，卜辭每言鬯若干卣，揆其形象大約是一種糯米酒的光景。字中的小點便是表明釀中的酒糟。）

　　禾黍的種植在當時已很見重視，有不少的 "卜受黍年" 的紀錄，如：

　　"庚申卜貞我受黍年，三月。"（前三，三〇，三）

　　"乙未卜貞黍在龍囿，×受有年，二月。"（前四，五三，四）

　　"已酉卜貞年有正。"（前四，四〇，一）

　　"戊戌貞我黍年。"（同上二）

　其卜風兩時也有特別書明是為禾稼而卜的，但是為數極少。

　　"庚午卜貞禾有及兩，三月。"（前三，二九，三）

　　"貞今其兩不佳稼。"（後下七，二）

　大抵當時的禾稼還發明未久，故頗為支配者所尊重，就如周禮天子須親耕，"文王卑服，即康功田功"一樣，殷室的帝王也有"觀黍"和"省田"的紀錄：

　　"觀黍。"（前四，三九，四）

　　"丙辰卜永貞乎（呼）省田。"（前五，二六，一）

　像這樣很簡單的紀錄本來尋不出多麼重要的意義，但當時的農業生産和支配者還很親近，這是明白地可以看出的。

　農業尚未十分發達，此外還有一重要的證據，便是當時的耕具還是石器（如《古器物圖錄》中之三石磬即是犁頭）。此事於實物之外在文字上亦可得到證明，例如農字所從之辰，即是。蓋辰乃耕器（說詳拙著《甲骨文字研究》＜釋支干篇＞辰字下）。卜辭中辰字變體頗多，然其最通用者為 𠂤 或 𠂤，農字所從者亦均是此形。𠂤 即石字，卜辭磬字作 𠂤 從此作，象形，𠂤 即磬形也。（王國維有此說，見《戩釋》十八頁。）磬為石器，故知辰亦必石器。殷代文字還在創造的途中，其象形文所象之物必為當時所實有。辰既像石器之形，則當時耕具猶用石刀，殊可斷論。

　以石為耕器之事乃世界各原始民族所共有，近年於河北北部已有石犁出土，其見於文獻者：

　　（一）"南方藤州以青石為刀劍如銅鐵。……國人墾田以石為刀，長尺餘。"《本草綱目》卷一〇，砭石）

　　（二）"（流求國）厥田良沃，先以火燒而引水灌；持一鍤以

石為刃，長尺餘，闊數寸。"《北史》＜流求傳＞

　　余疑古代王公侯伯所執的圭璧或即耕器的轉變。周代耕器稱錢，而泉布則多作耕器形。揆其意殆農為衣食貨利之源，故貨幣即效其形。及秦廢泉而行錢，錢字便由耕器之名完全轉變而為貨幣之名。我想圭字亦當同樣。古者天子親耕，在表示重農之意上，所執信符亦必仿效耕具；特石器早廢，圭字便和錢字一樣完全失掉了它的本義。

　　在以石為耕器的殷代的農業當然還不甚發達。這由上節漁獵一項所導引出的最後一個結論也可以得到一個旁證。便是當時的野獸還很多，黃河流域的中部還很多未經墾闢的荒土。

第四節　工　藝

　　工藝是很重要的一個問題，它是社會的基礎的基礎。因為它是生產能力的測量器，一切物質的生產力量是它的函數。

　　商代的工藝已經發展到了相當的程度了，單從卜辭中許多宮室器用的文字已可以得到一個證明。我們在便宜上權且分為四項，把那重要的器物表示在下邊罷。

　　(一)食器　鼎、尊、簋、卣、盤、甌、壺、爵。

　　(二)土木　宮、室、宅、家、牢、圂、舟、車。

　　(三)紡織　絲、帛、衣、裘、巾、幕、䊷、旒。

　　(四)武器　弓、矢、彈、笰、戈、鉞、函、箙。

　　就這些文字上面已很可看出當時手工技術的盛況。特別是食器一項，那已經超過了粗製的土器和石器的時代，而進展到青銅器的時代了。商代所遺留下來的彝器便是這種青銅製的食器。《殷文存》中所收集的彝器的銘文在七百種以上，這個數目當然不可盡信。因為其中有些是周器的濫入，也有是器蓋不分，一器析而為兩器的，但大體足

以徵見當時的青銅器已很發達。今將其器類與件數表列如下：

（ 一)爵....二三六	（ 二)卣....一三二
（ 三)鼎......八一	（ 四)尊......六九
（ 五)彝......四九	（ 六)觶......四七
（ 七)簋......三三	（ 八)觚......二八
（ 九)盉......一七	（ 十)角......一五
(十一)斝......一〇	(十二)甗........八
(十三)匜......七	(十四)壺......五
(十五)鬲......五	(十六)罍........四
(十七)盦........三	(十八)盤........三
(十九)舫........二	(二十)豆........一

這些器皿只要有一個即足以證明殷代當時已有青銅器，更何況有這許多的個數呢？商代的彝器其形式、鏤刻、文字、均極精巧，因而近世學者，特別是歐美人，很懷疑於它的歷史性，很多想把它們斷成周代或更後期的作品，但自有卜辭出土以後，這個問題可以說完全解決了。

一方面青銅器雖已發達，而另一方面則石器骨器尚盛見使用，《殷虛古器物圖錄》中之各種石骨器即其鐵證。而且尤可注意者則殷虛中無鐵器出現。

由此種種證據，可斷然作一結論，便是殷虛時代還是考古學上所說的"金石併用時代"(Eneolithic Age)。

第五節　貿　易

貿易的發生應在漁獵社會向牧畜社會轉換的時期。牧畜發明之後，生產與需要的狀態發生出差異，由是漁獵民族與牧畜民族間發生出

第一次的交易行為以互相滿足。這種原始的交易起初自然是物對物的交易，後來便漸漸生出等價物的貨幣來。

這種學理上的推論在中國的古代史上可以說是得著了實物的證明。中國的貨幣字樣多從貝，這顯然是由漁獵民族提供出來的東西，而物品字樣則從牛，物件的提供者可知是牧畜民族。

商代由前列各項所分析已經是牧畜最盛時代，而且農業種植已逐漸在發展了，在這樣的社會中當然早有商行為的存在。此事由貝之存在即可得其證明。

貝字於卜辭屢見，如曰：

　　　“戌申卜×貞大有其囚貝。”（前五，一〇，四）

　　　“貞土方×貝。”（同上二）

貝好像都是由敵人得來。此外從貝之字如寶、如賤、如貯、如得（卜辭從貝），均由貝義所孳乳。

由貝所制之器物有朋。朋乃古人的頸飾，字於骨文金文均作拜或拜，而骨文更作玨或玨，即肖頸飾之形。（詳見《甲骨文字研究》＜釋朋篇＞。）

古金中每多錫貝朋之事，其疑是殷彝者（至遲當在周初）有如下諸例：

　　　“侯錫中貝三朋，用作祖癸寶鼎。”（中鼎）（《殷文存》上七，五）

　　　“丁卯王令宜子會西方于省，惟反，王賞戍甬貝一朋，用作父乙鼎。”（戍甬鼎）（同上八，三一。《憨齋》六，五，又一二，二簋，銘同，云是“李山農藏器。）”

　　　“陽亥曰遣叔休于小臣貝三朋，臣三家，對厥休，用作父丁尊彝。”（陽亥彝）（《憨齋》一二，八）

　　　“庚申王在東間，王格，宰椃從，錫貝五朋，用作父丁尊彝

，在六月隹王廿祀翌又五。”（宰㭬角）（《殷文存》下二
三，六）

“癸巳王錫臣邑貝十朋，用作母癸尊彝。隹王六祀肜日，在
四月。”（邑𣪘）（《陶齋吉金錄》五，三二）

錫貝之數以十朋為最多，十朋以上者未見。入周以後則錫朋之數
每每二十（效卣、匽侯鼎），三十（剌鼎、呂鼎），五十（效卣）。
卜辭已著錄者已近萬片，而錫朋之紀錄則僅一見：

“庚戌×貞多女有貝朋。”（後下八，五）（單言朋當即一
朋之義。）

由上可知貝朋在初為物尚少，僅用以作頸飾，入後始化為一般之
貨幣單位。其事當在殷周之間。

貝之實物於殷虛中已有發現，《古器物圖錄》中有真貝一，石貝
一，羅氏附有試說一段極重要，今鈔錄之如次：

“前人古泉譜錄有所謂蟻鼻錢者，予嘗定為銅製之貝，然苦
無證。往歲又於磁州得銅製之貝無文字，則確為貝形。已又
於磁州得骨製之貝，染以綠色或褐色，狀與真貝不異，而有
兩穿或一穿，以便貫繫。最後又得真貝，摩平其背，與骨製
貝狀畢肖。此所圖之貝均出殷虛，一為真貝，與常貝形頗異
；一為人造之貝，以珧製，狀與骨貝同而穿形略殊。蓋骨貝
之穿在中間，此在兩端也。合觀先後所得，始知初蓋用天生
之貝，嗣以其貝難得，故以珧製之。又後則以骨，又後鑄以
銅。世所謂蟻鼻錢者又銅貝中之尤晚者也。蟻鼻錢間有有文
字者，驗其書體乃晚周時物，則傳世之骨貝殆在商周之間矣
。”

這是一段極重要的文字，為談中國古代社會史若經濟史者所不可
不知。大抵貝朋用為通行貨幣之事即起源於殷人，其貝形由圖錄及我

所見之實物（日本東京博物館有真貝、石貝、銅貝諸事陳列）觀察，實為海貝，即學名所稱為貨貝(Cypraea moneta)者，此決非黃河流域中部所能產。雖其初必有用為頸飾之一階段，然其來源則必出於濱海民族之交易或搶劫。

故此可作一結論：便是中國古代的貿易行為必始於商人。

第六節　結　論

由上各段的分析，可知：

(一)商代是金石並用時代。

(二)產業狀況已經超過了漁獵時期，而進展到牧畜的最盛時期。

(三)農業已經出現，但尚未十分發達。

(四)在產業界的一隅已經有商行為的存在，然其事尚在實物交易與貨幣交易之推移中。

以上四項再總結一句，便是商代的產業是由牧畜進展到農業的時期。

　　　　　　　　　　　（文見《中國古代社會研究》第三篇）

卜辭通纂序

郭沫若

　　殷虛出土甲骨多流入日本，顧自故林泰輔博士箸《龜甲獸骨文字》以來，未見箸錄，學者亦罕有稱道。余以寄寓此邦之便，頗欲徵集諸家所藏以為一書。去歲夏秋之交即從事探訪，計於江戶所見者，有東大攷古學教室所藏約百片，上野博物館廿餘片，東洋文庫五百餘片【林博士舊藏】，中村不折氏約千片，中島蠔山氏二百片，田中子祥氏四百餘片，已在二千片以上。十一月初旬，偕子祥次子震二君赴京都，復見京大攷古學教室所藏四五十片【半為羅叔言氏寄贈，半為濱田青陵博士於殷虛所拾得】，內藤湖南博士廿餘片，故富岡君搗氏七八百片。合計已在三千片左右。此外聞尚有大宗蒐藏家，因種種關係，未得寓目：又因此間無拓工，余亦不長於此，所見未能拓存，於是余之初志遂不能不稍稍改變。其改變後之成果則本書是也。

　　本書之目的，在選輯傳世卜辭之菁粹者，依余所懷抱之系統而排比之，并一一加以攷釋，以便觀覽。所據資料多採自劉、羅、王、林諸氏之書，然亦有未經箸錄者，如馬叔平氏之《凡將齋藏甲骨文字》拓本【計百十八片，未印行】，何敍甫氏所藏品之拓墨【計七十一片，聞其原骨已悉交北平圖書館云】，及余於此間所得公私家藏品之拓墨或照片均選尤擇異而箸錄之。其已見箸錄者，由二以上之斷片經余所復合，亦在三十事以上、中有合四而成整簡【本書第五九六片】，合三而成整簡【第二五九片】，合二而成整簡者【第七三〇片】，均為本書所獨有。故僅就資料而言，本書似已可要求其獨立之存在矣。進而言乎攷釋，亦頗有意外之收穫。

　　初余縱覽東大攷古學教室藏品時僅選其二片：其一與馬氏所贈拓本復合，得破「王賓」之舊說【第一六一片】；又其一文為「庚寅卜

、〔貞〕其❋又〔于〕❋、南庚、❋、□□、小辛。」【第一一八片】。❋名屢見，羅王均未能識，今此在南庚之次，小辛之前，決為陽甲無疑。㝷其字乃從口象聲、蓋❋之古字，亦有單作象者。象陽古音同部，故音變而為陽甲。陽甲或作和甲，【《山海經》＜大荒北經＞注】，又因㝷咏形近而訛者也。又❋，羅王釋「羊甲」，或釋「羌甲」，均說為陽甲。今此在南庚之上，又其下已出㝷甲，則決非陽甲可知。蓋❋乃狗之初文，亦即苟字，❋甲乃沃甲也。得此，余更發現殷人於甲日卜祭某甲而合祭某甲時，此二甲於先世中必相次，所祭者在後，所合祭者在前。如：

> 『甲申祭祖甲❋㝷甲』【第六九片】

> 『甲午叀㝷甲❋❋甲』【第一一五片，❋亦❋字】

> 『甲□，叀小甲□大甲』【第二一三片】

> 『甲□祭大甲❋上甲』【第三百片】

均其例證。卜辭屢見『祭❋甲❋日小甲』【第一七八片及一七六片】小甲之次，殷王之名甲者為河亶甲，則❋甲必為河亶甲，㝷其字乃從二戈相對，蓋古戔字，河亶即戔之緩言也。因此余於殷之世系，除仲壬廩辛而外，其為羅王諸家所未知或遺誤者，遂得有所揭發。更進在余排比其世系而為表式時，【表見《攷釋》第七四葉】舉凡有姊名者悉以祖姊配列，乃不期而又穫得一重要之史實：即有姊名者為王統之直系，其屬於旁系者則無之。由此可以推證者，則殷代祀典雖先姊特祭，猶保存母權時代之孑遺，然僅祭其所自出之姊，於非所自出之姊則不及，是其父權系統固確已成立矣。又王靜安氏謂『祖乙為仲丁子』，以《史記》＜殷本紀＞說為河亶甲子者為誤：由余之表亦已得其確證。

　　卜辭年代羅王諸家均謂在盤庚遷殷以後，此固無可易。至其下限則尚有遊移。古本《紀年》云『自盤庚徙殷至紂之滅七百七十三年更

不徙都』【《史記》〈殷本紀〉正義所引「七百」當作二百】是言紂亦居於殷虛。而今本《紀年》於武乙十五年言『自河北遷于沬』，《帝王世紀》則謂『帝乙復濟河北徙朝歌』。【《史記》〈周本紀〉正義所引王應麟《詩地理攷》據此】羅氏據《帝王世紀》說，定遷沬為帝乙，以卜辭帝王名迄於武乙文丁為證。案此證僅足破今本《紀年》之誤，而於古本《紀年》則未也。蓋文丁之後僅帝乙受辛二世，受辛自不得見於祀典，受辛之祀帝乙，可直稱為父乙。卜辭中『父乙』之名多見，無由判定其必非帝乙，即無由判定《帝王世紀》說之必是，而古本《紀年》說之必非。於是卜辭年代之下限遂漫無著落。【近人有肌為亡國埋契說者，即由於此】然余於排比世系時，亦不期而得一消極之現象，足證帝乙之世確曾遷沬。蓋武乙之配妣戊，其名見於戊辰彝，而於卜辭迄未見也。傳世卜辭有文丁以後物、文丁在位十三年，帝乙三十七年，受辛五十三年，若帝乙無遷沬事，不應終殷之世無妣戊之名。且受辛當稱文丁配為妣，而其妣名亦未見。若說以尚未出土，無解於文丁以後物之特多，更無解於其它妣名均屢見，而此獨不一見。故卜辭之不見妣戊，乃其逝世在帝乙遷沬以後也。卜辭有帝乙卅祀之物，是知妣戊之逝世在帝乙廿祀以後。戊辰彝言『王廿祀』。彼彝之王，知是受辛矣。

　　得知卜辭迄於帝乙，則知凡卜祭文武丁及武祖乙之片均為帝乙時代之物【如第三七片及第五七九片等】而此等骨片遂得為判別時代之標準，凡文辭字跡事項之相同者，均必同時。因而得知帝乙一代所遺之物特多，蓋以物屬今王，故保存加慎也。且由此等多數之遺骨，尤有重要史實得以發現。帝乙十祀曾征夷方，經時甚久，夷方者山東半島之島夷及淮夷也。同時曾征盂方，其地當在河南睢縣附近。又其廿祀，曾遠赴上𩵋、征討藘林幾爵等國，經時半載有幾。上𩵋者余疑即是上虞，其地距殷京甚遠，据余由四個斷片所合成之一整骨，知其路

程在四旬以上。是知殷時疆域似已越長江而南，而其東南之敵亦即平定於帝乙之世。未幾殷滅於周，其遺民即聚於東南，所謂南夷東夷互宗周三百年間恆為周室之大患矣。

　　帝乙亦好畋遊，其畋遊之地多在今河南沁陽縣附近。此由左揭數片得以證知。

　　　　『戊辰卜，在甾，貞王田于衣』。【第六三五片】

　　　　『辛未卜，在盂，貞王田衣。』【第六五七片】

　　　　『辛丑卜，貞王田于甾，往來亡巛、弘吉。　壬寅卜，貞王田
　　　　　雔、往來亡巛。』【第六四二片】

據此四辭，足見甾、衣、盂、雔四地必相近。【甾字于省吾釋為喪，言卜辭「喪眾」屢見，又言「大目喪明」，喪字無疑。其說可從。唯此書乃二十五年前之舊作，故一仍舊貫。】王氏靜安云『盂，《史記》<殷本紀>「以西伯昌、九侯、鄂侯為三公」，徐廣曰「鄂一作邘，音于，野王縣有邘城。」《左傳》「邘晉應韓」杜注亦云「河內野王縣西北有邘城」。盂疑即邘也』。又云『雔、《左傳》「郜雍曹滕」杜注「雍國在河內山陽縣西。」《續漢志》河內郡山陽縣下有雍城。』【《觀堂別集》補遺<殷虛卜辭中所見地名考>】今案王說是也。邘城在今沁陽縣西北，雍城在其東北、地正相近。甾即鄂侯之鄂，盂甾相鄰，故統稱其國時，或謂之鄂，或謂之邘也。衣讀如殷，《書》<康誥>『殪戎殷』，《中庸》作『壹戎衣』，鄭注『衣讀如殷，齊人言殷聲如衣。』《呂覽》<慎大>『親郼如夏』，高注『郼讀如衣，今兗州人謂殷民皆曰衣。』新出沈子也簋『念自先王先公迺妹【敉】克衣』，亦正以衣為殷。卜辭衣地與盂甾近，當即殷城。《水經注》沁水下『朱溝自枝渠東南逕州城南，又東逕懷城南，又東逕殷城北』，注引《竹書紀年》『秦師伐鄭次于懷，城殷』，謂即是城，以證殷名之古。其地仍在今沁陽。是則甾盂衣雔相近四地均在沁陽矣。

王氏《地名考》本極簡略，其法在就個別之地名，以聲類為媒介，故所得僅能存疑，余今就四地以歸納之，已毫無可疑矣。知衣為殷城，卜田于此地之辭極多，蓋殷人設有離宮別苑於此。故其國號本自稱商【卜辭屢言『入商』及『大邑商』】，而周人稱之為衣，後又轉變為殷也。又周王發伐紂，由孟津涉河，蓋即先攻殷城矣。

此外，則高辛氏之才子伯虎、仲熊均見祀典【第三四八及三四九片】【熊非仲熊，參見第三四九片眉批】。稱鳳【風】為『帝史』，祭之用牲【第三九八片】，足證大鵬傳說起自殷人。雲作云，霾作𩄉，均視為災異。蜺作𩃬，象形而有兩首，並有飲水之紀錄，與漢人綴蝀啜水，及今民間俗說相符【詳天象組】。卜雨有兼卜其四方之自者【第三七五片】。祈年多於二三月，亦於十月十一月以卜來年，足見周人三社之禮實有所本【詳食貨組】。殷王之車僅駕二馬【第七三〇片】，足見驂駟之制後起，王肅所謂『夏后氏駕兩謂之麗，殷益以一騑謂之驂，周人又益以一騑謂之駟』【《詩》〈干旄〉疏所引】，實屬自我作故。卜每紀其應，應有見於百七十九日後者【第七八八片】，足見殷人之迷信實深。凡此均羅王諸家所未識，即余於纂述此書以前亦所未預料者也。至於文字，亦不無新得，其主要者如𡨄當釋儐，𪻐當釋洙【非洙字，當以釋疾為是。】𣀳當釋䚻，𩵋當釋魁，𩇢當釋濡，𨑒當釋迻【羅誤釋為後】，其說具詳本書。又『某日卜某貞某事』之例所在皆是，𡆥於卜貞之間一字未明其意，近時董氏彥堂解為貞人之名，遂頓若鑿破鴻濛。今據其說以詮之，乃謂於某日卜，卜者某，貞問某事之吉凶；貞下辭語當付以問符。且貞人之說創通，於卜辭斷代遂多一線索，例如本書第七五片，中有辭云『癸酉卜，行，貞王𡨄父丁歲三牛，采兄己一牛，兄庚□□，亡尤』，乃祖甲時所卜也，而卜人名行，則凡有行名者均祖甲時物。逐片按之，其文辭字跡無一或爽。余為此書，初有意於書後附以〈卜辭斷代表〉，凡編中所列，

就其世代可知者一一表出之。繼得董氏來書言有《甲骨文斷代研究》之作，分世系、稱謂、貞人、坑位、方國、人物、事類、文法、字形、書體十項以求之，體例縝密。貞人本董氏所揭發、坑位一項尤非身親發掘者不能為，文雖尚未見，知必大有可觀，故茲亦不復論列。大抵卜辭研究自羅王而外以董氏所穫為多。董氏之貢獻在與李濟之博士同闢出殷虛發掘之新紀元、其所為文如＜大龜四版考釋＞【見《安陽發掘報告》第三期】及＜甲骨年表＞【《集刊》二·二·】均有益之作也。懷疑甲骨者之口已被閉執，即骨董趣味之劉羅時代亦早見超越矣。

抑余猶有不能已於言者，則為闕疑之一例。羅王諸家之研究卜辭屢以闕疑待問相號召，其意甚善。然所謂闕疑者乃謂疑之而思之，而苦思之，苦思之不得，始無可奈何而闕之，以待能者，非謂疑而置之不問也。並世學者多優遊歲月，碌碌無為，其或亙數年而成一編者，語其內容則依樣葫蘆，毫無心得，略加攷釋，即多乖互，而彼輩乃動輒以闕疑勤慎自矜許，而譏人以妄騰口說。嗚呼勤慎，嗚呼闕疑，汝乃成為偷惰藏拙之雅名耶？余實不敏，亦頗知用心，妄騰之譏在所不免，闕疑之妙期能善用矣。知我罪我，付之悠悠。

（文見《卜辭通纂》）

釋 祖 妣

郭沫若

古人常語妣與祖為配，考與母為配。《易》＜小過＞之六二『過其祖遇其妣』，《詩》小雅＜斯干＞『似續妣祖』，又周頌＜豐年＞及＜載芟＞『烝畀祖妣』，此皆祖妣對文之證。＜離＞之『既右烈考，亦右文母』，則考母對文也。金文中其證尤多。

其言祖妣考母者：

〔齊侯鎛鐘〕『用孝高于皇祖皇妣，皇母皇考』。

〔子仲姜鎛〕『用高用孝于皇祖聖叔，皇妣聖姜；于皇祖又成惠叔，皇妣又成惠姜；皇考遼仲，皇母』

〔陳逆簠〕『以高以孝于大宗，皇祖皇妣，皇考皇母』。

其單言考母者：

〔諶鼎〕『諶肇作其皇考皇母告比君鸞鼎』。

〔頌鼎及簋壺諸器〕『皇考龔叔，皇母龔姒』。

〔史伯碩父鼎〕『朕皇考釐仲，王母泉母』。

〔仲𣪘父簋〕『皇考遟伯，王母遟姬』。

〔召伯虎簋〕『我考我母』。

〔師趛鼎〕『文考聖叔，文母聖姬』。

準此可知考妣連文為後起之事，《爾雅》＜釋親＞『父為考，母為妣』，當係戰國時人語。舊說『妣比也，比之於父亦然也』【《釋名》＜釋喪制＞】，可知非妣之初義。《尚書》＜帝典＞『帝（放勳）乃殂落，百姓如喪考妣三載』，不獨百姓字古無有【古金中作『百生』】，三年之喪古無有【《孟子》＜滕文公＞上『定為三年之喪，父兄百官皆不欲，曰吾宗國魯先君莫之行，吾先君亦莫之行也。』】即此考妣二字連文，亦可知＜帝典＞諸篇為孔門所偽託。

　　祖妣父母之稱謂古亦有別，其在周人，一切男子均稱父，一切女子均稱母。王國維有『女字說』【《觀堂集林》卷三】於古彝器中發見女字十有七，或母氏為其女作器而稱之曰『某母』，或女子自作器或為他人作器而亦自稱曰『某母』。王氏曰『此皆女字，女子之字曰某母，猶男子之字曰某父。案＜士冠禮記＞「男子之字曰某伯甫，仲叔季惟其所當」，注云「甫者男子之美稱」。《說文》甫字注亦云「男子之美稱也」。然《經典》男子之字多作某父，彝器則皆作父無作甫者，知父為本字也』。此誠揭破三千年來之秘密。然王氏更晉一解曰『男子字曰某父，女子字曰某母，蓋男子之美稱莫過於父，女子之美稱莫過於母，男女既冠笄有為父母之道，故以某父某母字之也』。此則不免囿於鄭許二君之舊說而出以蓋然之推臆，非必古人之實際矣。

　　閒嘗考家族進化之歷史，得知婚姻之演進亦有一定之郵程。上世男女雜居與禽獸無別，無所謂夫婦，亦無所母。《呂氏春秋》＜恃君＞云『昔太古嘗無君矣，其民聚生群處，知母不知父，無親戚兄弟夫妻男女之別，無上下長幼之道。』即此群居時代之發明。此時男女之事，近世學者稱之為雜交。然因生育之故，父子之關係雖疏，母子之關係較密，在群居生活中，漸進則於同一母氏之下自然成一集團。而交接之事在同一集團中初無限制，學者稱為血族群婚。繼進知『男女同姓，其生不蕃』，而群婚之習猶未除也，大抵由異姓之兄弟群與姊妹群互為婚姻，即兄弟共多妻，姊妹共多夫，是之謂亞血族群婚。更進始漸趨於一夫一婦之現行制度。此婚姻進化之大凡也。現存未開化民族猶多在演進之途中，而各文明民族之古代，大抵猶可考見遺痕。其在中國亦不能獨外。

　　中國古代帝王傳說多由周秦諸子所懸擬或改造，其事不可盡信，然其中亦有若干之史影不盡為後人所能偽託者，則如誕生傳說之感天

而孕是。帝王均感天而生，知母不知父，此實雜交時代或血族群婚時代所必有之現象，其次如二女傳說之真相，則亞血族群婚制之例證也。舜娶堯之二女，而舜弟象與之『並淫』，《孟子》亦有象『二嫂使治朕棲』之語。孟子所云雖為未遂之事，然迺傳說入後之轉變耳。

　　據余所見，傳說轉變之最烈者無過於二女之事。即以二女之名而言劉向《列女傳》曰娥皇女英，《大戴禮》作倪皇女匽【＜五帝德『依于倪皇』，又＜帝繫＞『帝舜娶于帝堯之子，謂之女匽氏』】而女英於《系本》作女瑩，【《史記》＜五帝本紀＞索隱】《漢書》＜古今人表＞作罃。其在《山海經》，則云『帝俊妻娥皇』，又云『有女子名曰羲和，方浴日干甘淵。羲和，帝俊之妻，生十日。』【＜大荒南經＞】又云『有女子方浴月，帝俊妻常羲，生月十有二』。【＜大荒西經＞】帝俊與帝舜，羲和與娥皇倪皇，常羲與女匽女英女瑩，均當為一人。其在＜九歌＞，則二妃為湘君與湘夫人，＜湘君＞云『女嬋媛兮為余嘆息』『余』即湘君自謂，『女嬋媛』迺指湘夫人。『女嬋媛』即常羲、女匽、女英、女瑩之異辭也。嬋常雙聲，羲媛迺歌元陰陽對轉。＜離騷＞『女須之嬋媛兮，申申其詈予』，前人以為屈原之姊或妹【《說文》：『嬃，楚詞云「女嬃之嬋媛」賈侍中說，楚人謂姊為嬃』，段注『王逸、袁山松、酈道元皆言女嬃，屈原之姊，惟鄭注《周易》「屈原之妹名女須」，《詩》正義所引如此。』】案其實即以常羲為女侍，猶言『吾令羲和弭節』也。羲和在＜帝典＞復轉變而為羲氏和氏職司星歷之二官。《呂氏春秋》＜審分覽＞復云『羲和作占日，常羲作占月。』常羲復變而為月精之常娥而為羿妻。常娥亦稱嬋娟，是猶《楚辭》之『嬋媛』矣。

　　二女之變若此所述已可云紛拏，然其變尚不止此，它如精衛銜石之女娃，始制笙簧之女媧，無夫九子之女歧，與此均有一脈相通之處，擬別為說以伸論之，茲不贅述。今所欲究者迺帝俊與帝舜之異同。

《山海經》自＜大荒東經＞以下帝俊之名凡十五見。郭璞於首出之『帝俊生中容』下注云『俊亦舜字，假借音也』。而於＜大荒西經＞『帝俊生后稷』下則注云『俊宜為嚳，嚳第二妃生后稷也。』近時王國維作＜卜辭中所見殷先公先王考＞＜續考＞發現卜辭有『高祖 𡗡 』，王初釋為夋，謂即帝嚳名夋之夋，亦即《山海經》之帝俊，後又改釋為夒，字讀納告反，與嚳同告音，謂即嚳之本字，夋與俊均因形近而訛。說雖改變，然於帝俊與帝嚳為一人，則倍有見地矣。知帝俊與帝嚳為一人，則帝舜與帝嚳亦當為一人。《禮記》＜祭法＞稱『殷人禘嚳而郊冥，祖契而宗湯』，而＜魯語＞云『殷人禘舜祖契』，此正其明證。蓋同一𡗡字，或讀為嚳，或讀為夋、或讀為舜、或讀為俊，故夋遂為嚳之名，而舜與嚳復由後世儒家分化而為二帝也。王氏以郭璞俊為舜之假借為非，謂『＜大荒經＞自有帝舜，不應前後互異。』然而＜大荒經＞中亦有帝嚳，＜大荒南經＞云『帝堯、帝嚳、帝舜葬於岳山』，與帝俊亦正前後互異。《山海經》之輯錄者傳聞異辭，蓋以舜、俊、嚳為三人也。古說嚳有四妃，上妃有邰氏女曰姜嫄生后稷，次妃有娀氏女曰簡狄生契，次妃陳豐氏女曰慶都生帝堯，次妃諏訾氏女曰常儀生帝摯。常儀即常羲【古儀羲同讀我音】亦即女英、女匽，余疑與簡狄是一非二。摯契古音同部，亦當為一人。姜嫄實即娥皇，亦即羲和，娥嫄歌元對轉也。堯母慶都殆後人之所附益耳。【卜辭稱湯為唐，疑唐堯亦即湯之轉變】凡神話傳說之性質，一人每化為數人，一事每化為數事，此迺常見之事實殊不足怪。又《山海經》之帝俊實即天帝，日月均為其子息。故《詩》＜生民＞言姜嫄之孕迺『履帝武敏歆』，＜商頌＞言簡狄生契迺『天命玄鳥』，可知所謂帝嚳或帝舜實如希臘神話中之至上神『琮宇司』Zeus，並非人王也。

　　知舜嚳為一，從可知＜天問篇＞中何以敘舜象事於夏桀之後，於殷先公先王之前或其間。其敘象事於殷先公先王間者，即『眩弟並淫

，危害厥兄，何變化以作詐，而後嗣逢長』二韻。其前由『簡狄在臺
嚳何宜』以下十二韻皆詠殷先公之事，其下自『成湯東巡』以下六韻
皆敘湯事。獨此二韻雜廁其間，王逸《章句》以為象事，前人每疑之
。王國維<殷先公先王考>發明『該秉季德，厥父是臧，胡終弊于有
扈，牧夫牛羊』之該，即<大荒東經>『有易殺王亥取僕牛』之王亥
，郭注引《竹書》云『殷王子亥賓于有易而淫焉，有易之君綿臣殺而
放之。是故殷主甲微假師於河伯以伐有易，克之，遂殺其君綿臣也』
之殷王子亥。王亥見於卜辭，季亦見於卜辭。又『恆秉季德』之恆亦
當即卜辭之王恆。而『昏微遵迹，有狄不寧』，昏微即上甲微，有狄
即有扈，亦即有易，王氏以扈為易之誤。以上均確鑿無可易。然謂『
眩弟並淫』二韻亦當敘上甲微事，斥王逸之說顯然為非，則未必然也
。舜與嚳本一人，故舜象二女事已敘於殷先公先王之前，此復出象事
者蓋以作有狄若有扈之結束。余謂有狄即象之後，《孟子》云『象封
于有庳』，庳狄易古音同部，而庳扈古為雙聲【古輕脣與重脣無別】
，是庳兼三字之音，當以庳為正讀，餘皆假音也。細玩原辭之意，蓋
言舜象不睦，其後人亦世相為仇，綿臣殺王亥，上甲微亦殺綿臣。綿
臣被殺而後象之後嗣始滅，故結之以『何變化作詐而後嗣逢長』也。
似此實文從字順，舜嚳為一人，『並淫』為象事，殊無可疑。其舜嚳
同出者猶有扈與有狄同出，迺傳聞異辭，或後人之所改易也。

　　帝俊、王亥、王恆、上甲微等胥於卜辭有徵，余意娥皇、常羲之
名亦所應有。卜辭有所祭之妣名『娥』者，辭曰：

　　　　『貞子漁【人名】里【有】𠬝【豐】于𡆥酒。』【鐵二六四葉一片
　　　　　　】。

　　　　『貞里【有】犬于𡆥，卯𡅮。』【前四卷五二葉二片，羅以『娥
　　　　　　卯』為人名，非也。案卯迺用牲之法，卯𡅮猶它辭言卯牛
　　　　　　、卯羊。】

『□卯卜般貞：求年𦎧于河』【林一卷廿一葉十四片，『于』猶與也。】

『娥』，許書云『帝堯之女，舜妻，娥皇字也』，字於人名之外古無他義，則此妣名之『娥』非娥皇没屬矣。

又有人名 𥡲 ，辭曰：

『已未、圂于 𥡲 ，兮三，卯十牛，中。』【前六卷二葉三片】。

『已未、圂□ 𥡲 ，兮【缺】人，卯十牛，左。』【同葉二片】。

此人名奇字，王國維疑娥，羅振玉謂從義京，【見商錄《待問編》】，余謂此實義京二字之合書，人名合書迺卜辭習見之通例。𥡲當即常義若常儀之初字，義、羲、儀古同歌部，京、常古同陽部。𥡲之讀當為京義，猶 𠫼 之讀五千，𠥓 之讀五十也。【詳＜釋五十篇＞】

二女之名既可徵於卜辭，舜妻二女而弟象與之『並淫』，則是殷代先人猶行亞血族群婚之古習。在此群婚制下，自男女而言為多夫多妻，自兒女子而言則為多父多母。多父多母之事於卜辭猶有明文。卜辭曰『貞帝【禘】……多父』【林一卷十一葉十八片，此辭似有缺，然『多父』二字卻相連。】，曰『庚午卜𭆀貞：告于三父。』【同上五葉五片。】，曰『戊子卜庚于多父旬』【前一卷卅六葉四片】。更有列舉二父或三父之名者，如曰『貞屮于父庚，貞屮于父辛』【戩七葉一片】，曰『父甲一牡，父庚一牡，父辛一牡。』【後上廿五葉九片。】此父甲、父庚、父辛，羅王二氏均以為即陽甲、盤庚、小辛。辭為武丁所卜，三人均為武丁諸父，故均稱『父某』。此解雖甚巧合，然伯叔稱諸父，其實已是亞血族群婚制之孑遺矣。又保定南鄉近年所出土之三商勾刀【《夢鄣艸堂》中卷有影片，《周金文存》亦有拓影。】其一銘多祖之名，其一銘多父之名，又其一銘多兄之名。其銘父名者曰『祖曰乙，大父曰癸，大父曰癸，仲父曰癸，父曰癸，父曰辛，父曰己』。計一祖之外，大父二，仲父一，父三。王國維謂大

父即《爾雅》<釋親>之『世父』，古世大同字。【《觀堂集林》卷十八<商三句兵跋>。】然此除二大父一仲父外，一人猶有三父也。

其多妣者則祖乙之配有二，曰妣己【前一卷卅四葉兩見，後上二葉及三葉三見，共凡五見。】，曰妣庚【後上二葉及三葉凡三見。】祖丁之配有二，曰妣己【前一卷十七葉及卅四葉各一見，後上三葉三見。】，曰妣癸【後上三葉二見。】武丁之配有三，曰妣辛【前一卷十七葉及卅七葉各一見，後上四葉一見。】，曰妣癸【與妣辛同見于前一卷十七葉第四片，又後上四葉二見。】，曰妣戊【後上四葉八片。】。羅氏《考釋》中已詳言之矣，惟羅氏未得其解，謂『猶少康之有二姚與，抑先殂而後繼與，不可知』者，參以多父之例，其實即亞血族群婚之遺習也。在此制度之下猶以母性為中心，男子須連翩出嫁，女子承家，故父子不能相承，而兄弟轉可以相及。殷代帝王多兄終弟及者，正職此故。其或有父子相承者，然所謂父子，實屬疑問，蓋母權時代之翁婿關係實如父子也。

母權與父權之交替即當在殷周之際，殷末帝王已四世傳子，而周初則周公曾及武王而『誕保文武受命』，此正新舊交替時所必有之波動現象。亞血族群婚之古習大約於入周以後即逐漸廢除，然如春秋諸侯娶婦必有同姓之娣姪為媵，則猶其半面之存根。蓋母權已轉移為男權，故男子尚可以多妻，而女子則當從一而終。且從一之制亦未甚古，如祭仲遁鄭國之上卿，而其妻之訓女，竟有『人盡夫也』之說【左氏桓十五年傳。】，從可知矣。

以上由史跡之證明，可知中國古時確曾有亞血族結婚制之存在。此外於《爾雅》<釋親>之稱謂中亦饒可以考見其遺痕。如『女子謂姊妹之夫為私』『母與妻之黨為兄弟』，此大有異於後人者也。又如『婿之父為姻，婦之父為婚，婦之父母、婿之父母，相謂為婚姻』，父母之相謂為婚姻，即兒女子之互為夫婦也。又如『姑之子為甥，舅

之子為甥，妻之昆弟為甥，姊妹之夫為甥』，郭注謂『四人體敵，故更相為甥』。案此四人在亞血族結婚制下實僅一人，蓋姑舅迺互為夫婦者，姑舅之即妻之昆弟，妻之昆弟亦即姊妹之夫，故統於一名，後世婚姻之制已異於古，而四人之稱謂尚仍舊貫，人亦習以為常而不怪矣。

　　知古有亞血族結婚制而行之甚久，則知男字何以均可稱父，女字何以均可稱母之所由來。蓋當時之為兒女子者均多父多母，故稱其父均曰『父某』，而稱其母均曰『母某』。周人習之，故男女之自為名，亦自稱曰某父某母也。周人用此名而不嫌，可知多父母之事在周未盡廢。後世制改則名涉於嫌，故某母之稱絕跡於世，而某父之字亦改用某甫。此雖一二字之差違，然正表明時代之一大遷變矣。

　　男字『某父』，女字『某母』，迺周人之習尚。其在殷人，則男名『祖某』，女名『妣某』。

　　商代帝王以祖為名者有祖乙、祖辛、祖丁、祖庚、祖甲，此已見於典籍，亦均見於卜辭。而卜辭中更有祖丙、祖戊。人臣之名有祖伊、祖己，卜辭亦有祖己而應受王之享祀，未知是否一人。【王國維疑是雍己。】彝銘中祖丁、祖乙、祖戊、祖己、祖庚、祖辛、祖癸之名習見。其稍罕者如《東觀餘論》有『祖甲爵』，《殷文存》有『雞形祖甲卣』，有『祖丙觶』，『山形祖壬爵』等。凡十日之干，無日而無祖名。

　　祖之配為妣，卜辭『妣某』之稱多至不可勝數，亦無日而無妣名。【詳見羅氏《考釋》。】知妣某之必為女名者，以其所配舉者之為祖名也。如卜祭王賓之例，上言示壬而下言『奭妣庚』，上言示癸而下言『夾妣甲』，上言大乙而下言『夾妣丙』，上言大丁而下言『夾妣戊』。示壬、示癸、大乙、大丁迺祖名，則妣庚、妣甲、妣丙、妣戊必為妣名。妣名之見於彝器者亦多有，如戊辰彝之『遘于妣戊，武

乙夾』，與卜辭同例。武乙迺祖名，則其夾之妣戊必妣名矣。前人不
解此意，往往以考妣字釋之，以為為母作器，不知古人母妣有別，且
如卜辭迺盤庚遷殷以後物，而於先公先王之夾均稱為『妣某』，此可
知非盡子孫之追稱矣。

　　男子皆得以祖名，女子皆得以妣名，從可知殷人之所謂祖妣亦有
異於周人之所謂祖妣矣。

　　然則祖妣之朔為何耶？曰祖妣者牡牝之初字也。卜辭牡牝字無定
形，牛、羊、犬、豕、馬、鹿均隨類賦形，而不盡從牛作。其字之存
者今表列之如次：

	馬	牛	羊	犬	豕	鹿
牝						
牡						

　　〔備攷〕鹿之牝為麀，石鼓文丙鼓有此字作 ，亦從匕，迺僅存
之古字而卜辭適缺，則所缺之牝馬、牡犬字亦所應有者矣。

　　統觀上表所列，均從 ⏄ ⌇ 象形。⏄ ⌇ 為何？⏄ ⌇ 即祖妣之省也。
古文祖不從示，妣不從女。其在卜辭祖妣字有下列諸形：

　　　祖　　　 前一卷一葉。　　　　 同九葉。

　　　　　　　 同葉。　　　　　　　 同十一葉。

　　　妣　　　 前一卷卅七葉。　　　 同卅二葉。

　　　　　　　 同葉。　　　　　　　 同卅八葉。

　　是則且實牡器之象形，故可省為 ⏄；匕迺匕栖字之引伸，蓋以牝
器似匕，故以匕為妣若牝也。

　　王國維＜釋牡＞曰『《說文》「牡、畜父也，從牛土聲。」案牡古音在尤部，與土聲遠隔。卜辭牡字皆從ㅗ，ㅗ古士字，孔子曰「推十合一為士」，ㅗ字正丨【古文十字】一之合矣，古音士在之部，牡在尤部，之尤二部音最相近，牡從士聲，形聲兼會意也。士者男子之稱，古多以士女連言，牡從士與牝從匕同，匕者比也，比於牡也』。

　　余案『匕者比也』迺後起之說，其在母權時代，牡猶不足以比牝，遑論牝比於牡。『推十合一』之說亦必非士之初意。孔子之意殆謂士君子之道由博返約，然士為士女之士實遠在士君子之士以前。故此與『一貫三為王』之說，實不免同為望文生義之解釋，ㅗ若果為十與一之合，則土亦何不可為十與一之合耶？據余所見土、且、士實同為牡器之象形。土字古金文作 ▲，卜辭作 ▲，與且字形近。由音而言，土、且復同在魚部。而土為古社字，祀於內者為祖，祀於外者為社，祖與社二而一者也。【此下尚有說。】士字卜辭未見，從士之字如吉，於作 𠮷 形【後上十九葉四片】之外，多作 ▲【後下九葉一片，林二卷十葉一至四片。】 ▲【前五、十六葉四片。】 ▲【同上。】 ▲【同上一片。】諸形，是士字古亦作 ▲ ▲ ▲若 ▲矣。金文吉字有作 ▲【旂鼎】若 ▲【奠簋】者，與卜辭之從 ▲作者同。此由形而言與土、且實無二致。士音古雖在之部，然每與魚部字為韻。如＜射義禮＞記引《詩》『曾孫侯氏』八句以舉、士、處、所、射、譽、為韻，《詩》＜常武＞首章以士、祖、父、武為韻，【武本作『戎』，據江有誥校改，士字段王裁王念孫入韻，江不入韻，以＜射義＞按之，當以入韻為長。】是士字古本有魚部音讀也。又今人之所謂古音實僅依據周、秦、漢人文之韻讀以為說者，周以前之音，茫無可考。周秦以後音有變，則周以前之音，至周亦必有變。余謂其變且必甚劇烈，蓋殷周之際禮制之因革頗彰，而文字之損益亦甚著，則如士字蓋古本讀魚部音而轉入之部者，未可知也，牡從士聲而讀在尤部者，亦同此說。尤魚

二部亦有為韻之例，如<民勞>二章以恢韻休，逑、憂、休者，是也
。是故士女對言，實同牡牝、祖妣。而殷人之男名『祖某』，女名『
妣某』，殆以表示性別而已。

　　知祖妣為牡牝之初字，則祖宗崇祀及一切神道設教之古習亦可洞
見其本源。蓋上古之人本知母而不知父，則無論其父之母與父之父。
然此有物焉可知其為人世之初祖者，則牝牡二器是也。故生殖神之崇
拜，其事幾與人類而俱來。其在西方，新舊石器時代之器物已有發現
，足證其事之遠古。中國考古之事尚未脫盡玩好之畛域，而縉紳先生
亦視此事為不雅馴而諱莫如深，石器時代可無論，即於典籍有徵者亦
多未經剔發也。其關於神事，與祖妣二字可為互證者，今揭舉若干事
如次。

　　第一，古來凡神事之字大抵從示，《說文》云『示、天垂象見吉
凶，所以示人也。從二【古文上字。】三垂，日、月、星也。觀乎天
文以察時變。示，神事也，凡示之屬皆從示。ﾊ古文示。』案此所謂
光明崇拜之說也。然卜辭示字多作丅形，上不必從二，下不必垂三。
其垂更有多至四五者。如祝或作𥘺【前四卷十八葉十片。】祀或作𥘶
【明二二八片『王廿祀』。】宗或作𡩜。【後下三葉六片，《類編》
以為泉字重文，非也。】金文敓鐘之一『用濼好宗』亦作𡩜。此由字
形而言，丅實⊥之倒縣，其旁垂迺毛形也。金文示字其中垂更有肥筆
作者，如逆伯簋之宗字作𡩜，仲追父簋之宗字作𡩜。戎者鼎『戎者入
作旅鼎，用匄𪕲魯𪕝，用妥眉彔，用作文考宮伯寶尊彝』。𥘵字與彔
【祿】字對文，當是福字，從示北聲，與福之從示畐聲同。殷彝有戈
祀盉，曰『戈𥘶作父丁彝』，此以卜辭之祝或作𥘶【後下廿三葉十七
片。】若𥘵【同上十九葉十片。】例之，自是祝字。其為象形更顯著
，可知余說之非妄誕矣。知此則可知卜辭於天神、地祇、人鬼、何以
皆稱示，蓋示之初意本即生殖神之偶象也。又凡從示之字，得此亦頓

若明白如畫。故宗即祀此神象之地，祀象人跪於此神象之前，祝象跪而有所禱告，祭則持肉以獻於神。凡此等字均卜辭所有，且多未脫圖畫文字之畛域，揆其意實象形文字也。

第二，示迺牡神，亦有以牝為神者，其事當在祀牡之前。卜辭祭字於從示之外，亦從匕作🦴🦴【後上八葉五片。】🦴🦴【同下卅三葉一片。】諸形。從匕與從示同意，然匕廢而祭行矣。

又如賓字，《說文》云『賓所敬也，從貝𡧊聲。𡧊古文。』此古文之形與金文形近。金文大抵作𡧑【王孫遺諸鐘『周樂嘉賓』。】若𡧑【史頌簋『賓章馬四匹』。】亦或省貝如邾公鐘之『用漊嘉賓』作𡪴，𠭯鐘之一『用樂好賓』作𡪴。卜辭不從貝從止，亦或省止，變形頗多，如𡧑省為�，𡧑省為�，𡧑省為�，𡧑省為�。余謂此後二者當係賓之最初字，蓋從宀匕，匕亦聲。賓、匕，脂真陰陽對轉也。從匕在宀下，與宗同意。或從△者與宀同。其或一之，所以縣之。近時鄉人猶有祀飯瓢神者，當即古俗之孑遺也。【日本亦有此習，凡社祠多以飯匙晉獻。以飾於壁。】𠭯鐘一器其『用漊好賓』語一作『用漊好宗』，其二編鐘亦一作賓，一作宗，【四器具見《周金文存》。】是賓宗同義之證。又卜辭賓字乃祀神之意，王祀其祖若妣每曰『王賓』。字從止者即示人至神下頂禮也。字或從女【疑是母字，卜辭母女字每不別】作𡪴若𡪴，於意尤顯。或省匕作𡪴若𡪴，則是字之變例。

賓之省為方，字作𣎵若𣎵，曰『甲寅卜其帝【禘】方，一羊、一牛、九犬』【明七一八片。】曰『貞方帝【亦禘字，猶言禘方。】，卯一牛，出禸』【前七卷一葉一片。】。羅云『疑即五方帝之祀』。案所疑近是。蓋古人於內外皆有牝神，祀於內者為妣，祀於外者為方，猶牡之祀於內者為祖，祀於外者為土【社】也。古人每以方社連言，如《詩》＜雲漢＞『求年孔庶，方社不莫』，＜甫田＞『以社以方』

。《墨子》<明鬼篇>引古逸書云『吉日丁卯，用伐祝社方。』社方猶言祖妣矣。故方又稱母，曰『壬申卜貞：屮于東母、西母、若。』【後上廿八葉五片。】曰『貞于東母，豕三、犬三。』【鐵一四二葉。】曰『貞尞于東母，三牛』。【後上廿三葉七片。】曰『貞于東母、有匚。』【林一卷廿二葉二片。】此正『方』為牝神之證。又方有比義，古人每以比方連言。如《墨子》<明鬼篇>『百獸貞蟲、允及飛鳥，莫不比方』，《莊子》<田子方篇>『萬物莫不比方』。又有併義，有類義，皆從匕之義所引伸者也。國亦稱方，如《書》言『多方』、『兄弟方』，《易》與《詩》有『鬼方』，《詩》有徐方、朔方、不庭方、金文南宮中鼎有虎方，不䁈簋有馭方，卜辭有土方，𢀛方、羌方、洗方、井方、人方、馬方、羊方、林方、其方、卤方、盂方、𪓑方、二丰方、三丰方，幾於無國不稱方。揆其意殆如後人言某族某宗，蓋同一母姓下之血族也。

第三，神事迺人事之反映，於神事有徵者，於人事亦不能無徵。

人稱育己者為母，母字即生殖崇拜之象徵。母中有二點，《廣韻》引<倉頡篇>云『象人乳形』，許書亦云『一曰象乳子也』。骨文及金文母字大抵作，象人乳形之意明白如畫。

別有奭字，於卜祭之例屢曰『王賓祖某奭妣某』，戊辰彝亦云『遘于妣戊、武乙奭』。羅氏以為赫字，謂從大從二火，亦即召公名之奭，有配義』。然卜辭原字不盡從二火，亦無從皕作者，《類編》有十五種異形，並揭錄之如下：

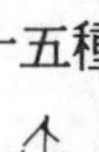 卷一十二葉二片。
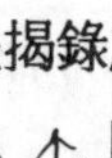 同二葉四片。
 同三葉七片。
 同上二片
 同八葉一片。
 同十七葉二七。
 同上二片。
 同卅一葉八片。
 同卅三葉五片。
 同卅四葉三片。

〽 同卅七葉 ⼷ 同上 ⼶ 同上 ⼷ 後上二葉 ⼶ 同上
  一片。　　四片。　三片。　　三片。　　一片。

　　從二火者僅第一例而已。戊辰彝爽字作𤕝，亦非從二火若皕。諦
審其字形，實象人形而特大其二乳也。余謂此即母字之別構，如祖丁
之配曰妣己者，它辭均言『祖丁爽妣己』【凡五見，見上。】然有一
例曰『□辰貞：其求之于祖丁母妣己。』【後上廿六葉六片。】是爽
與母為一之證也。惟此母字限用於先公先王之配偶，揆其初當係王母
之意。此字形與歐洲各地所出土之生殖女神象『奶拏』(Nana)頗相類
。『奶拏』之象均特大其乳，或以兩手護其下，以為生殖崇拜之象徵
。余意如爽字形之雕象，將來必有發現於中國之一日。

　　后辟之后亦崇拜生殖之意。字於卜辭與毓為一，有 𠘧 𡿧 𡿸 𡿩 諸
形。王國維曰『此字變體至多，從女從 𠫓【倒子形，即《說文》之㐬
字。】或從母從 𠫓，象産子之形。其從 ⼂⼂ 者則象産子時之有水液
也。從人與從母從女之意同。以字形言，此字即《說文》育字之或體
毓字。毓從每【即母字。】從 𠫓【即倒子。】與此正同。故産子為此
字之本誼。』惟卜辭此字均用作后辟之后與先後之後。王氏又云『象
倒子在人後，故引伸為先後之後，又引伸為繼體君之后。《說文》「
后，繼體君也，象人之形，施令以告四方，故𠂆之，從一口」。是后
本象人形。𠂆當即𠂇之訛變，口則倒子形之訛變也。』立說均甚精到
，惟採許書后為繼體君之說，則事有不盡然者。考古人之用后字並無
繼體君之意，如《書『古我前后』，曰『我古后』，曰『我先神后』
，曰『高后』，曰『先后』，及＜商頌＞之『商之先后』，凡此等稱
述之中，即創業垂統之湯亦被含括，且為主要之中心人物，此非繼體
君之謂也。又《詩》下武＞以太王、王季、文王為『三后』，《書》
＜呂刑＞以伯夷禹稷為三后，此亦非繼體君之謂也。卜辭屢稱『自上
甲至于多毓』，則自上甲以後之先公先王均在其中，成湯亦在其中，
此亦不得為繼體君。又典籍中用后之例均限于先公先王，其存世者則

稱王而不稱后。卜辭亦如是。是則后若毓必王者之稱謂之至古者，故其字已早為古語，而入後終至意義轉變也。準此，余謂后迺母權時代女性酋長之稱謂。母權時代，族中最高之主宰為母，而母氏最高之屬德為毓，故以毓為王母之稱。其用為先後字者，蓋出於假借矣。

　　后迺母權時代之遺字，其必遭廢棄迺意料中事。入周以後義轉為王妃，實猶存其本來面目。＜周語＞云『昔昭王娶于房曰房后』，妃后義之見於典籍者疑以此為最古。其后辟義之繼承者則為王字。《史記》＜殷于紀＞云『周武王為天子，其後世貶帝號，號為主』。按以卜辭，此說殊不確。蓋卜辭天子已稱王，且己稱其先公為王亥、王恆、王矢矣。然王之當屬後起，由王字本身可以證明。《說文》云『王，天下所歸往也。董仲舒曰古之造文者三畫而連其中謂之王，三者天、地、人也，而參通之者，王也。孔子曰「一貫三為王」。』此迺就後起之字形以為說，非王字之本義也。王之古文，畫不限於三，中不貫以一。卜辭王字極多，其最常見者作 𝚪，與士字之或體相似。繁之則為 𝚪【前六卷卅葉七片。】若 𝚪【後下十六葉十八片。】省之則為 𝚪【前四卷卅葉六片。】若 𝚪。【前三卷廿八葉三片。】金文王字多作三畫一連，然中直下端及第三橫畫多作肥筆，其第三橫畫之兩端尤多上拳，如宰𤰒𣪘作 𝕸，盂鼎作 𝕸，其最顯著者。姑馮句鑃『隹王正月』作 𝕸，四畫。貫者非一，所貫非三，據此可知孔仲尼不識古字，每好為臆說。近人始有新說出焉。吳大澂《說文古籀補》即據盂鼎王字注為『盛也，大也，從二從 𝚲 山，古火字，地中有火其氣盛也。火盛曰王，德盛亦曰王。』羅氏採其說，謂『卜辭從 𝚪 從 𝚲，並與 𝚲 同，又或作 𝚪，但存火亦得示盛大之誼。』余案吳氏未見卜辭，以 𝚲 為火字，其說自較一貫三之舊解為長。然卜辭既出，則此說又當更正。𝚲 若 𝚪 實即且若士字之變，羅氏以為並與 𝚲 同者，非也。其在母權時代用毓以尊其王母者，轉入父權則當以大王之雄以尊其王公。且己死

之示稱之為祖，則存世之示自當稱之為王。祖與王，魚陽對轉也。又如後起之皇字，金文中其器之稍晚者如秦公簋作 □、酅侯簋作 □，禾簋作 □，陳侯因□簋作 □，齊陳曼簠作 □、齊子仲姜鎛作 □，王孫鐘作 □，沈兒鐘作 □、䣄公華鐘作 □，皆從王作。而器之較古者如毛公鼎之 □，宗周鐘之 □，頌鼎之 □，善夫克鼎之 □，則皆從士作。【羅氏以為從土，非也。】是則王與士為同一物之明證矣。余謂士、且、王、土，同係牡器之象形，在初意本尊嚴，並無絲毫偎褻之義。入後文物漸進則字涉於嫌，遂多方變形以為文飾。故士上變為一橫筆，而王更多加橫筆以掩其形。且字在金文中器之較古者無變，器之較晚者如郘公簠作 □，師父殷作 □，伯家父簋作 □，益以手形。陳逆□作 □，子仲姜鎛始從示作 □。土字上肥筆亦變作橫畫，後且從示矣。匕字亦如是。匕之作妣者始見於酅侯簋之 □字，其它如義妣鬲作 □，召仲作生妣鬲作 □，陳侯午敦作 □，子仲姜鎛更從示作 □，皆較晚之器，有所文飾者也。

第四，有人神兼用之字為帝。卜辭帝字多用為至上神之稱號，人事之吉凶，天時之風雨，均由帝命主宰。如曰：

『我其祀賓，則帝降若。我勿祀賓，則帝降不若。』【前七卷卅八葉一片。】

『伐□方，帝受我又【祐】。』【林一卷十一葉十三片。】

『貞勿伐□帝不我其受又。』【前六卷五十八葉四片。】

『帝令雨足年　貞帝令雨弗其足年。』【前一卷五十葉一片。】

亦有王名『帝甲』者【後上四葉十六片。】，雖未知確為何人，然可見人王確亦可稱帝號。又有用為祭名者，蓋假為禘字也。

其字形大抵作 □若 □，亦有作 □者。王國維曰『帝者蒂也，不者柎也，古文或作 □ □，但象花萼全形未為審諦，故多於其首加一作 □ □ 諸形以別之。』【《觀堂集林》卷六＜釋天＞。】余案帝為蒂字之

說草創於吳大澂，吳於『▼己且丁父癸』鼎之▼字注云『疑古帝字本作▼，如花之有蒂，果之所自出也。後人增益之作⽊，象根枝形，從艸者俗字也。』【《古籀補》附彔。】▼是否即帝雖無確證，然以帝為蒂，實為倡始，特象根枝形之說未為圓滿。王謂象花萼全形者，是也。分析而言之，其▽若▽象子房，Ħ象萼，⼈象花蕊之雄雌。以不為柎，說始於鄭玄，小雅＜常棣＞『常棣之花鄂不韡韡』箋云『承華者曰鄂。不當作柎。柎，鄂足也。古音不柎同』。王謂『不』直是柎，較鄭玄更進一境，然謂與帝同，象萼之全形，事未盡然。余謂『不』者房也，象子房猶帶餘蕊，與帝之異在非全形。房熟則盛大，故不引伸為丕。其用為不是字者迺假借也。

知帝為蒂之初字，則帝之用為天帝義者，亦生殖崇拜之一例也。帝之興必在漁獵牧畜已進展於農業種植以後，蓋其所崇祀之生殖已由人身或動物性之物而轉化為植物。古人固不知有所謂雄雌蕊，然觀花落蒂存，蒂熟而為果，果多碩大無朋，人畜多賴之以為生。果復含子，子之一粒復可化而為億萬無窮之子孫。所謂韡韡鄂不，所謂綿綿瓜瓞。天下之神奇更無有過於此者矣。此必至神者之所寄，故宇宙之真宰即以帝為尊號也。人王迺天帝之替代，因而帝號遂通攝天人矣。

又案帝字西方學者謂起源於巴比侖。巴比侖有⽶字，據波爾氏云有神王二義，讀DIN-GIR, DI-GIR, DIM-MER, DIMER 等音，首音與帝聲相近。字形亦近。二字當同出於一源。【見 C.J.Ball: "Chinese and Sumerian" P.26原書以二國古文字相比照者數百字，然近似者僅數字耳，此字即其中之一。】然巴之⽶字迺星形之轉變，諸家多讀作『安』AN音。以形而言，與卜辭賣字之或作⽶者尤近。然賣自賣，帝自帝、⽶亦自⽶耳。字義之相同，殆出於偶然。

　　　　　　　　　　　（文節錄自《甲骨文字研究》）

釋 臣 宰

郭沫若

　　臣民均古之奴隸也。生民之初，群居聚處，與禽獸無別，無所謂
國家，無所謂政令。繼進，因知母不知父，故以母氏為中心而成血族
之團集。血族漸演漸進，生齒日蕃，於是由小團集而成大團集，則族
與族之間自不能不發生糾葛而互相兼併。甲族吞滅乙族，或虜獲其成
員而奴使之，於是同族之間始有階級之分化，有階級之分化則有統制
之必要，而政令於是焉生。血族之團集至此始成為所謂國家，其國家
中之被支配者即所謂臣民也。國家愈見進展，則血族之成分愈見稀薄
，臣民之構成與其意義亦逐漸轉變，然而所謂臣民者固古之奴隸也。

　　彝銘中入周以後多錫臣民之事：

〔矢令簋〕『作冊矢令尊宜于王姜，姜賞令貝十朋、臣十家、
　　　　　鬲百人。』【『作冊』，官名。殷周稱史官為作冊
　　　　　，猶今言書記或司書。】

〔盂鼎〕『錫汝邦嗣四伯，人鬲自馭至于庶人六百又五十又九
　　　　　夫。錫夷嗣王臣十又三伯，人鬲千又五十夫。』【嗣
　　　　　古司字。】

〔周公簋〕『王命榮眔内史曰，舍、井侯服，錫臣三品，州人
　　　　　東人暴人。』

〔克鼎〕『錫汝使小臣霝龠鼓鐘，錫汝井遘綱人稽，錫女井人
　　　　　奔于量。』

〔井侯尊〕『侯錫者則臣二百家劑。』

〔令鼎〕『王曰，令眔奮，乃克至，余其舍汝臣十家。』

〔陽亥簋〕『陽亥曰，遺叔休于小臣貝三朋，臣三家。』

〔不嬰簋〕『伯氏曰，不嬰，汝小子，汝肇敏于戎工，錫汝弓

一，矢束，臣五家，田十田。』

〔齊侯鎛〕『余錫汝釐都□□，其縣三百。余命汝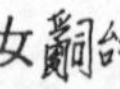釐邑，造國徒四千為汝敵寮。......余錫汝車馬戎兵，釐僕三百又五十家，汝以戒戎作。』【釐即萊夷之萊。】

〔子仲姜鎛〕『叔有成榮于齊邦，侯氏錫之邑二百又九十又九邑，與(？)之民人都鄙。』

凡此均臣民與土田都邑器物等同為錫予之物，人與物無別，同為宰治者所佔有，且可以任意轉移其所有權，此臣民即奴隸之明證也。錫臣以家數計，可知奴隸乃家傳世襲。《詩》所謂：『君子萬年，景命僕。其僕維何？釐爾士女。釐爾士女，從以孫子』，所謂『僕』即臣僕，無勞古經學家破字為之解釋矣。至奴隸之來自俘虜，則周公簋與克鼎言之甚明，二器所紀乃同時事，蓋周人征服井【邢】國之後而瓜分其土地人民也。左氏定四年傳之『殷民六族』，『殷民七族』，懷性九宗』，與此正同意。

奴隸本來自俘虜，故奴隸字多有縲絏之象。奴字從又，童、妾、僕等字從辛，辛者天也，剠也，剠形不易表示故以施剠之器為之。辛者剞劂之象形文也。【說詳<釋支干篇>『辛』字下。】卜辭有奚字，作【前六卷十九葉二片】、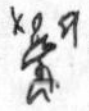【同第一片】等形其為縲絏之象尤顯著。凡此乃由文字可以證明者也。

臣民字之構成頗費解。

臣字小篆作，許書云『臣，牽也，事君也，象屈服之形』。臣之訓牽，蓋以同聲為轉註，然其字何以象屈服之形，於小篆字形實不能見出。近人亦有依小篆字形以為說者，然皆以訛傳訛也。字於卜辭作若，金文如周公簋之『錫臣三品』作、令鼎之『臣十家』作，均象一豎目之形。人首俯則目豎，所以『象屈服之形』者，殆以

此也。古人造字，於人形之象徵，目頗重要，如頁字、夒字、首字等，均以一目代表一人或一頭首，此以一目為一臣，不足為異。

　　民字於卜辭未見，即從民之字亦未見。殷彝亦然。周代彝器，如康王時代之盂鼎已有民字，曰『適相先王受民受疆土』，其字作 𝄐，克鼎『惠于萬民』作 𝄐，齊侯壺『人民』字作 𝄐，均作一左目形而有刃物以刺之。古人民盲每通訓，如《賈子》＜大政下篇＞『民之為言萌之為言盲也』。今觀民之古文，則民盲殆是一事。然其字均作左目，而以之為奴隸之總稱，且周文有民字而殷文無之（《商書》＜盤庚＞及＜微子＞諸篇雖有民字，然非古器物，不能據為典要），疑民人之制實始于周人，周人初以敵囚為民時，乃盲其左目以為奴徵。臣民字均用目形為之。臣目豎而民目橫，臣目明而民目盲。此乃對於俘虜之差別待遇。蓋男囚有柔順而敏給者，有愚戇而暴戾者。其柔順而敏給者則懷柔之，降服之，用之以供服御而為臣。其愚戇而暴戾者初則殺戮之，或以之為人牲，繼進則利用其生產價值，盲其一目以服苦役，因而命之曰民。此事於文獻雖無徵，然觀古人之對待奴隸，或刲其額，或劓其鼻，或刵其耳，或刖其足，或宮之腐之，所用之肉刑正無所不至其極，則盲其一目，自是意中事矣。秦始皇帝喜聽高漸離之擊筑而霣其目，恐即古人盲目為民之遺意也。又民乃象形文字，此實三千年來傳世之古畫，文獻之可徵當無有更優於是者。

　　殷文無民字。卜辭中記殺人之事有一次至二千以上者，文曰『八日辛亥，允戈伐人二千六百五十六人。』【後下最末一片】此所屠殺者當是俘虜。其用俘為牲之事亦屢見。今舉二事如次以見例：

　　　　『甲寅卜貞三卜，用血三 宰、𝄐、伐廿、𝄐卅、牢卅、及三、□于妣庚。』【前八卷十二葉六片】。

　　　　『癸末卜御庚妣，伐廿，𝄐卅、卅牢、及三□。』【前四卷八葉二片】

此之『𠂤三』即俘三，與牢圂之數對言，其意可知矣。

然殷人用臣之意亦有別。

『貞乎【呼】多臣伐呂。』【戩十二葉十一片。】

『乎多臣伐呂方。』【前四卷卅一葉三片】

『貞勿乎多臣伐呂方、弗〔受㞢右〕。』【林二卷廿七葉七片。】

視此則殷人似以臣為兵士，此事於古代之希臘羅馬嘗有之，今則如英人用印度人任軍警，法人用安南人任軍警，亦同此意。然則殷王受辛與周武王戰于牧野時，發生『前徒倒戈』之事者，恐即俘虜兵之掉頭矣。

卜辭別有一字，與臣字用例多相同者，字未可識，羅氏收入於＜待問編＞中，今臚舉其辭例之明白者如下：

『癸酉卜爭貞：乎【呼】多𠈌伐呂方。』【前七卷卅五葉一片】

『貞乎𠈌伐呂』【前六卷卅葉五片】

『貞乎𠈌□呂。　貞勿乎𠈌伐呂。』【新九七片，骨。】

此與『貞乎多臣』之例同，知此字必與臣字同義。

『貞乎追𠈌、及。』【鐵一一六葉四片。】

此與『逐鹿、獲』同例，知此項人物可逋逃，卜呼追，而及。

『癸丑卜㪔貞五百□　㪔貞五百𠈌。』【前七卷九葉二片。】

此準卜牲之例，疑是用此項人物為牲而卜其數。

『貞勿乎【呼】夔㞢𠈌。』【前六卷六葉六片。】

此與『貞ㄓ牛五十』【戩廿五葉一片】同例，且繫於夔字，顯係用為人牲。

綜合此等辭例，可知此項人物本罪隸俘虜之類，祭祀時可用為人牲，征伐時可作兵士，而時有逋逃之事，余疑此即宰之初字也。《說文云『宰，罪人在屋下執事者，從宀從辛，辛罪也』，此字正象一人

在屋下執事之形，其必為罪人，則由辭意可以證之。從辛作之宰字例當後起，蓋由絕端之圖形文字已化為會意字也。彝銘之較古當是殷文者，如宰桃角字作 ⟨圖⟩ 宰甶簋字作 ⟨圖⟩ ，均從宀從辛，則字之遷變似已在殷代矣。

　　要之，臣民均古之奴隸，宰亦猶臣。臣宰視民為貴，此由周金中可得其大凡。揆其所以，蓋民乃敵虜之頑強不服命者，即是忠於故族而不甘受異族統治者之遺頑，而臣或宰則其中之攜貳者。古人即用其攜貳者以宰治其同族，故雖同是罪隸而貴賤有分。相沿既久，則凡治人者稱臣宰，被治者稱庶民，所謂大臣冢宰侵假而成為統治者之最高稱號。一部階級統治史，于一二字即已透露其端倪，此言文字學者所不可不知者也。

（文見《甲骨文字研究》）

國立中央圖書館出版品預行編目資料

甲骨四堂論文選集 / 朱歧祥編。-- 初版 --臺北市：臺灣學
生,民79
　30,221 面 ; 21 公分
　ISBN　957-15-0126-3 (精裝)
　ISBN　957-15-0127-1.(平裝)

1.甲骨－考證－論文・說詞等
792.707

甲骨四堂論文選集 (全一冊)

編　者：朱　　　歧　　　祥
出版者：臺　灣　學　生　書　局
本書局登
記證字號：行政院新聞局局版臺業字第一一〇〇號
發行人：丁　　　文　　　治
發行所：臺　灣　學　生　書　局
　　　　臺北市和平東路一段一九八號
　　　　郵政劃撥帳號〇〇〇二四六六八號
　　　　電　話：3634156
印刷所：淵　明　印　刷　廠
　　　　地址：永和市成功路一段43巷五號
　　　　電話：9287145
香港總經銷：藝　文　圖　書　公　司
　　　　地址：九龍偉業街99號連順大廈五字
　　　　　　　樓及七字樓　電話：7959595
定價　精裝新台幣二一〇元
　　　平裝新台幣一六〇元
中　華　民　國　七　十　九　年　八　月　初　版

80262　版權所有・翻印必究
　　ISBN 957-15-0126-3 (精裝)
　　ISBN 957-15-0127-1 (平裝)